普通话水平测试教程

主　编：史英新

副主编：张春美　苏　环　宿亚琳　曲文霞

山东人民出版社

图书在版编目(CIP)数据

普通话水平测试教程/史英新主编.—3版.—济南:山东人民出版社,2014.1
ISBN 978-7-209-04877-4

Ⅰ.普… Ⅱ.史… Ⅲ.普通话—水平考试—教材 Ⅳ.H102

中国版本图书馆CIP数据核字(2013)第298186号

责任编辑:袁丽娟

普通话水平测试教程
主编 史英新

山东出版传媒股份有限公司
山东人民出版社出版发行
社 址:济南市经九路胜利大街39号 邮 编:250001
网 址:http://www.sd-book.com.cn
发行部:(0531)82098027 82098028
新华书店经销
山东临沂新华印刷物流集团印装

规 格 16开(169mm×239mm)
印 张 13.75
字 数 200千字
版 次 2014年1月第3版
印 次 2014年1月第7次
ISBN 978-7-209-04877-4
定 价 24.00元

内容提要

本书根据国家语言文字工作委员会普通话培训测试中心编制的《普通话水平测试实施纲要》基本规范编写的。内容共有四大部分：第一部分是单音节字词测试、普通话语音分析（一）——声母、韵母、声调、音节；第二部分是多音节字词测试、普通话语音分析（二）——变调、轻声、儿化、语调；第三部分是朗读短文测试、测试用朗读作品及重点语音提示；第四部分是命题说话测试、普通话水平测试用话题。

本书紧扣测试，理论简明，突出训练。四大部分根据普通话水平测试四个项目编写，对每一项目的测试目的、内容、评分、要求、应试方法与技巧都做了简明精到的说明或分析。非常适合学习时间短，要求效果佳的人员使用。除了满足在校大学生的普通话学习及测试练习外，也适用于公务员等国家规定参加普通话水平测试并达到相应等级标准的人员学习。

本教材由史英新主编。第一部分由张春美、苏环编写，第二部分由宿亚琳编写，第三部分和第四部分由史英新编写，附录一由曲文霞编写，附录二、三、四、五、六由史英新编写。编者均是烟台职业学院语言文字专业教师、省级普通话测试员，从事普通话教学和测试多年，具有丰富的普通话教学和测试经验。

目录

Contents

第一部分

单音节字词测试　普通话语音分析（一）

单音节字词测试

普通话水平测试的第一题是读单音节字词(100 个音节,不含轻声、儿化音节),限时 3.5 分钟,共 10 分。目的:测查应试人声母、韵母、声调读音的标准程度。评分:语音错误,每个音节扣 0.1 分;语音缺陷,每个音节扣 0.05 分;超时 1 分钟以内,扣 0.5 分;超时 1 分钟以上(含 1 分钟),扣 1 分。读单音节字词是普通话水平测试第一项,既是普通话测试中的基础检测,也是朗读和说话的基础。要想取得好的成绩,就必须在字词上下工夫。一般来说,一个汉字就是一个音节,音节是语音中最小的结构单位。普通话的音节一般由声母、韵母、声调三部分构成,因此,单音节字词的测试,就是测评应试人声母、韵母、声调的发音。

一、单音节字词测试的目的、内容、评分和要求

考核目的

读单音节字词 100 个(除轻声、儿化音节),就是检测应试人 3 321 个常用字词及 471 个通用字的正确读音,考查应试人普通话声母、韵母和声调(合起来构成音节)的发音标准程度。

考核内容及范围

100 个单音节字词中,70%选自《普通话水平测试大纲》中《普通话水平测试用普通话词语表》“表一”(6 595 条),其中带“ * ”的字词 40 个,不带“ * ”的字词 30 个;另外 30%选自“表二”(10 460 条)。100 个音节里,每个声母的出现一般不少于 3 次,方言里缺少的或容易混淆的酌量增加 1～2 次;每个韵母的出现一般不少于 2 次,方言里缺少的或容易混淆的韵母酌量增加 1～2 次;4 个声调出现的比例大体相当。声母、韵母相同的音节隔开排列,不使相邻的音节出现双声或叠韵的情况。

评分和要求

一个音节的声母、韵母、声调是一个完整的统一体，任何一项错了，这个音节就错了，扣 0.1 分；如果读得不到位，不完整，就是缺陷或欠缺，扣 0.05 分。

语音错误：所谓语音错误，就是在普通话水平测试中，把一个音位发为另一个音位的现象。也就是指应试人将某个音节的声母、韵母、声调三个要素中的任何一个或几个要素全部或部分读错，读成其他声母、韵母、声调。类型有：

1. 把甲声母读成乙声母

常见的这类错误有：

(1) 舌尖后音 zh、ch、sh 读成舌尖前音 z、c、s，例："志愿→自愿"、"新春→新村"、"近视→近似"。

(2) 舌尖后音 zh、ch、sh 或舌尖前音 z、c、s 读成舌面前音 j、q、x，例："知道→机道"、"长度→强度"、"资金→基金"、"丝线→西线"。

(3) 舌面前音 j、q、x 读成舌尖前音 z、c、s，例如把"小"(xiao)读作 siao、"先"(xian)读作 sian 等。

(4) 舌面前音 j、q、x 读作舌根音 g、k、h，例如把"街"(jie)读作 gai、"巷"(xiang)读作 hang；或把 x 读作 q，例"翔"(xiang)读成 qiang。

(5) n 读成 l，例如把"难"(nan)读作 lan，"泥"(ni)读作 li。

(6) r 读成 l 或 n，例如把"染"(ran)读作 lan、"让"(rang)读作 lang，把"肉"(rou)读作 niu、"软"(ruan)读作 nüan。

(7) h 读成 f，例如把"花"(hua)读作 fa、"灰"(hui)读作 fei。

(8) 不送气音 b、d、g、j、zh、z 读作送气音 p、t、k、q、ch、c，例如把"倍"(bei)读成 pei、"电"(dian)读成 tian、"柜"(gui)读作 kui、"件"(jian)读作 qian、"坐"(zuo)读作 cuo。

(9) 零声母音节加了辅音声母，例如"袄"(ao)读作 ngao、"饿"(e)读成 ngo、"爱"(ai)读作 nai、"文"(wen)读作 men 等。

2. 把甲韵母读成乙韵母

常见的这类错误有：

(1) 把后鼻音韵尾-ng，读作前鼻音韵尾-n，或把前鼻音韵尾-n 读作后鼻音韵尾-ng，主要指 in—ing、en—eng、an—ang 等的混读，如"英"(ying)读作 yin、"冷"(leng)读作 len，或"安"(an)读作 ang、"款"(kuan)读作 kuang 等。

(2) 把撮口呼韵母 ü-读成齐齿呼韵母 i-，或把齐齿呼韵母 i-读作撮口呼韵母 ü-，如：将"具"(ju)读作 ji、"军"(jun)读作 jin、"全"(quan)读作 qian，或将

“季”(ji)读作 ju、“县”(xian)读作 xuan、“沿”(yan)读作 yuan 等。

(3) 把复韵母读成单韵母，或把单韵母读成复韵母，如“每”(mei)读作 mi、“药”(yao)读作 yo、“被”(bei)读作 pi，“做”(zuo)读作 zu，或“禾”(he)读作 wo、“吃”(chi)读作 qia、“母”(mu)读作 mong 等。

(4) 合口呼韵母丢失韵头“u-”，或齐齿呼韵母丢失韵头“i-”，如“要”(shua)读作 sha、“最”(zui)读作 zei、“吨”(dun)读作 den、“双”(shuang)读作 shang，或“家”(jia)读作 ga、“交”(jiao)读作 gao 等。

(5) 前响复韵母添加韵头“u-”或“i-”，如“菜”(cai)读作 cuai“雷”(lei)读作 luei，或“茂”(mao)读作 miao 等。

(6) 丢失韵尾-i，如“摘”(zhai)读作 za、“贼”(zei)读作 ze。

(7) 卷舌韵母 er 没有卷舌动作，读作 e，如“二”(er)读成 e。

(8) 韵母 o 读作韵母 e，或把 e 读成 o 等，如“河”(he)读作 ho、“乐”(le)读作 lo、“风”(feng)读作 fong，或“坡”(po)读作 pe、“磨”(mo)读作 me。

3. 把甲调值读成乙调值

常见的这类错误有：

(1) 调型受方言的影响发生改变，把声调甲明确地读作声调乙。如：阴平调读成升调如阳平，“摸”(mō)读成 mó；阳平调有曲折读若上声，“防”(fáng)读成 fǎng；上声读成阳平，“朗”(lǎng)读成 láng 等。

(2) 习惯性读错声调的字。有些字，常常有人把它给读错，如将“亚”(yà)读成 yǎ、“室”(shì)读成 shǐ、“潜”(qián)读成 qiǎn 等。

(3) 入声字没有改读，或已改读，但调值不对。

4. 误读、漏读等也按语音错误标准扣 0.1 分

(1) 误读成别字而没按要求改读的，按错误计。如把“舜”读成“尧”、“蓄”读成“存”、“屉”读成“抽”、“瘸”读成“拐”。

(2) 因落字、省略、跳行等原因而漏读的音节，每漏读一个字，同错误一样扣分。

5. 不允许读出轻声和儿化音，否则以错误对待

语音缺陷：即一个字的声母、韵母或声调中的任意一项读音有缺陷，扣 0.05 分。语音缺陷只在读单音节字词和读多音节词语两项记评。所谓语音缺陷，即音节发音不够标准，也就是未把一个音位发为另一个音位，但尚未达到标准音位的现象。语音缺陷属于一个音位内部的语音错误，而语音错误属于两个音位之间的语音错误。在单音节测试项内，主要是指音节中的声母、韵母、声调三个要素，虽然没有将其中某一要素读成其他声母、韵母、声调，但其中一个或几个

要素没有达到标准的程度。一个音节的全部或部分发音不够标准，包括三个方面：一是发音部位和发音方法出现位移，声母发音就存在发音缺陷；二是舌位、唇形或动程出现位移，韵母发音就存在发音缺陷；三是调形或调值出现变形，声调发音就存在发音缺陷。只要其中任意一个方面存在发音缺陷，则该音节判为发音有语音缺陷。如“宰”，其声母 z 出现齿间音的发音听感，或韵母中韵腹前[ɑ]出现央[A]的发音听感，或声调调值 214 出现 211 的发音听感，这三种情况只要出现其中一种，“宰”就应当判为发音存在语音缺陷。常见的缺陷类型有：

1. *声母缺陷*

主要表现为声母的发音部位不准确，但还不是把普通话里的某一类声母读成另一类声母；或者表现为声母的发音方法含混，或不完全到位。如：

(1) 读翘舌音声母 zh、ch、sh、r 时，舌尖接触或接近上腭的位置过于靠后或靠前，但还没有完全错读为舌尖前音，发音介于两者之间。

(2) 读舌尖前音 z、c、s 时的发音部位明显靠前或读成齿间音。

(3) 读舌面前音 j、q、x 时的发音部位明显靠前，近似 z、c、s；或用较接近的部位代替，读成舌叶音。

(4) 声母成阻、除阻过程不干净利落；送气音、不送气音含混不清。

(5) 把合口呼 u、uo 的零声母[w]读成唇齿浊擦音[v]。

2. *韵母缺陷*

主要表现在韵母发音的口型不标准，舌位的高低、舌位的前后、唇形的圆展度不到位，复韵母的舌位动程明显不够，语感差，如：

(1) 开口呼的韵母开口度明显不够，听感性质明显不符，如“ai”口腔开度不够等。

(2) 合口呼、撮口呼的韵母圆唇度不够，如“ü”的发音不到位，近似于 i。

(3) 复韵母舌位动程、唇形圆展变化不够，如“uai”、“iou”唇形、舌位的变化在听感上不明显。

(4) 卷舌韵母 er 有卷舌色彩，但听感生硬或舌位明显有误差。

(5) 无鼻音的音节明显带有鼻化色彩。

(6) in、ing 的韵腹 i 与韵尾间明显地嵌了一个[ə]；或 in 有点后鼻音色彩，但与 ing 能区别。

(7) ai、an 中的前 a[a]明显偏后；ang、uang 中的后 a[ɑ]明显偏前。

3. *声调缺陷*

声调缺陷一般表现为声调调型、调式基本正确，但调值音高明显不够，或时值过短而不到位。常见的声调缺陷有：

(1) 上声(第三声)由于受语流中的上声读音习惯影响，读成只降不升，调值是 211；或者还没有降到最低点 1 度就已经上扬；或者因读得过于缓慢而将调形读出了较大的弧度，与实际调值相去甚远；或者因时值过短导致上扬的调值不到位，读成 212 调。

(2) 阳平调(第二声)调值升不到位，或者调型读出了弧度；

(3) 阴平调调值偏低，读成 44、33 调值。

(4) 去声(第四声)读得过短，调值降幅不够。

(5) 四声的相对高点或低点明显不一致，忽高忽低控制不好，按缺陷扣分。

超时扣分

本项测试限时 3.5 分钟。超时 1 分钟以内扣 0.5 分，超过 1 分钟以上(含 1 分钟)扣 1 分。

改读规则

单音节字测试一个字允许读两遍，如果应试人发觉第一次读音有口误时可以重读一遍。每个单音节字词允许应试人即时改读一次，按第二次读音评判。如“倩”先读 qīng，后改读 qiàn，判对；先读 qiàn 后改读 qīng，则判错。注意不允许读第三遍、第四遍，隔字词改读无效，也不能每一个字都重复读两遍。

注意：多音字只需要读出一种读音即可，尽量读它的常用读音，如“石”有 shí 和 dàn 两音，测试时最好读 shí，但一定不要读出该字的所有读音。

二、单音节字词应试要领

读单音节字词是普通话水平测试中的基础检测，它能全面而精确地考查应试人普通话各音节成分的发音状况，任何一点粗疏都将影响其发音标准程度。所以，在进行单音节字词测试时，掌握一些必要的测试要领与技巧，对确保测试时发挥出正常水平具有重要意义。

1. 声韵调发音要标准

读单音节字词时，一个音节的声母、韵母和声调的朗读既要饱满、清晰，又要完整、到位。

(1) 声母发音要准确无误

声母要发准，是指发音要找准部位，方法正确，不能有错误或缺陷。不能把普通话里的某一类声母的发音读成另一类声母，比如 zh、ch、sh 与 z、c、s，f 与 h，n 与 l 不分；不能把普通话里的某一类声母的正确发音部位用较接近的部位代替，造成读音缺陷。

(2) 韵母发音要饱满到位

韵母有单韵母、复韵母和鼻韵母。单韵母要单纯、饱满，发出来的音要吐字如珠，一个就是一个，不拖泥带水。复韵母和鼻韵母都要有动程，动程要充足、清楚，要有变化，而且变化要自然、和谐，归音要到位，发出来的音要圆润。复韵母还要谨防韵头、韵尾丢失。准韵头（介音），防止丢失韵头或含混不清，例如：将“对”du(è)i 读成 dèi，丢失了韵头（介音）u。韵尾归音要到位，谨防丢失韵尾，例如：将“贼”zéi 读成了 zé，丢失了元音韵尾 i。

(3) 声调要发全

读单音节字词时，声韵与声调的拼合要和谐自然，不能把声韵调割裂开来，顾此失彼。四个声调的调型、调值既要清晰、饱满，又要和谐、统一，充分体现阴、阳、上、去“四声”的抑扬顿挫之美。

2. 不要将形近字或同义词误读

形近字、同义词误读有两种情况，一是有的人因为朗读过快，或过于紧张，把很简单的字也读错了，如把“太”读作“大”、把“柔”读作“软”、把“呕”读作“吐”等。二是有些日常生活中常见的字，或在词语中能念准，但是脱离一定语言环境，单独读却感到陌生，一下子难以念准的字，极易念错。如“氯”读成“lǜ”、“秽”读成“suì”等；再如“赅”、“骇”在词语“言简意赅”、“惊涛骇浪”中能正确读出，可单独出现，一下子难以把握，可能读错。当然这与应试人的文化水平也有关系。

3. 多音字只需选读一音

一个字有多种读音的叫多音字，单音节字词测试中有不少多音字。测试时念任何一个音都是对的，如“处”念 chǔ 或 chù、“强”念 qiáng 或 qiǎng 都算对。不必费时间琢磨到底读哪一个音，分散精力，影响情绪。但若在常用字音和冷僻字音之间，一般说来，取常用的读音为宜，如“殷”有殷 yīn(勤)、殷 yān(红)两音，考试时一般读较常用的“yīn”。

4. 速度要快慢适中，时间分配要得当

读 100 音节，限时 3 分 30 秒，要注意控制好时间。读单音节字词，只要每个音节读完整，一个接一个地往下读，就不会超时。

有的应试者因担心时间不够而读得过快，不能完整读完音节应有的长度，导致音节未读完整，出现“吃”字现象，造成失误，因此切忌抢读；还有一些应试者对时间估计不准，读得太慢，出现超时扣分的情况，因此，读字音也不能太慢，不能每个字都去揣摩或试读，速度太慢，说明基础太差，不熟练，准备不足；还有的应试人控制不住时间分配，出现前急后缓，或者前缓后急现象；再有一种现象就是，有的应试人像朗读诗歌一样读单音节字词，总是五言或七言一顿，这种固定节奏的读法一定要避免。

为了有效防止出现这些不利情况，平时在学习普通话、进行单音节训练时，一定要重视对时间的合理分配，反复调整，力求在有限的时间内将各个音节读得字正腔圆，舒展流畅而又从容不迫。

此外，四个声调的音节要把握好音长，不同声调的音节其音长是不一样的，相对而言，上声音长最长，调值是214，有一个明显的降升过程，起伏较大；阳平次之，调值是35，呈上升之势；阴平又次之，调值是55，保持高而平；最短的是去声，调值是51，下降快，干脆利落。测试时，不能把四个声调的音节按相同的节奏来读，避免因超过实际音长导致的拖腔或音长不足造成的调值不够的缺陷。

5. 朗读要从左至右横读

单音节字词100个，测试题一般分为10排，每排10个字。朗读时从第一排起，逐排从左至右依次朗读，不要从第一个字起从上往下读，也不要“之”字形来回读。

6. 读错了应及时纠正

一个字允许读两遍，即应试人发觉第一次读音有口误时可以改读，按第二次读音评判。如果对有的字拿不准正确读音，不必反复思虑揣摩，以免影响后面的朗读。

发音要领口诀：

学好声韵辨四声，阴阳上去要分明。部位方法须找准，开齐合撮属口形。

双唇班报必百波，舌尖当地斗点丁；舌根高狗坑耕故，舌面积结教坚精；

翘舌主争真志照，平舌资则早在增。前鼻恩因烟弯稳，后鼻昂迎中拥生。

咬紧字头归字尾，韵腹拉开动程足。循序渐进勤操练，不难达到纯和清。

三、单音节字词吐字发音常用技巧

读好单音节字词，要在学会正确发音的同时，还应掌握一些发音吐字技巧，以及气息、共鸣控制技巧，对改善音色、纠正口齿不清、字音含混等问题大有好处。

音节的吐字与归音

汉字的音节结构分为声、韵、调几个部分。声母，又叫字头；韵母，分为韵头、韵尾、韵腹三个部分；声调，一个音节的字神，体现在韵腹上。

汉字的发音应该以遵循汉字的音节结构特点，读音要求体现“珠圆玉润”的特点，即应尽量将每个汉字的发音过程处理成为“枣核形”，以声母或者韵头为一端，以韵尾为另一端，韵腹为核心。这就得讲究“吐字归音”，处理好了音节的出字、立字、归音三个环节，这个字才能真正读得字正腔圆。

要使普通话语音显得更加纯正，每个音节的发音做到枣核形是一个关键要义。当然，这一般指的是在单音节字词测试项中的要求，而在平常朗读或说话的语流中，不可能、也不必片面强调字字如核，这样必然会违背语言交流的本质，一味追求技巧和方法，削弱声音的感情色彩，破坏语言的节奏。

一个汉字的音程很短，大多在三分之一秒就会结束。要在短短的时间内兼顾声韵调和吐字归音，必须掌握好以下四个要领：

1. 出字坚实有力——要求声母的发音部位准确、弹发有力。

出字坚实有力，是指声母的发音要有力度、有弹性、时值要短、干净利索。要达到这样的要求，前提是发音准确，基础是发音熟练。声母要发得准确有弹性，得熟悉并掌握声母的发音部位和发音方法。比如发唇齿清擦音 f，应是上齿和下唇内侧轻轻触碰，如果触碰重了，擦音性质就会受到影响，如果触碰点从下唇内侧移至下唇外侧，发音器官肌肉的紧张点就会发生偏移，进而影响到标准音质。声母要发得坚实有力，不妨经常进行一些口腔肌肉强化训练。这种训练的形式多种各样，如无声口腔操、有声绕口令等形式操练，都是有效而实用的。

总之，要做到出字坚实有力，就应该做到：“咬住弹出，部位准确；气息饱满，结实有力；短暂敏捷，干净利落。”

2. 立字饱满明亮——要求韵腹拉开、立起、饱满，做到“开口音稍闭，闭口音稍开”。

立字饱满明亮，一方面是说韵母发音时，要注意韵头、韵腹、韵尾三者之间的比例关系。韵母中的韵腹应该最突出，发音既要重又要响又要长，使整个音节凸现出一个明晰的亮点。为使韵腹能够突出，韵头和韵腹就需要相应发得弱一些轻一些短一些；另一方面，还需要把握韵头、韵腹、韵尾三者之间的联系，注意韵头、韵腹、韵尾发音的连续性和整体性。韵头、韵腹、韵尾的发音过程，并不是各自独立的断裂的发音过程，而是从头至腹再至尾连续滑动、渐进糅合的发音过程，最终韵头、韵腹、韵尾连成了一个没有任何痕迹的整体。这样发出的韵母，声音不但是明亮的，而且也一定是饱满的。为使发出来的声音更加明亮、集中，还应尽量做到“开口音稍闭，闭口音稍开”，即在读开口呼音节时，嘴型不妨稍稍收拢一些，使发音更集中；而读合口呼、齐齿呼、撮口呼音节时，适当打开口腔，使发音更加明亮。

因此，要实现立字饱满明亮，就要做到："拉开立起，气息均匀；音长声响，圆润饱满；窄韵宽发，宽韵窄发；前音后发，后音前发；圆唇扁发，扁唇圆发。"

3. 归音完整利索——尾音轻短，趋向鲜明，干净利落，不可拖泥带水。

归音完整利索，主要指韵尾收音的到位，尤其是-i、-u、-n、-ng 等做韵尾时，要注意口型的变化。如果一个音节的结束音素读不好，整个音节的发音就会显得不完整、不干净。普通话音节的韵尾音素，有元音音素和辅音音素两种类型，元音音素韵尾为 i、u、(o)，辅音音素韵尾为 n、ng。由于韵尾较之韵腹发音弱、轻、短些，不可为了收音的到位，而将韵尾 i、u、(o)发得如同作为单韵母时的一样，否则发音会从"饱满"变成"膨胀"，进而形成"死板"。韵尾 i、u、(o)的舌位，应该比作为单韵母时的 i、u、(o)的舌位低些、央些。辅音韵尾 n、ng，虽然较韵腹发音也弱、轻、短些，但其发音部位仍然清晰可辨，n 的发音部位在口腔前部的上齿龈，ng 的发音部位在口腔后部的软腭。发音部位触碰处的两个发音器官发音时切切注意不能分离，否则发音就会显得不完整。

因此，归音要求做到："尾音轻短，完整自如；避免生硬，突然收住；归音到位，送气到家；干净利索，趋向鲜明。"

4. 声调贯穿始终——调型、调值准确到位，声调发音贯穿于音节的全过程。

调型和调值是声调的两个重要因素，二者要统筹兼顾，不可偏废。比如发阴平调，发成 44 或 33，虽然调型正确了，但调值低了，因而整个声调就不会饱满。还有一种情况，应试人由于发音较快，音节和音节之间相互影响，使调型和调值变形走样，导致发音不够饱满。

共鸣与气息的运用

我们所发出的声响都是依靠两片声带震动而成，本质上没有多大的差别，但是震动经过了咽、喉、口腔、鼻腔、胸腔等人体自然的空间后被逐渐修饰、放大，最后成为发出的声音。

1. 声音的共鸣

一般来说，声音不响亮、传不远，大致有两个原因：其一是没有充分利用共鸣器官；其二是气息不稳。

前者的解决办法就是充分利用共鸣腔，让震动在口腔、鼻腔甚至胸腔得到共鸣、放大，自己的声音才会饱满、圆润、高扬。

运用共鸣的几个技巧：

(1) 体会胸腔共鸣：微微张开嘴巴，放松喉头，闭合声门(声带)，像金鱼吐泡一样轻轻地发声。或者低低的哼唱，体会胸腔的震动。

(2) 降低喉头的位置：(同上)，喉部放松、放松、再放松。

(3) 打牙关：所谓打牙关，就是打开上下大牙齿(槽牙)，给口腔共鸣留出空间，用手去摸摸耳根前大牙的位置，看看是否打开了。然后发出一些元音，如“ɑ”，感觉自己声音的变化。

(4) 提颧肌：微笑着说话，嘴角微微向上翘，同时感觉鼻翼张开了，并仔细体会声音是不是更清亮了。

(5) 挺软腭：打一个哈欠，保持并体会这种“半打呵欠”状态。

以上技巧其实就是打开口腔的几大要点，以后在大声说话的时候，注意保持以上几种状态就会改善自己的声音。

2. 关于气息的问题

发音靠震动，震动靠气息，所以要使声音洪亮，中气十足，就要有饱满的气息。呼吸要深入、持久，要随时保持一定的呼吸压力。平时可以多做一些深吸缓呼的练习，最好在练习说话的时候先站起来，容易寻找到呼吸状态，要坐的话，也要坐直，上身微微前倾。运用气息的时候，千万不要“泄气”，要在上述的呼吸压力中缓缓地释放，并且要善于运用嘴唇把气拢住。这样来保持胸腹和嘴唇的压力平衡。

3. 关于声音的线路问题

我们的发音，有一个不易察觉的线路，比如打呼哨，声音很响亮，道理就在于气息畅通，声音集中，通行无阻。说话也是这样，要尽量让自己的气息贯通，让声音尽量沿着口腔内部的中纵线穿透而出。这样才能使声音集中而明亮。

四、单音节字词应试训练

普通话语音训练主要包括发音和正音两个部分。

发音准确是语音学习最基本的要求。发音是否准确与听音、辨音的能力有关，所以首先要提高语音的分辨力。在掌握了正确发音的基础上，还要通过反复练习，达到完全熟练的程度。

正音是指掌握汉字、词语的普通话标准读音，纠正受方言影响产生的偏离普通话的语音习惯，这属于一种记忆的训练。方音同普通话语音的差异不是毫无规律的，了解了方音和普通话语音的对应规律，就不必一个字音一个字音地死记，而可以一批一批地去记。在正音的基础上，还要通过朗读、会话练习，逐步运用到实际口头语言中。

普通话发音、正音训练,主要是指声母、韵母、声调和单字、词语、绕口令的辨正与练习,最终达到发音准确、吐字清晰的目的。

根据这个目标,普通话语音训练必须从以下两个方面入手:

一是必须从声、韵、调基础发音的训练开始。从目前普通话水平测试情况看,很多应试者在读单音节字词的测试中读音失误率偏高,缺陷尤其明显,以致整体上方音特征突出,测试成绩不理想。究其原因,根本就在最基本的声母、韵母、声调的发音要领没有把握好,因而造成发音错误或发音不够圆满。因此,从声母发音部位、发音方法,韵母舌位、唇形、动程,声调调型、调值等最基础要求做起,把每一个音素的发音都发得准确、到家。只有这样,才能从根本上消除方言色彩,学会纯正、标准的普通话语音。

二是要了解本地方言与普通话的差异和对应关系,有针对性地进行训练。

在普通话单音节字词测试中,发音错误、缺陷(尤其是缺陷)大多数都在方言中与普通话发音存在差异的音上。因而,了解本地方言与普通话存在的差异,有针对性地加强重点难点音的训练具有事半功倍的效果。

普通话语音分析(一)

普通话以北京语音为标准音。普通话语音系统主要包括声母、韵母、声调、音节,以及变调、轻声、儿化、语调等。

声　母

普通话共有 22 个声母,其中 21 个是辅音声母,另一个为零声母。平时我们所说的声母一般指辅音声母。不同的声母有不同的发音部位和发音方法。

一、声母发音部位及发音方法

1. *声母的发音部位*

普通话的声母按发音部位可分为七个部位:

双唇音(b、p、m)由上唇和下唇闭合构成阻碍形成的音。

唇齿音(f)由上齿和下唇接近,构成阻碍形成的音。

舌尖前音(z、c、s)由舌尖抵住或接近上齿背,构成阻碍形成的音。

舌尖中音(d、t、n、l)由舌尖抵住上齿龈,构成阻碍形成的音。

舌尖后音(zh、ch、sh、r)由舌尖抵住或接近硬腭前端,构成阻碍形成的音。

舌面前音(j、q、x)由舌面前部抵住或接近硬腭前部,构成阻碍形成的音。

舌面后音(g、k、h)由舌面后部抵住或接近软腭,构成阻碍形成的音。

2. 发音方法

普通话的辅音声母的发音方法有以下五种。

塞音:发音时发音部位完全闭合,阻住气流,然后突然打开,让气流爆破成声。有 b、p、d、t、g、k 6 个声母。

擦音:两个发音部位接近,形成一条窄缝,气流从窄缝中摩擦成音。有 f、h、x、sh、s、r 6 个声母。

塞擦音:发音时,构成阻碍的两个部位先完全闭塞,阻住气流,然后略微打开,形成一条窄缝,气流从窄缝中挤出,摩擦成声。有 j、q、zh、ch、z、c 6 个声母。

鼻音:发音时,口腔的两个发音部位完全闭合,软腭下垂,打开鼻腔通道,使气流完全从鼻腔透出成声。有 m、n 两个声母。

边音:发音时,舌尖抵住上齿龈,软腭上升,阻塞鼻腔通道,使气流从舌头两边透出成声。只有一个边音 l。

普通话的辅音声母还有“送气音”与“不送气音”、“清音”与“浊音”的区别。

普通话只有塞音和塞擦音区分送气音和不送气音。

送气音:这类辅音发音时气流送出比较快和明显,由于除阻后声门大开,流速较快,在声门以及声门以上的某个狭窄部位造成摩擦,形成送气音。普通话有 6 个送气音:p、t、k、q、ch、c。

不送气音:指发音时,没有送气特征,又同送气音形成对立的音。普通话有 6 个不送气音:b、d、g、j、zh、z。

普通话的声母还可分为清音和浊音两类:

清音有 b、p、d、t、g、k、j、q、zh、ch、z、c、f、h、x、sh、s 17个声母。

浊音有 m、n、l、r 4个声母。

二、声母的发音分析

b　双唇、不送气、清、塞音

发音时,双唇闭合,同时软腭上升,关闭鼻腔通路,声门打开,声带不颤动,积蓄在口腔的气流突然冲开双唇成声。例如:

镖 biāo	嘣 bēng	胞 bāo	蚌 bèng	拔 bá
捕 bǔ	憋 biē	濒 bīn	拨 bō	迸 bèng
卑鄙 bēibǐ	颁布 bānbù			

辨别 biànbié　板报 bǎnbào　褒贬 bāobiǎn

p　**双唇、送气、清、塞音**

发音时，双唇闭合，软腭上升，关闭鼻腔通路，声门打开，一股强气流冲开双唇成声。例如：

判 pàn　瞟 piǎo　捧 pěng　谱 pǔ　瞥 piē
扒 pá　庞 páng　啪 pā　潘 pān　叵 pǒ
偏僻 piānpì　匹配 pǐpèi　批评 pīpíng
瓢泼 piáopō　乒乓 pīngpāng　偏旁 piānpáng

m　**双唇、浊、鼻音**

发音时，双唇闭合，软腭下垂，打开鼻腔通路，声带振动，气流在口腔的双唇受阻，从鼻腔透出成声。例如：

敏 mǐn　沫 mò　闷 mēn　蔓 màn　庙 miào
泯 mǐn　某 mǒu　莽 mǎng　抹 mǒ　谬 miù
眉目 méimù　麦苗 màimiáo　迷茫 mímáng
磨灭 mómiè　秘密 mìmì　命名 mìngmíng

f　**唇齿、清、擦音**

发音时，下唇向上门齿靠拢，形成间隙，软腭上升，关闭鼻腔通道，使气流从唇齿之间的缝隙摩擦通过而成声。例如：

纺 fǎng　缝 fèng　否 fǒu　烽 fēng　粉 fěn
佛 fú　讽 fěng　蜂 fēng　腹 fù　筏 fá
反复 fǎnfù　肺腑 fèifǔ　仿佛 fǎngfú　方法 fāngfǎ
芬芳 fēnfāng　发奋 fāfèn　吩咐 fēn · fù　丰富 fēngfù

d　**舌尖中、不送气、清、塞音**

发音时，舌尖抵住上齿龈，形成阻塞，软腭上升，关闭鼻腔通路，气流到达口腔后蓄气，突然打开阻碍部位成声。例如：

逮 dài　爹 diē　裆 dāng　栋 dòng　凋 diāo
跌 diē　舵 duò　掂 diān　盗 dào　陡 dǒu
带动 dàidòng　达到 dádào　颠倒 diāndǎo　断定 duàndìng
单调 dāndiào　当代 dāngdài　道德 dàodé　等待 děngdài

t　**舌尖中、送气、清、塞音**

发音时，舌尖抵住上齿龈，形成阻塞，软腭上升，关闭鼻腔通路，一股强气流冲开成阻部位成声。例如：

瘫 tān　褪 tuì　苔 tái　佟 tóng　炭 tàn
砣 tuó　踢 tī　舔 tiǎn　屉 tì　塔 tǎ
妥帖 tuǒtiē　挑剔 tiāoti　探讨 tàntǎo　淘汰 táotài
谈吐 tántǔ　坍塌 tāntā　团体 tuántǐ　忐忑 tǎntè

n　舌尖中、浊、鼻音

发音时，舌尖抵住上齿龈，形成阻塞，软腭下垂，打开鼻腔通路，声带颤动，气流在口腔受到阻碍，从鼻腔透出成声。例如：

挠 náo　逆 nì　拟 nǐ　拗 niù　拈 niān
囊 náng　聂 niè　蝻 nǎn　馁 něi　酿 niàng
牛奶 niúnǎi　袅娜 niǎonuó　恼怒 nǎonù　泥泞 nínìng
能耐 néngnai　男女 nánnǚ　农奴 nóngnú

l　舌尖中、浊、边音

发音时，舌尖抵住上齿龈后部，阻塞气流从口腔中部通过的通道，软腭上升，关闭鼻腔通路，声带颤动，气流到达口腔后从舌头的两边透出成声。例如：

淋 lín　榄 lǎn　擂 lèi　犁 lí　滥 làn
芦 lú　聊 liáo　垒 lěi　懒 lǎn　赖 lài
拉力 lālì　履历 lǚlì　勒令 lèlìng　凛冽 lǐnliè
轮流 lúnliú　利落 lìluo　褴褛 lánlǚ　流利 liúlì

g　舌根、不送气、清、塞音

发音时，舌面后部隆起抵住软腭形成阻塞，软腭上升，关闭鼻腔通路，气流在形成阻塞的部位后积蓄，突然除阻而成声。例如：

拐 guǎi　嘎 gā　寡 guǎ　梗 gěng　裹 guǒ
钩 gōu　隔 gé　港 gǎng　柑 gān　耕 gēng
桂冠 guìguān　灌溉 guàngài　尴尬 gāngà　更改 gēnggǎi
杠杆 gànggǎn　光顾 guānggù　钢管 gāngguǎn　高贵 gāoguì

k　舌根、送气、清、塞音

发音时，舌面后部隆起抵住软腭形成阻塞，软腭上升，关闭鼻腔通路，突然除阻，一股较强气流冲开成阻部位成声。例如：

款 kuǎn　槛 kǎn　叩 kòu　嗑 kē　咔 kǎ
慨 kǎi　垮 kuǎ　跨 kuà　烤 kǎo　筐 kuāng
慷慨 kāngkǎi　坎坷 kǎnkě　困苦 kùnkǔ　宽阔 kuānkuò
苛刻 kēkè　空旷 kōngkuàng　开垦 kāikěn　刻苦 kèkǔ

h 舌根、清、擦音

发音时，舌面后部隆起接近软腭，形成间隙，软腭上升，关闭鼻腔通路，气流从间隙摩擦通过而成声。例如：

鹤 hè　祸 huò　虹 hóng　混 hùn　航 háng
烘 hōng　耗 hào　滑 huá　吼 hǒu　槐 huái
呼唤 hūhuàn　航海 hánghǎi　花卉 huāhuì　挥霍 huīhuò
谎话 huǎnghuà　辉煌 huīhuáng　悔恨 huǐhèn

j 舌面前、不送气、清、塞擦音

发音时，舌尖抵住下齿背，舌面前部贴紧硬腭，软腭上升，关闭鼻腔通路，气流将成阻部位冲出一条缝隙，并从间隙摩擦而成声。例如：

拣 jiǎn　颊 jiá　玖 jiǔ　掘 jué　卷 juàn
即 jí　窘 jiǒng　健 jiàn　聚 jù　禁 jìn
积极 jījí　讲解 jiǎngjiě　坚决 jiānjué　军舰 jūnjiàn
检举 jiǎnjǔ　家具 jiājù　机警 jījǐng　捷径 jiéjìng

q 舌面前、送气、清、塞擦音

发音时，舌尖抵住下齿背，舌面前部贴紧硬腭，软腭上升，关闭鼻腔通路，气流将成阻部位冲出一条缝隙，一股较强的气流从间隙摩擦而成声。例如：

腔 qiāng　氢 qīng　掐 qiā　琼 qióng　券 quàn
渠 qú　砌 qì　娶 qǔ　沏 qī　窃 qiè
亲戚 qīnqi　请求 qǐngqiú　齐全 qíquán　缺勤 quēqín
恰巧 qiàqiǎo　亲切 qīnqiè　崎岖 qíqū　情趣 qíngqù

x 舌面前、清、擦音

发音时，舌尖抵住下齿背，舌面接近硬腭前部形成间隙，气流从空隙摩擦通过而成声。例如：

巷 xiàng　霞 xiá　荀 xún　襄 xiāng　腺 xiàn
刑 xíng　薛 xuē　絮 xù　绣 xiù　萧 xiāo
心胸 xīnxiōng　循序 xúnxù　现象 xiànxiàng　选修 xuǎnxiū
喜讯 xǐxùn　鲜血 xiānxuè　学习 xuéxí　行星 xíngxīng

zh 舌尖后、不送气、清、塞擦音

发音时，舌尖抵住硬腭前部，软腭上升，关闭鼻腔通路，气流将成阻部位冲出一条缝隙，并从间隙摩擦而成声。例如：

铡 zhá　痔 zhì　轴 zhóu　震 zhèn　痣 zhì

稚 zhì　终 zhōng　蛰 zhé　浊 zhuó　绽 zhàn

真正 zhēnzhèng　政治 zhèngzhì　战争 zhànzhēng　制止 zhìzhǐ

种植 zhòngzhí　支柱 zhīzhù　茁壮 zhuózhuàng　周转 zhōuzhuǎn

ch　**舌尖后、送气、清、塞擦音**

发音时，舌尖抵住硬腭前部，软腭上升，关闭鼻腔通路，气流将成阻部位冲出一条缝隙，一股较强气流从间隙摩擦而成声。例如：

池 chí　扯 chě　捶 chuí　揣 chuāi　禅 chán

喘 chuǎn　逞 chěng　撤 chè　铲 chǎn　崇 chóng

橱窗 chúchuāng　驰骋 chíchěng　抽查 chōuchá　充斥 chōngchì

惩处 chéngchǔ　超产 chāochǎn　踟蹰 chíchú　戳穿 chuōchuān

sh　**舌尖后、清、擦音**

发音时，舌尖接近硬腭前部，形成间隙，软腭上升，关闭鼻腔通路，气流从间隙摩擦而成声。例如：

筛 shāi　舜 shùn　婶 shěn　晌 shǎng　涮 shuàn

室 shì　扇 shàn　硕 shuò　漱 shù　垧 shǎng

事实 shìshí　舒适 shūshì　赏识 shǎngshí　逝世 shìshì

神圣 shénshèng　设施 shèshī　属实 shǔshí　少数 shǎoshù

r　**舌尖后、浊、擦音**

发音时，舌尖抬起接近硬腭前部，形成间隙，软腭上升，关闭鼻腔通路，声带颤动，气流从间隙摩擦而成声。例如：

弱 ruò　绒 róng　仍 réng　纫 rèn　饶 ráo

惹 rě　揉 róu　染 rǎn　褥 rù　绕 rào

荣辱 róngrǔ　仍然 réngrán　软弱 ruǎnruò　忍让 rěnràng

柔韧 róurèn　容忍 róngrěn　闰日 rùnrì　如若 rúruò

z　**舌尖前、不送气、清、塞擦音**

发音时，舌尖抵住上齿背积蓄气流，软腭上升，关闭鼻腔通路，气流将成阻部位冲出一条缝隙，从间隙摩擦而成声。例如：

宰 zǎi　邹 zōu　憎 zēng　醉 zuì　遭 zāo

贼 zéi　暂 zàn　紫 zǐ　簪 zān　攒 zǎn

罪责 zuìzé　祖宗 zǔzong　造作 zàozuò　藏族 zàngzú

总则 zǒngzé　在座 zàizuò　自尊 zìzūn　自在 zìzài

c　**舌尖前、送气、清、塞擦音**

发音时，舌尖抵住上齿背形成阻塞，积蓄气流，软腭上升，关闭鼻腔通路，气流将成阻部位冲出一条缝隙，一股较强气流从间隙摩擦而成声。例如：

槽 cáo	搓 cuō	醋 cù	擦 cā	篡 cuàn
刺 cì	凑 còu	裁 cái	催 cuī	瓷 cí

催促 cuīcù	层次 céngcì	仓促 cāngcù	猜测 cāicè
从此 cóngcǐ	措辞 cuòcí	粗糙 cūcāo	残存 cáncún

s　**舌尖前、清、擦音**

发音时，舌尖接近上齿背，形成间隙，软腭上升，关闭鼻腔通路，气流从间隙摩擦而成声。例如：

腮 sāi	索 suǒ	隋 suí	损 sǔn	涩 sè
撕 sī	桑 sāng	洒 sǎ	僧 sēng	穗 suì

琐碎 suǒsuì	僧俗 sēngsú	洒扫 sǎsǎo	松散 sōngsǎn
搜索 sōusuǒ	思索 sīsuǒ	诉讼 sùsòng	速算 sùsuàn

韵　母

一、韵母的分类和结构

1. 韵母的构成和分类

韵母是指一个音节中声母后面的部分。普通话共有 39 个韵母，大部分由元音构成，有的韵母由一个元音构成，有的由两个或三个元音构成，也有的由元音和辅音构成。根据不同的标准，韵母可以分为不同的类型。

按照音素组成的不同情况可分为三种：

单元音韵母：由单元音构成的韵母。如：a、o、e。

复元音韵母：由复元音构成的韵母。如：ai、ao、uei。

鼻韵母：由元音和鼻辅音韵尾构成的韵母。如：an、ang、iong。

按开头元音的发音口型分为四呼：

开口呼：韵母不是 i、u、ü 或不以 i、u、ü 起头的韵母。

齐齿呼：i 或以 i 起头的韵母。

合口呼：u 或以 u 起头的韵母。

撮扣呼：ü 或以 ü 起头的韵母。

2. 韵母的结构

韵母的结构可以分为韵头、韵腹、韵尾三部分。

韵头:韵腹前面的元音,又叫介音,发音轻而短。

韵腹:韵母的主干,也叫主要元音,发音最清晰响亮。

韵尾:韵腹后面的音素,发音含混而不固定,只表示韵母滑动的方向。

例如:tiao 这个音节中,i 是韵头,a 是韵腹,o 是韵尾。

注意:不是所有的韵母都有韵头、韵腹、韵尾三部分。可以没有韵头、韵尾,但不能没有韵腹。

二、韵母的发音分析

1. *单韵母的发音(10 个)*

单韵母的发音涉及三个条件:一是舌位的前后,即舌头的前伸或后缩;二是舌位的高低,即舌头和上腭距离的远近;三是唇形的圆展,即嘴唇形状的圆展变化。具体如下:

a　发音时,口大开,舌位低,舌头居中,唇型不圆。例如:

哑 yǎ	扎 zhā	撒 sǎ	沓 dá	捌 bā
诈 zhà	叉 chā	靶 bǎ	闸 zhá	炸 zhà

沙发 shāfā	蛤蟆 háma	打靶 dǎbǎ	喇叭 lǎba
马达 mǎdá	发达 fādá	大厦 dàshà	哪怕 nǎpà

o　发音时,口半闭,舌位半高,舌头后缩,唇拢圆。例如:

破 pò	末 mò	涡 wō	菠 bō	婆 pó
泼 pō	薄 bó	膜 mó	坡 pō	茉 mò

伯伯 bóbo	默默 mòmò	泼墨 pōmò
磨破 mópò	勃勃 bóbó	婆婆 pópo

e　发音状况与 o 基本相似,只是双唇要自然展开,似微笑状。例如:

掖 yē	浙 zhè	歌 gē	咯 gē	佘 shé
辙 zhé	割 gē	奢 shē	遮 zhē	策 cè

塞责 sèzé	隔阂 géhé	割舍 gēshě	特色 tèsè
客车 kèchē	苛刻 kēkè	折射 zhéshè	这个 zhège

i　发音时,口微开,唇形呈扁平状,舌尖前伸使舌尖抵住下齿背。例如:

批 pī	骑 qí	理 lǐ	几 jǐ	敌 dí
腻 nì	欺 qī	提 tí	剃 tì	溺 nì

习题 xítí	基地 jīdì	笔记 bǐjì	依稀 yīxī
霹雳 pīlì	凄迷 qīmí	激励 jīlì	记忆 jìyì

u 发音时，双唇拢圆，留一小孔，舌头后缩，使舌面后部向软腭方向隆起。例如：

复 fù　铸 zhù　毒 dú　促 cù　赴 fù
熟 shú　俯 fǔ　浮 fú　触 chù　奴 nú
处暑 chǔshǔ　瀑布 pùbù　入伍 rùwǔ　突兀 tūwù
辜负 gūfù　疏忽 shūhū　补助 bǔzhù　读物 dúwù

ü 发音与 i 基本相同，但唇形要拢圆。例如：

锯 jù　驱 qū　律 lǜ　郁 yù　御 yù
躯 qū　铝 lǚ　矩 jǔ　居 jū　蛆 qū
区域 qūyù　聚居 jùjū　序曲 xùqǔ　语序 yǔxù
须臾 xūyú　絮语 xùyǔ　屈曲 qūqū　屈居 qūjū

ê 发音时，口半开，舌位半低，舌头前伸使舌尖抵住下齿背，唇形不圆。

-i(前)发音时，舌尖前伸接近上齿背，气流经过时不发生摩擦，唇形不圆，只能与声母 z、c、s 相拼。例如：

次 cì　子 zǐ　思 sī　滋 zī　死 sǐ
寺 sì　辞 cí　雌 cí
字词 zìcí　此次 cǐcì　次子 cìzǐ　私自 sīzì

-i(后)发音时，舌尖上翘接近硬腭前部，并与硬腭间留下一条窄缝，气流经过时不发生摩擦，唇形不圆，只能与声母 zh、ch、sh、r 相拼。例如：

致 zhì　始 shǐ　是 shì　支 zhī　耻 chǐ
石 shí　尺 chǐ　齿 chǐ　质 zhì　使 shǐ
值日 zhírì　试制 shìzhì　事实 shìshí　支持 zhīchí
实质 shízhì　实施 shíshī　知识 zhīshi　制止 zhìzhǐ

er 发音时，口形略开，舌位居中，唇形不圆，舌尖向硬腭卷起，er 只能自成音节。例如：

二 èr　耳 ěr　儿 ér　而 ér　饵 ěr

2. 复韵母的发音(13 个)

复韵母共有 13 个，根据主要元音发音位置的不同，分为前响复韵母、中响复韵母和后响复韵母。

(1) 前响复韵母：发音时，前头的元音清晰响亮，后头的元音含混，音值不太固定，只表示舌位滑动的方向。

ai 起点元音为前 a，发音时，舌尖抵住下齿背，从前 a 开始，舌位向着 i 的方向滑动升高，在接近前高元音 i 的位置时停止发音。例如：

赛 sài　苔 tái　歪 wāi　鳃 sāi　斋 zhāi
猜 cāi　拆 chāi　窄 zhǎi　掰 bāi　债 zhài
采摘 cǎizhāi　晒台 shàitái　彩带 cǎidài　海带 hǎidài
灾害 zāihài　拍卖 pāimài　开采 kāicǎi　爱戴 àidài

ei　起点元音为 e，发音时，舌尖抵住下齿背，从 e 开始，舌位升高，向着 i 的方向滑动，收尾的 i 比单元音 i 的舌位偏后。例如：

北 běi　配 pèi　辈 bèi　废 fèi　赔 péi
畏 wèi　委 wěi　碑 bēi　扉 fēi　肋 lèi
肥美 féiměi　配备 pèibèi　妹妹 mèimei
蓓蕾 bèilěi　北非 běifēi　飞贼 fēizéi

ao　起点元音为后 a，发音时，舌头后缩，舌面后部拢起，从 a 开始，舌位向着 o 的方向滑动升高。例如：

药 yào　涛 tāo　姚 yáo　炒 chǎo　铐 kào
操 cāo　罩 zhào　铙 náo　勺 sháo　刨 páo
号召 hàozhào　茅草 máocǎo　高潮 gāocháo　骚扰 sāorǎo
懊恼 àonǎo　操劳 cāoláo　逃跑 táopǎo　早操 zǎocāo

ou　起点元音比单元音 o 的舌位略高、略前，唇形拢圆，发音时，从[ə]开始，舌位向 u 的方向滑动，收尾接近[u]。例如：

诱 yòu　剖 pōu　愁 chóu　透 tòu　蹂 róu
皱 zhòu　鱿 yóu　谋 móu　抠 kōu　狩 shòu
丑陋 chǒulòu　收购 shōugòu　喉头 hóutóu　兜售 dōushòu
抖擞 dǒusǒu　佝偻 gōulóu　口头 kǒutóu　漏斗 lòudǒu

(2) 后响复韵母：发音时，前头的元音轻短，只表示舌位从那开始移动，后头的元音清晰响亮。

ia　起点元音是 i，由它开始，舌位滑向央 a，i 的发音较短，a 的发音响而长。例如：

加 jiā　俩 liǎ　霞 xiá　家 jiā　吓 xià
佳 jiā　枷 jiā　恰 qià　甲 jiǎ　嫁 jià
加价 jiājià　假牙 jiǎyá　恰恰 qiàqià　压价 yājià

ie　起点元音是 i，由它开始，舌位滑向 ê，i 紧而短，ê 响而长。例如：

撇 piě　揭 jiē　捏 niē　妾 qiè　截 jié

苤 piě　　啮 niè　　蔑 miè　　憋 biē　　怯 qiè

贴切 tiēqiè　　结业 jiéyè　　铁屑 tiěxiè

ua　起点元音是 u，由它开始，舌位滑向央 a，唇形由圆逐步展开不圆，u 紧而短，a 响而长。例如：

挂 guà　　挎 kuà　　刷 shuā　　花 huā　　夸 kuā

画 huà　　抓 zhuā　　桦 huà　　垮 kuǎ　　爪 zhuǎ

娃娃 wáwa　　花褂 huāguà　　耍滑 shuǎhuá　　挂花 guàhuā

uo　起点元音是 u，由它开始，舌位向下滑到 o 为止，u 紧而短，o 响而长。例如：

啄 zhuó　　豁 huò　　挪 nuó　　络 luò　　卓 zhuó

锁 suǒ　　佐 zuǒ　　跎 tuó　　挫 cuò　　锣 luó

啰唆 luōsuo　　骆驼 luòtuo　　哆嗦 duōsuo　　错落 cuòluò

硕果 shuòguǒ　　脱落 tuōluò　　堕落 duòluò

üe　起点元音是 ü，由它开始，舌位向下滑到 ê，唇形由圆逐步展开不圆，ü 紧而短，ê 响而长。例如：

绝 jué　　瘸 qué　　穴 xué　　嚼 jué　　虐 nüè

掠 lüè　　诀 jué　　略 lüè　　阅 yuè　　靴 xuē

雀跃 quèyuè　　约略 yuēlüè　　绝学 juéxué

(3) 中响复韵母：发音时，前面的元音轻短，中间的元音清晰响亮，后面的元音含混，音值不太固定，只表示舌位滑动的方向。

iao　在 ao 之前加上一段由 i 开始的发音动程。例如：

渺 miǎo　　缴 jiǎo　　俏 qiào　　膘 biāo　　锹 qiāo

剽 piāo　　聊 liáo　　矫 jiǎo　　眺 tiào　　笤 tiáo

巧妙 qiǎomiào　　调料 tiáoliào　　疗效 liáoxiào　　逍遥 xiāoyáo

苗条 miáotiao　　窈窕 yǎotiǎo　　教条 jiàotiáo　　吊销 diàoxiāo

iou　在 ou 之前加上一段由 i 开始的发音动程。例如：

扭 niǔ　　溜 liū　　嗅 xiù　　囚 qiú　　柳 liǔ

韭 jiǔ　　泅 qiú　　绣 xiù　　忧 yōu　　谬 miù

绣球 xiùqiú　　求救 qiújiù　　悠久 yōujiǔ

牛油 niúyóu　　优秀 yōuxiù　　久留 jiǔliú

uai　在 ai 之前加上一段由 u 开始的发音动程。例如：

怀 huái　　拽 zhuài　　踹 chuài　　怪 guài　　摔 shuāi

块 kuài　　乖 guāi　　甩 shuǎi　　踝 huái　　帅 shuài

怀揣 huáichuāi　　外快 wàikuài　　乖乖 guāiguāi　　摔坏 shuāihuài

uei　在 ei 之前加上一段由 u 开始的发音动程。例如：

毁 huǐ　　坠 zhuì　　兑 duì　　垂 chuí　　璀 cuǐ

穗 suì　　锐 ruì　　绘 huì　　轨 guǐ　　伪 wěi

摧毁 cuīhuǐ　　垂危 chuíwēi　　归队 guīduì　　悔罪 huǐzuì

推诿 tuīwěi　　荟萃 huìcuì　　汇兑 huìduì　　追悔 zhuīhuǐ

3. 鼻韵母的发音(16 个)

鼻韵母是复合鼻尾音充当韵母。复合鼻尾音是在元音音素之后附带一个鼻辅音作为尾音(韵尾)。普通话韵母有两个辅音韵尾-n、-ng,都是鼻音。以-n为韵尾构成的韵母叫前鼻音韵母,以-ng 为韵尾构成的韵母叫后鼻音韵母。鼻韵母发音时注意:元音因素同鼻辅音韵尾之间是复合关系,不是简单地相加。在复合过程中,鼻音色彩不断增加,逐渐由元音的发音状态向鼻辅音过渡,最后发音部位闭塞,形成鼻辅音。

an　从前 a 开始,舌尖抵住下齿背,舌面升高,舌面前部贴向上齿龈,当两者将要接触时,软腭下降,打开鼻腔通路,紧接着舌尖与上齿龈闭合,使在口腔受到阻碍的气流从鼻腔透出,口形先开后合,舌位移动较大。例如：

剜 wān　　雁 yàn　　喊 hǎn　　善 shàn　　弯 wān

丸 wán　　腌 yān　　弹 dàn　　湾 wān　　版 bǎn

惨然 cǎnrán　　湛蓝 zhànlán　　烂漫 lànmàn　　展览 zhǎnlǎn

谈判 tánpàn　　坦然 tǎnrán　　赞叹 zàntàn　　参战 cānzhàn

ian　在 an 的前面加上一段由高 i 开始的发音动程,但实际发音时会有所变化。例如：

冼 xiǎn　　鲜 xiān　　拈 niān　　辩 biàn　　篇 piān

蔫 niān　　玷 diàn　　蝙 biān　　垫 diàn　　嵌 qiàn

连篇 liánpiān　　艰险 jiānxiǎn　　边沿 biānyán　　浅显 qiǎnxiǎn

简便 jiǎnbiàn　　田间 tiánjiān　　连绵 liánmián　　电线 diànxiàn

uan　在 an 的前面加上一段由高 u 开始的发音动程。例如：

卵 luǎn　　窜 cuàn　　软 ruǎn　　酸 suān　　湍 tuān

灌 guàn　　闩 shuān　　患 huàn　　髋 kuān　　赚 zhuàn

贯穿 guànchuān　　婉转 wǎnzhuǎn　　转换 zhuǎnhuàn

专款 zhuānkuǎn　　软缎 ruǎnduàn　　酸软 suānruǎn

üan 在 an 的前面加上一段由高 ü 开始的发音动程,但实际发音时和 ian 一样也会有所变化。例如:

猿 yuán 渊 yuān 蜷 quán 癣 xuǎn 眷 juàn

玄 xuán 轩 xuān 券 quàn 绢 juàn 眩 xuàn

源泉 yuánquán 涓涓 juānjuān 渊源 yuānyuán 轩辕 xuānyuán

en 起点元音是央 e,从 e 开始,舌面升高,软腭下降,打开鼻腔通路,紧接着舌尖与上齿龈闭合,使在口腔受到阻碍的气流从鼻腔透出,口形由开到闭,舌位移动较小。例如:

跟 gēn 阵 zhèn 嫩 nèn 趁 chèn 笨 bèn

针 zhēn 纫 rèn 沈 shěn 盆 pén 肾 shèn

根本 gēnběn 门诊 ménzhěn 人参 rénshēn 身份 shēn·fèn

振奋 zhènfèn 沉闷 chénmèn 深沉 shēnchén

uen en 的前面加上一段由高 u 开始的发音动程。例如:

吞 tūn 尊 zūn 润 rùn 笋 sǔn 唇 chún

抡 lūn 纯 chún 捆 kǔn 损 sǔn 蹲 dūn

论文 lùnwén 温顺 wēnshùn 馄饨 hún·tún 困顿 kùndùn

昆仑 kūnlún 春笋 chūnsǔn 温存 wēncún 谆谆 zhūnzhūn

in 起点元音是 i,从 i 开始,舌位升高,软腭下降,打开鼻腔通路,紧接着舌尖与上齿龈闭合,使在口腔受到阻碍的气流从鼻腔透出,开口度几乎没有变化,舌位移动很小。例如:

浸 jìn 您 nín 勤 qín 荫 yìn 芯 xīn

锌 xīn 缤 bīn 寝 qǐn 琴 qín 矜 jīn

近邻 jìnlín 拼音 pīnyīn 引进 yǐnjìn 濒临 bīnlín

辛勤 xīnqín 殷勤 yīnqín 信心 xìnxīn 临近 línjìn

ün 起点元音是 ü,与 in 的发音状况相比只是唇形变化不同,唇形从 ü 开始逐步展开,而 in 始终展唇。例如:

菌 jūn 循 xún 勋 xūn 郡 jùn 殉 xùn

恽 yùn 熨 yùn 陨 yǔn 芸 yún 逊 xùn

均匀 jūnyún 军训 jūnxùn 芸芸 yúnyún 逡巡 qūnxún

ang 起点元音为后 a,口大开,舌尖离开下齿背,舌头后缩,软腭上升,关闭鼻腔通路,发“后 a”之后,软腭下降,打开鼻腔通路,同时舌面后部与软腭闭合,使在口腔受到阻碍的气流从鼻腔透出,开口度由大渐小,舌位移动较大。例如:

尚 shàng　秧 yāng　淌 tǎng　沧 cāng　绑 bǎng
荡 dàng　膛 táng　偿 cháng　磅 bàng　航 háng
帮忙 bāngmáng　商场 shāngchǎng　上当 shàngdàng　苍茫 cāngmáng
当场 dāngchǎng　螳螂 tángláng　放荡 fàngdàng　刚刚 gānggāng

iang　在 ang 的前面加上一段由高 i 开始的发音动程。例如：

酿 niàng　浆 jiāng　僵 jiāng　酱 jiàng　襄 xiāng
晾 liàng　蔷 qiáng　凉 liáng　奖 jiǎng　呛 qiàng
洋相 yángxiàng　响亮 xiǎngliàng　粮饷 liángxiǎng
踉跄 liàngqiàng　想象 xiǎngxiàng　两样 liǎngyàng

uang　在 ang 的前面加上一段由高 u 开始的发音动程。例如：

矿 kuàng　撞 zhuàng　霜 shuāng　逛 guàng　慌 huāng
疮 chuāng　爽 shuǎng　诳 kuáng　桩 zhuāng　框 kuàng
状况 zhuàngkuàng　狂妄 kuángwàng　双簧 shuānghuáng

eng　起点元音是央 e，从 e 开始，舌面后部抬起，贴向软腭，当两者将要接触时，软腭下降，打开鼻腔通路，紧接着舌面后部与软腭接触，使在口腔受到阻碍的气流从鼻腔透出。例如：

蹭 cèng　横 héng　疼 téng　捧 pěng　笙 shēng
惩 chéng　瞪 dèng　嘭 pēng　恒 héng　赠 zèng
丰盛 fēngshèng　升腾 shēngténg　逞能 chěngnéng　风筝 fēngzheng
声称 shēngchēng　更正 gēngzhèng　萌生 méngshēng　承蒙 chéngméng

ueng　在 eng 的前面加上一段由高 u 开始的发音动程。例如：

蓊 wěng　瓮 wèng　翁 wēng　蕹 wèng

ing　起点元音为 i，舌尖接触下齿背，舌面前部隆起，软腭上升，关闭鼻腔通路，发 i 之后，软腭下降，打开鼻腔通路，同时舌面后部与软腭闭合，使在口腔受到阻碍的气流从鼻腔透出，口形没有明显变化。例如：

茎 jīng　敬 jìng　鸣 míng　屏 píng　惊 jīng
岭 lǐng　晴 qíng　艇 tǐng　凭 píng　饼 bǐng
叮咛 dīngníng　清净 qīngjìng　命令 mìnglìng　情景 qíngjǐng
经营 jīngyíng　评定 píngdìng　姓名 xìngmíng　庆幸 qìngxìng

ong　起点元音是比 u 舌位略低的“松 u”，从“松 u”开始，舌面后部隆起，软腭下降，打开鼻腔通路，紧接着舌面后部与软腭接触，封闭了口腔通路，使气流从鼻腔透出，唇形始终拢圆，变化不明显。例如：

佣 yōng　脓 nóng　聋 lóng　懂 dǒng　栋 dòng
拢 lǒng　垄 lǒng　铜 tóng　戎 róng　棕 zōng
笼统 lǒngtǒng　恐龙 kǒnglóng　轰动 hōngdòng　隆重 lóngzhòng
通融 tōngróng　共同 gòngtóng　公众 gōngzhòng　空洞 kōngdòng

iong　在 ong 的前面加上一段由高 i 开始的发音动程。例如：

穷 qióng　雄 xióng　迥 jiǒng　熊 xióng　琼 qióng
凶 xiōng　兄 xiōng　窘 jiǒng　胸 xiōng　穹 qióng
汹涌 xiōngyǒng　穷凶 qióngxiōng　炯炯 jiǒngjiǒng

声 调

一、声调的定义及作用

声调是指一个音节发音时的高低升降变化。声调的高低变化主要是由声带的松紧不同造成的，声带放松声音就低，声带紧绷声音就高。发音时声带可以自始至终保持一样的松紧度，也可以先紧后松，或先松后紧，还可以松紧相同，这样就形成了不同的音高变化，构成不同的声调。声母韵母完全相同的音节，由于声调的不同，词的意义也就不同。例如："题材"和"体裁"、"事实"和"实施"、"联系"和"练习"等。

二、调类与调值

调类指的是声调的分类。普通话有 4 个调类，分别是阴平调、阳平调、上声调和去声调。

调值是指声调的具体读法，它具体记录声调的高低升降曲直长短的变化形式。

阴平——高平调　调值为 55。发音时，声带绷到最紧（"最紧"是相对的，下同），始终没有明显变化，保持高音。

阳平——高升调　调值为 35。发音时，声带从不松不紧开始，逐渐绷紧，到最紧为止，声音由不低不高升到最高。

上声——升降调　调值为 214。发音时，声带从略微有些紧张开始，立刻松弛下来，稍稍延长，然后迅速紧绷，但没有绷到最紧。发音过程中，声音主要表现在低音段 1～2 度之间，这成为上声的基本特征，上声的音长在普通话 4 个声调中是最长的。

去声——全降调　调值为 51。发音时，声带从紧开始，到完全松弛为止，声音由高到低。去声的音长在普通话 4 个声调中是最短的。

为了便于直观了解和掌握普通话 4 个声调，通常用“五度标记法”来具体描写声调。

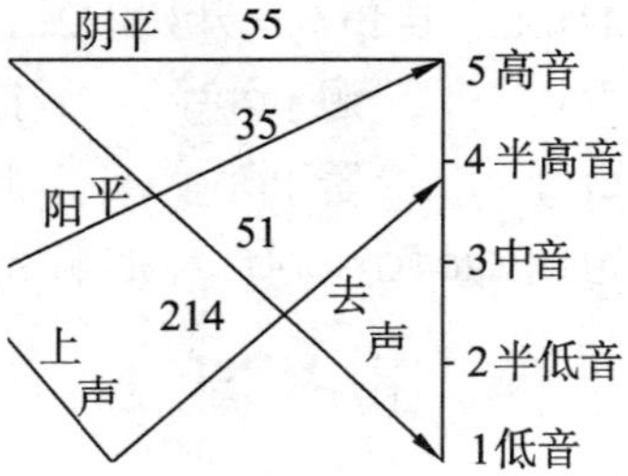

五度标记法

三、声调练习

单音节声调训练

坡 pō	婆 pó	叵 pǒ	破 pò
哥 gē	革 gé	葛 gě	各 gè
西 xī	席 xí	洗 xǐ	细 xì
突 tū	图 tú	土 tǔ	兔 tù
居 jū	局 jú	举 jǔ	剧 jù

双音节声调训练

阴平——阴平

香烟 xiāngyān	糟糕 zāogāo	撒娇 sājiāo	山区 shānqū
钦差 qīnchāi	偏差 piānchā	痴心 chīxīn	铿锵 kēngqiāng
胸襟 xiōngjīn	庸医 yōngyī	粗糙 cūcāo	创伤 chuāngshāng

阴平——阳平

居然 jūrán	荒唐 huāng·táng	搀扶 chānfú	漂流 piāoliú
僧俗 sēngsú	钻研 zuānyán	搜集 sōují	观摩 guānmó
烹调 pēngtiáo	冤魂 yuānhún	均匀 jūnyún	删节 shānjié

阴平——上声

抓紧 zhuājǐn	酸楚 suānchǔ	卑鄙 bēibǐ	遵守 zūnshǒu
深浅 shēnqiǎn	操场 cāochǎng	蛙泳 wāyǒng	搜索 sōusuǒ

慷慨 kāngkǎi	夸奖 kuājiǎng	思想 sīxiǎng	悠远 yōuyuǎn

阴平——去声

捐献 juānxiàn	约会 yuēhuì	催促 cuīcù	剽窃 piāoqiè
憎恨 zēnghèn	装配 zhuāngpèi	尊贵 zūnguì	军事 jūnshì
衰弱 shuāiruò	夸赞 kuāzàn	侵略 qīnlüè	削弱 xuēruò

阳平——阴平

平庸 píngyōng	囤积 túnjī	滑冰 huábīng	琼脂 qióngzhī
邻居 línjū	群婚 qúnhūn	熊猫 xióngmāo	和约 héyuē
藏掖 cángyē	瑕疵 xiácī	提供 tígōng	鹁鸪 bógū

阳平——阳平

凝结 níngjié	原则 yuánzé	巡逻 xúnluó	调皮 tiáopí
存疑 cúnyí	凉棚 liángpéng	民航 mínháng	模型 móxíng
权宜 quányí	垂直 chuízhí	丛林 cónglín	黄芪 huángqí

阳平——上声

穷苦 qióngkǔ	荣辱 róngrǔ	着想 zhuóxiǎng	群岛 qúndǎo
评审 píngshěn	凉粉 liángfěn	随手 suíshǒu	平整 píngzhěng
描写 miáoxiě	扒手 páshǒu	雌蕊 círuǐ	

阳平——去声

强盛 qiángshèng	轮廓 lúnkuò	蒙蔽 méngbì	成绩 chéngjì
角色 juésè	防御 fángyù	仍旧 réngjiù	札记 zhájì
而后 érhòu	唇裂 chúnliè	盆地 péndì	佛教 fójiào

上声——阴平

草包 cǎobāo	假托 jiǎtuō	嗓音 sǎngyīn	散光 sǎnguāng
摆脱 bǎituō	贬低 biǎndī	补贴 bǔtiē	早春 zǎochūn
凯歌 kǎigē	铁窗 tiěchuāng	跑车 pǎochē	卷烟 juǎnyān

上声——阳平

法郎 fǎláng	赌博 dǔbó	海洋 hǎiyáng	耍滑 shuǎhuá
惨然 cǎnrán	卡钳 kǎqián	迥然 jiǒngrán	懂行 dǒngháng
碾盘 niǎnpán	解答 jiědá	旅途 lǚtú	偶然 ǒurán

上声——上声

傻眼 shǎyǎn	使馆 shǐguǎn	脑髓 nǎosuǐ	选举 xuǎnjǔ

恳请 kěnqǐng	比拟 bǐnǐ	拷打 kǎodǎ	处暑 chǔshǔ
粉笔 fěnbǐ	美满 měimǎn	耻辱 chǐrǔ	瓦解 wǎjiě

上声——去声

琐碎 suǒsuì	谄媚 chǎnmèi	窘迫 jiǒngpò	扰乱 rǎoluàn
闯荡 chuǎngdàng	揣测 chuǎicè	柏树 bǎishù	惨败 cǎnbài
暖气 nuǎnqì	恐怖 kǒngbù	耍弄 shuǎnòng	损坏 sǔnhuài

去声——阴平

略微 lüèwēi	运输 yùnshū	病菌 bìngjūn	聘书 pìnshū
陌生 mòshēng	冠军 guànjūn	若干 ruògān	律师 lǜshī
蜜蜂 mìfēng	必须 bìxū	沥青 lìqīng	快餐 kuàicān

去声——阳平

逆流 nìliú	配合 pèihé	塞责 sèzé	窜逃 cuàntáo
挫折 cuòzhé	掠夺 lüèduó	洽谈 qiàtán	自焚 zìfén
湛蓝 zhànlán	罪责 zuìzé	晒台 shàitái	问题 wèntí

去声——上声

酗酒 xùjiǔ	篡改 cuàngǎi	怪癖 guàipǐ	作者 zuòzhě
挂彩 guàcǎi	赞美 zànměi	率领 shuàilǐng	骏马 jùnmǎ
幻想 huànxiǎng	淡雅 dànyǎ	确诊 quèzhěn	办法 bànfǎ

去声——去声

号召 hàozhào	串供 chuàngòng	挂号 guàhào	倒退 dàotuì
混乱 hùnluàn	热爱 rèài	混战 hùnzhàn	摈斥 bìnchì
恰似 qiàsì	韵律 yùnlǜ	训斥 xùnchì	运动 yùndòng

音 节

普通话常用音节有 400 个。1987 年重排本《新华字典》音节索引列出 418 个音节，本书所列的音节表未收其中 18 个音节，包括某些语气词，特别是只以辅音充当音节的，方言色彩浓重、比较土俗的词，或仅限于书面语又不常用的音节：chua（欻）den（扽）dia（嗲）nia（嚜）nou（耨）eng（鞥）shei（“谁”又音）kei（剋）lo（咯）yo（唷）o（噢）ê、ei（欸）hm（噷）hng（哼）m（呣）n（嗯）ng（嗯）。

下列音节表按开口呼、齐齿呼、合口呼、撮口呼四类排列：

1. 开口呼音节(179 个)

	a	e	-i	er	ai	ei	ao	ou	an	en	ang	eng
零	a	e		er	ai	ei	ao	ou	an	en	ang	eng
b	ba				bai	bei	bao		ban	ben	bang	beng
p	pa				pai	pei	pao	pou	pan	pen	pang	peng
m	ma(me)				mai	mei	mao	mou	man	men	mang	meng
f	fa					fei		fou	fan	fen	fang	feng
d	da	de			dai	dei	dao	dou	dan		dang	deng
t	ta	te			tai		tao	tou	tan		tang	teng
n	na	ne			nai	nei	nao		nan	nen	nang	neng
l	la	le			lai	lei	lao	lou	lan		lang	leng
g	ga	ge			gai	gei	gao	gou	gan	gen	gang	geng
k	ka	ke			kai		kao	kou	kan	ken	kang	keng
h	ha	he			hai	hei	hao	hou	han	hen	hang	heng
zh	zha	zhe	zhi		zhai	zhei	zhao	zhou	zhan	zhen	zhang	zheng
ch	cha	che	chi		chai		chao	chou	chan	chen	chong	zheng
sh	sha	she	shi		shai	(shei)	shao	shou	shan	shen	shang	sheng
r		re	ri				rao	rou	ran	ren	rang	reng
z	za	ze	zi		zai	zei	zao	zou	zan	zen	zang	zeng
c	ca	ce	ci		cai		cao	cou	can	cen	cang	ceng
s	sa	se	si		sai		sao	sou	san	sen	sang	seng

注：① 横行按不同韵母排列，竖行按不同的声母排列。表中“零”表示“零声母”(下同)。

② me(么)本是 mo，轻声音节弱化为 me。不计数，加括号列入表格备用。

③ shei 是“谁”口语又音，已常被 shui 代替。不计数，加括号列入表格备用。

④ o、ê、ei 等音节只在语气词中出现，不列入。因此，未列出单韵母 o、ê。

从开口呼音节表可以看出：

(1) 开口呼音节包含音节数目最多，几乎占 400 音节的一半。

(2) 声母 j、q、x 不同开口呼韵母相拼。

(3) 舌尖元音属于开口呼音节，只同舌尖前音声母 z、c、s 和舌尖后音声母

zh、ch、sh、r 相拼。

(4) er 独立自成音节，不同任何声母相拼。

(5) 舌尖中音声母 d、t、n、l 不同韵母 en 相拼（nen“嫩”视为例外，den“扽”除外）。

(6) 韵母 eng 除代表一个极不常用的“鞥”外，不独立成音节。o、ê 一般出现在韵母 uo、ie、ue 中。独立成音节只用于语气词。

2. 齐齿呼音节(83 个)

	i	ia	ie	iao	iou	ian	in	iang	ing
零	yi	ya	ye	yao	you	yan	yin	yang	ying
b	bi		bie	biao		bian	bin		bing
p	pi		pie	piao		pian	pin		ping
m	mi		mie	miao	miu	mian	min		ming
d	di		die	diao	diu	dian			ding
t	ti		tie	tiao		tian			ting
n	ni		nie	niao	niu	nian	nin	niang	ning
l	li	lia	lie	liao	liu	lian	lin	liang	ling
j	ji	jia	jie	jiao	jiu	jian	jin	jiang	jing
q	qi	qia	qie	qiao	qiu	qian	qin	qiang	qing
x	xi	xia	xie	xiao	xiu	xian	xin	xiang	xing

从齐齿呼音节表可以看出：

(1) 齐齿呼韵母不同声母舌尖前音 z、c、s，舌尖后音 zh、ch、sh、r，舌面后音 g、k、h 和唇齿音 f 相拼。

(2) 韵母 ia、iang 不同声母双唇音 b、p、m 和舌尖中音 d、t 相拼。

(3) 声母 d、t 不同韵母 in 相拼。

3. 合口呼音节(114 个)

	u	ua	uo (o)	uai	uei	uan	uen	uang	ueng (ong)
零	wu	wa	wo	wai	wei	wan	wen	wang	weng
b	bu		bo						
p	pu		po						

m	mu		mo						
f	fu		fo						
d	du		duo		dui	duan	dun		dong
t	tu		tuo		tui	tuan	tun		tong
n	nu		nuo			nuan			nong
l	lu		luo			luan	lun		long
g	gu	gua	guo	guai	gui	guan	gun	guang	gong
k	ku	kua	kuo	kuai	kui	kuan	kun	kuang	kong
h	hu	hua	huo	huai	hui	huan	hun	huang	hong
zh	zhu	zhua	zhuo	zhuai	zhui	zhuan	zhun	zhuang	zhong
ch	chu		chuo	chuai	chui	chuan	chun	chuang	chong
sh	shu	shua	shuo	shuai	shui	shuan	shun	shuang	
r	ru		ruo		rui	ruan	run		rong
z	zu		zuo		zui	zuan	zun		zong
c	cu		cuo		cui	cuan	cun		cong
s	su		suo		sui	suan	sun		song

注：① bo、po、mo、fo 按照实际发音列入此表，排列在 uo 韵母下。

② ong 按照实际发音列入此表，同 ueng 排列在一行。

从合口呼音节表可以看出：

(1) 合口呼韵母不同舌面前音声母 j、q、x 相拼。

(2) 双唇音声母只同韵母 u、uo(o)相拼。

(3) 舌尖中音声母 d、t、n、l 不同韵母 ua、uai、uang 相拼。

(4) 声母 n、l 只同韵母 ei 相拼，不同韵母 uei 相拼。而声母 d、t 只同韵母 ui 相拼，不同韵母 ei 相拼(dei 只有一个“得”字)。

(5) 舌尖前音声母 z、c、s 不同韵母 ua、uai、uang 相拼。

(6) ong 属于合口呼，一定前拼辅音声母，不独立成音节。ueng 则只独立成音节，不同任何辅音声母相拼。

4. 撮口呼音节(24 个)

	ü	üe	üan	ūn	iong
零	yu	yue	yuan	yun	yong
n	nü	nüe			
l	lü	lüe			

j	ju	jue	juan	jun	jiong
q	qu	que	quan	qun	qiong
x	xu	xue	xuan	xun	xiong

注：iong 按实际发音列入此表。

从撮口呼音节表可以看出：

(1) 撮口呼音节包含音节最少。

(2) 辅音声母同撮口呼韵母相拼的只有 j、q、x、n、l。

(3) 声母 n、l 只同韵母 ü、üe 相拼，不同韵母 üan、ün、iong 相拼。

(4) iong 属于撮口呼韵母。

普通话里有多少带调音节呢？根据《现代汉语词典》所列的音节表统计共有 1 332个。其中只在方言中出现的或方言色彩很浓的音节、某些语气词(特别是以辅音充当音节的)、现代不常用的音节，共 70 多个，这些音节不应该或不适合归入普通话的带调音节中。普通话带调音节(不包括儿化音节)1 250 多个。

第二部分

多音节字词测试　普通话语音分析（二）

多音节字词测试

一、多音节字词测试的目的、内容和评分

考核目的

普通话水平测试第二项考核内容是“读多音节词语”（100 个音节），限时 2.5 分钟，共 20 分。目的是测查应试人声母、韵母、声调和变调、轻声、儿化读音的标准程度。

考核内容及范围

词语的 70％选自《普通话水平测试用普通话词语表》“表一”，30％选自“表二”。声母、韵母、声调出现的次数与读单音节字词的要求相同。上声与上声相连的词语不少于 3 个，上声与非上声相连的词语不少于 4 个，轻声不少于 3 个，儿化不少于 4 个（应为不同的儿化韵母）。词语的排列要避免同一测试要素连续出现。

评分

语音错误，每个音节扣 0.2 分；语音缺陷，每个音节扣 0.1 分；超时 1 分钟以内，扣 0.5 分；超过 1 分钟以上（含 1 分钟），扣 1 分。本项除了测查应试人声母、韵母、声调（第一项“读单音节字”的测试目的）外，还测查应试人的语音变调、轻声、儿化读音的标准程度。

二、多音节字词应试要领

1. 注意按词分读，不是按字分读

一个多音节词语，其前后音节具有不可分割的连续性和紧密性。在普通话水平测试中，应试人由于过分注重音节声母、韵母、声调的到位，往往把一个多

音节词语切割开，按字分读，把一词一顿变成了一字一顿，破坏了多音节词语的整体性。朗读时应该注意词语连贯性，词与词之间要分开，字与字之间不要分开，一个词语不能拆开作为单音节字朗读。

2. 注意多音节词语的轻重音格式

这一项测试，大多是双音节词语，少数有三音节、四音节的词语。

双音节轻重音格式可以分：

(1)“中・重”格：后一个音节的朗读比前一个音节稍微强一些。如“国家”、“高大”、“陆军”等，双音节词绝大多数是这个格式，是双音节朗读的基本格式；

(2)“重・次轻”格：后一音节的朗读比前一音节稍弱。如“因为”、“工人”、“手巾”等，这部分即所谓的“可轻可不轻”的情况。

(3)“重・最轻”格：后一音节的朗读比前一音节弱。如“答应”、“官司”、“凉快”等，这部分即所谓的“必读轻声词”的情况。测试时，可把(2)(3)归结为“重・轻”格。因此，双音节词语的朗读可以简单地分为两种情况，即“中・重”格与“重・轻”格。

三音节词的轻重音格式可以分：

(1)“中・次轻・重”格：朗读时中间的音节最弱，重音应该落在末一音节上。如“辩证法”、“创造性”、“殖民地”等，这是绝大多数三音节词的轻重音格式。

(2)“中・重・最轻”格：朗读时，中间音节是重音，末一音节最弱。如“胡萝卜”、“好家伙”、“同学们”等；

(3)“重・最轻・最轻”格：朗读时，后两个音节声音很弱，重音落在前一音节上。此三音节词语一般是前两个音节是一个重叠式名词，末一音节是“们”的语素，如“姑娘们”、“朋友们”、“娃娃们”等。

四音节词的轻重音格式可以分：

(1)“中・次轻・中・重”格：朗读时，第二音节声音较弱，最末音节为重音。如“自力更生”、“不动声色”、“层出不穷”、“此起彼伏”等，这个格式在四音节词中占绝大多数，是四音节的基本格式。

(2)“中・次轻・重・最轻”格：此类四音节词语往往是两个必读双音节词语结合而成。朗读时，第二音节较弱，最末音节为最弱，重音是第三音节。如“如意算盘”、“外甥媳妇(儿)”等。

朗读时，词语的轻重音格式不注意，会造成声调的缺陷。

3. 注意轻声词判定、朗读要准确

读多音节词语这一项测试，其出题要求是“轻声词语不少于3个”。这里出现的轻声词语，往往是没有规律可循的，是“必读轻声词语”和“重次轻格式词语”，即朗读时归结为“重・轻”格式的词语。此类词语需要应试人平时不断地积累，特别地记忆。在测试中，三种情况必须引起注意：第一，该读轻声的不读轻声，不该读轻声的却读轻声，轻声与非轻声混淆。如“苗条”、“活泼”“云彩”是轻声词语，往往会判定为非轻声词语；“破坏”、“敌人”、“情况”是非轻声词语，容易误认为是轻声词语，因此误读。第二，受轻声词语“重・轻”格读音的干扰及其惯性的影响，把排列在轻声词语后面非轻声词语也读成“重・轻”格。第三，轻声词语能够准确判定却不能准确朗读。轻声的性质跟一般声调不同，一般声调的性质主要取决于音的高低，轻声则主要取决于音的强弱与长短。轻声音节的特点是发音时用力特别小，音量特别弱，音长特别短，轻声音节一般跟在与其相应的音节后面，连着念出来。如“谢谢 xiè（强、长）—xie（弱、短）”、“老实 lǎo（强、长）—shi（弱、短）”。朗读时，因为轻声音节发音弱且短，因此，应试人往往不注意区分其平翘、前后鼻的情况，有混水摸鱼之感。

4. 注意儿化词语的朗读

对于儿化词语，这一项的出题要求是不少于 4 个。它都有明显的外在形态作为标志：词尾带有一“儿”字（像“女儿”、“健儿”这样特殊的例外）。有“儿”的词语就儿化，没有“儿”的词语不要随便儿化。朗读时有的词语受习惯势力的影响，容易添加。如：“君子”、“早点”、“口头”等，受平时练习的“瓜子儿”、“石子儿”、“一点儿”、“有点儿”、“差点儿”、“老头儿”、“年头儿”等的影响，就容易把“君子”读成“君子儿”，“早点”读成“早点儿”，“口头”读成“口头儿”。应该说，是否读儿化，不存在像判断是否轻声词语这样困难，其关键是怎么样读好。要读好儿化词语，要注意三点：第一，不要把“儿”音节与前面的音节割裂开来，像“加塞儿”，它是三个汉字代表两个音节，朗读时，只要在发“sāi”韵母的同时加上一个卷舌动作即可，“er”与韵母“ai”不能脱落，应该连成一个音节，读 sāir。第二，注意儿化词语末一音节儿化后的声调应与原声调一致。如“纳闷儿”，末一音节“闷 mèn”是去声调，调值是 51，儿化“闷儿”mènr 也应该为去声，朗读时，受“儿”原阳平声调 35 的影响，容易造成儿化韵音节声调的缺陷，把 mènr 降调误读成降后又有上扬的趋势，即调值由原来的 51 变为 513。第三，朗读儿化词语，因为平时运用不多，又加上练习不够，舌头不听使唤，总是卷不起来，读起来特别生硬，因此往往会不自觉地用重读来强调儿化韵。其实，儿化韵不能重读，朗读儿化词语时，切勿面孔死板，应该是语气轻快，面带微笑，在词末一带而过，给人以活泼的感觉。儿化重读会造成声调缺陷或把“儿”音节与前一音节割裂开。

5. 注意多音节词语中上声调的读音变化

读多音节词语这一项的测试目的除了考查声、韵、调外，还要测查应试人的变调，其中上声变调是重点。关于“上声”的出题要求是：上声与上声连读的词语不少于3个；上声（在前）和其他声调（阴平、阳平、去声、轻声）连读的词语不少于4个。上声是降升调，它的调值是214，它在单念或词末尾时要读原调，此外均要发生变调。朗读时应该注意：第一，多音节词语末一个音节是上声时，必须念完整（轻声词除外）。如：“根本”、“体育馆”、“眉飞色舞”等，其末一个音节调值应该念214，哪怕是儿化词语，如“门槛儿”、“没谱儿”、“烟卷儿”等也应该到位。应试人往往不注意或因为朗读语速较快容易误读为211，只降不扬。第二，上声在四声前都应该产生变调。上声在阴平、阳平、去声前，念半上，如：“紧张”、“野蛮”、“跑步”等，前一个音节上声调均要发生音变，读做半上211调，在词语朗读不连贯按字分读时容易误读为212；上声在上声前，念阳平，如“粉笔”、“偶尔”，调值应该是35＋214，朗读时容易把前一音节读成半上，而末音节误读为阳平，即误读为211＋35。

6. 注意词语中的“一”“不”的变调

“一”的本调是阴平，“不”的本调是去声。“一”、“不”在语流中出现要变调，同样，在词语中也应该音变，不能读原调。应试人在测试时因为注意力较多地集中在字音的准确上，往往会忽视“一”、“不”的变调问题。“一”、“不”变调规则记住四句话：“单说句来念本调”，“去声前面念阳平”，“非去声前念去声”，“夹在词中念轻声”。如“第一”读 yī，“不至于”读 bú，“一丝不苟”读 yì、bù，“不可一世”读 bù、yí。另外，儿化词语也应该注意音变，如“一会儿”读 yí，“一点儿”读 yì。

7. 注意词语前后音节声调的高低差异

在普通话水平测试过程中发现，对于双音节词语朗读中的声调问题，注重的多是双音节词语各自音节声调的高低升降，而往往忽视前后音节高低升降的差异变化。双音节词语的朗读，由于前后音节之间具有不可分割的连续性和紧密性，后一音节的声调读音容易受前一音节声调高低的影响，使得后一音节的声调误读。

阴平＋四声：参加 55＋55　参谋 55＋35　参考 55＋214　参与 55＋51
阳平＋四声：连通 35＋55　连年 35＋35　连锁 35＋214　连夜 35＋51
上声＋四声：领先 211＋55　领头 211＋35　领口 35＋214　领悟 211＋51
去声＋四声：论说 51＋55　论坛 51＋35　论理 51＋214　论战 51＋51

如“参加”，其调值是55＋55，即前后音节都是高平调，它们的起音和收音一样高，都是由5度到5度，发音高而平。朗读时，后一音节的声调的音高容易支撑不住，使其低于前一音节声调的读音，即由原来的55＋55误读为55＋44或55＋33。再如“连夜”其调值是35＋51，前一音节的收音和后一音节的起音一样高，都处在高5度位置。朗读时，后一音节的起音往往升不到前一音节尾音相同高的位置，而与前一音节的起音相同，即由原来的35＋51误读为35＋31。

8. 注意认清词语的字形及词语的词序

应试人如果心理紧张、训练不够或测试时粗心大意，朗读词语容易想当然，造成看错或颠倒词序。如：把“作祟 zuò suì”读成“zuò chóng”，把“梵文 fàn wén”读成“chǔ wén”，因为“祟 suì”与“崇 chóng”、“梵 fàn”与“楚 chǔ”字形相似，所以误读；把“英勇”念成“英雄”，把“忽然”念成“突然”，只看清其中的一个字没有思索就想当然脱口而出一个词；还有把“年青”念成“青年”，把“儿女”念成“女儿”，把“兄弟”念成“弟兄”，马马虎虎不注意辨别而把词序颠倒。朗读时应该稳定情绪，边读边思考，切莫没看清楚就脱口而出。

9. 注意辨别异读词的读音

在多音节词语的朗读中，由于多音字在一定的语言环境中，因此读音是确定的，不像单音节字朗读，多音字可以选取其中任意一个音来念。词语中的异读词，一定要注意仔细辨别清楚才念。如“绿林”中的“绿 lù”不能读“lǜ”；“与会”中“与 yù”不能读“yǔ”；“答复”和“答应”中的“答”读音不同，前者应该念 dá，后者应该读 dā；“宝藏”和“矿藏”中的“藏”，前者读 zàng，后者读 cáng；“妥帖”、“请帖”、“字帖”三个词语中的“帖”读音不同：“妥帖”中的“帖”读阴平调 tiē，“请帖”中的“帖”读上声调 tiě，“字帖”中的“帖”读去声调 tiè，等等，异读词词语的读音要注意分辨。

10. 注意多读多练多记多学习，正确读音

有些词语因为平时不太常用，比较生僻，容易读错，如：“神龛 kān”不读 lóng；“毗邻 pí”不读 bǐ；“绦虫 tāo”不读 tiáo；“水獭 tǎ”不读 lài；“皈依 guī”不读 bó 或 fǎn；“亵渎 xiè dú”不读 zhí 等等；有些词语受方言的影响而误读，如：“排斥 chì”不读 chè；“矛盾 dùn”不读 dèn；“情况 kuàng”不读 huàng；“耐心 nài”不读 nèi。有些词语受北京土音的影响，容易误读声调，特别是非上声调误读成上声调。如：“质量 zhì(51)”误读 zhǐ(214)；“教室 shì(51)”误读 shǐ(214)；“符合 fú(35)”误读 fǔ(214)；“复杂 fù(51)”误读 fǔ(214)；“亚洲 yà(51)”误读 yǎ(214)；“处理 chǔ(214)”误读 chù(51)“乘客 chéng(35)”误读 chèng(51)；浙江

zhè(51)误读 zhé(35)。有些词语，是应试人自以为是，一直误读。如："肄业 yì"不读 sì；"倚靠 yǐ"不读 qí；"惬意 qiè"不读 xiá；"亲昵 nì"不读 nī；"熏陶 táo"不读 tāo；"斐然 fěi"不读 péi；"戏谑 xüè"不读 nüè。有些词语，是因为应试人知识老化而误读。从 1956 年开始，国家对土话的字音进行了多次审订，制定了普通话的标准读音。因此，普通话的语音标准，应该以最新公布的《普通话异读词审音表》以及《现代汉语词典》为规范。如："屡见不鲜 xiān"误读 xiǎn；"五更 gēng"误读 jīng；"惩罚 chéng"误读 chěng；"澎湃 péng"误读 pēng，等等。

普通话语音分析(二)

变　调

一、上声变调

上声在阴平、阳平、上声、去声前都会产生变调，只有在单念或处在词语、句子的末尾才有可能读原调。

1. 上声在阴平、阳平、去声、轻声前，即在非上声前，丢掉后半段"14"这一上升的尾巴，调值由 214 变为半上声 211，变调调值描写为 214-211。例如：

上声＋阴平

百般 bǎibān	摆脱 bǎituō	保温 bǎowēn
省心 shěngxīn	警钟 jǐngzhōng	火车 huǒchē

上声＋阳平

祖国 zǔguó	朗读 lǎngdú	导游 dǎoyóu
改革 gǎigé	考察 kǎochá	旅行 lǚxíng

上声＋去声

广大 guǎngdà	挑战 tiǎozhàn	感谢 gǎnxiè
讨论 tǎolùn	土地 tǔdì	稿件 gǎojiàn

上声在轻声前调值也变成半上声 211。例如：矮子、尾巴、耳朵、马虎、伙计

2. 两个上声相连，前一个上声的调值变为 35。实验语音学从语图和听辨实验证明，前字上声、后字上声构成的组合与前字阳平、后字上声构成的组合在声调模式上是相同的。这说明两个上声相连，前字上声的调值变得跟阳平的调值一样，变调调值描写为 214～35。例如：

上声＋上声

懒散 lǎnsǎn	海岛 hǎidǎo	广场 guǎngchǎng
首长 shǒuzhǎng	古典 gǔdiǎn	减少 jiǎnshǎo
手指 shǒuzhǐ	旅馆 lǚguǎn	简短 jiǎnduǎn
小组 xiǎozǔ	粉笔 fěnbǐ	母语 mǔyǔ

3. 三个上声相连的变调：三个上声音节相连，如果后面没有其他音节，也不带什么语气，末尾音节一般不变调，开头、当中的上声音节有两种变调：

(1) 当词语的结构是双音节＋单音节（“双单格”）时，开头、当中的上声音节调值变为 35，跟阳平的调值一样。例如：

手写体 shǒuxiětǐ	展览馆 zhǎnlǎnguǎn
洗脸水 xǐliǎnshuǐ	勇敢者 yǒnggǎnzhě
管理组 guǎnlǐzǔ	选举法 xuǎnjǔfǎ
打靶场 dǎbǎchǎng	水彩笔 shuǐcǎibǐ

(2) 当词语的结构是单音节＋双音节（“单双格”），开头音节处在被强调的逻辑重音时，读作“半上”，调值变为 211，当中音节则按两字组变调规律变为 35。例如：

党小组 dǎngxiǎozǔ	撒火种 sǎhuǒzhǒng
老保守 lǎobǎoshǒu	耍笔杆 shuǎbǐgǎn
小两口 xiǎoliǎngkǒu	纸老虎 zhǐlǎohǔ
小拇指 xiǎomǔzhǐ	冷处理 lěngchǔlǐ

二、“一”、“不”的变调

“一”的单字调是阴平 55，“不”的单字调是去声 51，在单念或处在词句末尾的时候，不变调。

“一”有两种变调：

1. 在去声音节前调值变为 35，跟阳平的调值一样。例如（以下“一”字标变调）：

一半 yíbàn	一概 yígài	一定 yídìng
一度 yídù	一旦 yídàn	一共 yígòng

2. 在阴平、阳平、上声前，即在非去声前，调值变为 51，跟去声的调值一样。例如（以下“一”字标变调）：

阴平前

一般 yìbān　　一端 yìduān　　一些 yìxiē

一生 yìshēng　　一天 yìtiān　　一经 yìjīng

一边 yìbiān　　一瞥 yìpiē　　一身 yìshēn

阳平前

一时 yìshí　　一头 yìtóu　　一群 yìqún

一连 yìlián　　一齐 yìqí　　一如 yìrú

一同 yìtóng　　一行 yìxíng　　一直 yìzhí

上声前

一举 yìjǔ　　一览 yìlǎn　　一准 yìzhǔn

一口 yìkǒu　　一手 yìshǒu　　一早 yìzǎo

一起 yìqǐ　　一体 yìtǐ　　一统 yìtǒng

当“一”作为序数表示“第一”时不变调，例如：“一楼”的“一”不变调，表示“第一楼”或“第一层楼”，而变调表示“全楼”。“一连”的“一”不变调表示“第一连”，而变调则表示“全连”，副词“一连”中的“一”也变调，如“一连五天”。

“不”字只有一种变调。当“不”在去声音节前时，调值变为35，跟阳平的调值一样。例如（以下“不”字标变调）：

不必 búbì　　不测 búcè　　不定 búdìng

不变 búbiàn　　不错 búcuò　　不要 búyào

不便 búbiàn　　不待 búdài　　不但 búdàn

“一”嵌在重叠式的动词之间，“不”夹在动词或形容词之间，或夹在动词和补语之间，都轻读，属于“次轻音”。例如：听一听、学一学、写一写、看一看、穿不穿、谈不谈、看不清、起不来、拿不动、打不开。由于“次轻音”的声调仍依稀可见，当“一”和“不”夹在两个音节中间时，不是依前一个音节变为轻声的调值，而是当音量稍有加强时，依后一个音节产生变调，变调规律如前。例如：听一听、看一看、会不会。

轻　声

轻声是一种特殊的变调现象。由于它长期处于口语轻读音节的地位，失去了原有声调的调值，又重新构成自身特有的音高形式，听感上显得轻短模糊。普通话的轻声都是从阴平、阳平、上声、去声四个声调变化而来的，例如：哥哥、婆婆、姐姐。说它“特殊”，是因为这种变调总是根据前一个音节声调的调值决定后一个轻声音节的调值，而不管后一个音节原调调值的具体形式。

轻声作为一种变调的语音现象，一定体现在词语和句子中，因此轻声音节的读音不能独立存在。绝大多数的轻声现象表现在一部分老资格的口语双音节词中，长期读作“重・最轻”的轻重音格式，使后一个音节的原调调值变化，构成轻声调值。

轻声的语音特性：

从声学上分析，轻声音节的能量较弱，是音高、音长、音色、音强综合变化的效应，但这些语音的要素在轻声音节的辨别中所起作用的大小是不同的。从音高上看，轻声音节失去原有的声调调值，变为轻声音节特有的音高形式，构成轻声调值。从音长上看，轻声音节一般短于正常重读音节的长度，甚至大大缩短，可见音长短是构成轻声特性的另一重要因素。

普通话轻声音节的调值有两种形式：

一种是当前面一个音节的声调是阴平、阳平、去声的时候，后面一个轻声音节的调形是短促的低降调，调值为（调值下加短横线表示音长短，下同）$\underline{31}$。例如：

阴平・轻声	他的 tāde	桌子 zhuōzi	庄稼 zhuāngjia
	先生 xiānsheng	清楚 qīngchu	家伙 jiāhuo
	说了 shuōle	哥哥 gēge	休息 xiūxi
	哆嗦 duōsuo	姑娘 gūniang	
阳平・轻声	红的 hóngde	晴了 qíngle	活泼 huópo
	粮食 liángshi	胡琴 húqin	萝卜 luóbo
	房子 fángzi	婆婆 pópo	泥鳅 níqiu
	行李 xíngli	头发 tóufa	
去声・轻声	坏的 huàide	睡了 shuìle	丈夫 zhàngfu
	困难 kùnnan	豆腐 dòufu	漂亮 piàoliang
	扇子 shànzi	弟弟 dìdi	意思 yìsi
	骆驼 luòtuo	吓唬 xiàhu	

另一种是当前面一个音节的声调是上声的时候，后面一个轻声音节的调形是短促的半高平调，调值为$\underline{44}$（实际发音受前面上声的影响，往往开头略低于4度，形成一个微升调形，由于轻声音节音长短，这种细微之处不易察觉）。例如：

上声・轻声	我的 wǒde	起了 qǐle	喇叭 lǎba
	脊梁 jǐliang	使唤 shǐhuan	嘱咐 zhǔfu

斧子 fǔzi　　姐姐 jiějie　　老实 lǎoshi
马虎 mǎhu　　耳朵 ěrduo　　口袋 kǒudai

轻声音节的音色也或多或少发生变化。最明显的是韵母发生弱化，例如元音(指主要原音)舌位趋向中央等。声母也可能产生变化，例如不送气的清塞音、清塞擦音声母变为浊塞音、浊塞擦音声母等。

轻声音节的音色变化是不稳定的，语音训练只要求掌握已经固定下来的轻声现象(字典、词典已收入的)。例如：词缀"子"读 zi、"钥匙"读 shi、"衣裳"读 shang。

儿　化

普通话的儿化现象主要由词尾"儿"变化而来。词尾"儿"本是一个独立的音节，由于口语中处于轻读的地位，长期与前面的音节流利地连读而产生音变，"儿"(er)失去了独立性，"化"到前一个音节上，只保持一个卷舌动作，使两个音节融合成为一个音节，前面音节里的韵母或多或少地发生变化，这种语音现象就是"儿化"。我们把这种带有卷舌色彩的韵母称作"儿化韵"。

儿化韵音变规则是：

儿化韵音变的基本性质是使一个音节的主要元音带上卷舌色彩。(-r 是儿化韵的形容性符号，不把它作为一个音素看待。)儿化韵的音变条件取决于韵腹元音是否便于发生卷舌动作。

(1) 儿化韵音变是使韵腹(主要元音)、韵尾(尾音)发生变化，对声母和韵头 i-、ü-没有影响。

(2) 丢掉韵尾-i、-n、-ng。

(3) 在主要元音(i、ü 除外)上加卷舌动作，这些主要元音大多数变为带有卷舌色彩的央元音 ar 和 er。

(4) 在主要元音 i、ü 后面加上 er，包括原形韵母 5 个：i、in、ing、ü、ün。另外，儿化时舌尖元音-i 后加上一个 er。

(5) 后鼻尾音韵母儿化时，除丢掉韵尾-ng 外，往往使主要元音鼻化。

普通话 39 个韵母，除本身已是卷舌韵母的 er 外，理论上都可以儿化。

儿化韵和儿化词的发音举例：

(下面列出每个原形韵母和所对应的儿化韵，用符号＞表示由哪个原形韵母变为儿化韵。描写儿化韵中用"："表示，"："之前的是主要元音(韵腹)，不是介音(韵头)。注意：此处是借助汉语拼音描写儿化音节的实际发音，拼写时儿化音节要符合拼写规则。）

a>ar	刀把儿 dāobàr	板擦儿 bǎncār	那儿 nàr
	号码儿 hàomǎr	价码儿 jiàmǎr	哪儿 nǎr
	找茬儿 zhǎochár	打杂儿 dǎzár	把儿 bàr
	在哪儿 zàinǎr	话把儿 huàbàr	碴儿 chár
ai>ar	小孩儿 xiǎoháir	加塞儿 jiāsāir	壶盖儿 húgàir
	窗台儿 chuāngtáir	名牌儿 míngpáir	盖儿 gàir
	女孩儿 nǚháir	男孩儿 nánháir	带儿 dàir
	鞋带儿 xiédàir		
an>ar	快板儿 kuàibǎnr	脸蛋儿 liǎndànr	坎儿 kǎnr
	腰板儿 yāobǎnr	老伴儿 lǎobànr	栅栏儿 zhàlanr
	蒜瓣儿 suànbànr	脸盘儿 liǎnpánr	包干儿 bāogānr
	收摊儿 shōutānr	门槛儿 ménkǎnr	笔杆儿 bǐgǎnr
	白干儿 báigānr	光杆儿 guānggǎnr	
ang>ar	药方儿 yàofāngr	赶趟儿 gǎntàngr	瓜瓤儿 guārángr
	帮忙儿 bāngmángr	香肠儿 xiāngchángr	
ia>iar	一下儿 yīxiàr	豆芽儿 dòuyár	纸匣儿 zhǐxiár
	掉价儿 diàojiàr		
ian>iar	片儿 piànr	沿儿 yánr	露馅儿 lòuxiànr
	燕儿 yànr	心眼儿 xīnyǎnr	牛角尖儿 niújiǎojiānr
	有点儿 yǒudiǎnr	聊天儿 liáotiānr	牙签儿 yáqiānr
	小辫儿 xiǎobiànr	照片儿 zhàopiānr	坎肩儿 kǎnjiānr
	扇面儿 shànmiànr	差点儿 chàdiǎnr	冒尖儿 màojiānr
	一点儿 yīdiǎnr	雨点儿 yǔdiǎnr	拉链儿 lāliànr
iang>iar	透亮儿 tòuliàngr	花样儿 huāyàngr	
	鼻梁儿 bíliángr	娘儿(俩)niángr(liǎ)	
	看样儿 kànyàngr	像样儿 xiàngyàngr	
	好样儿(的)hǎoyàngr(de)		
ua>uar	脑瓜儿 nǎoguār	牙刷儿 yáshuār	笑话儿 xiàohuar
	大褂儿 dàguàr	麻花儿 máhuār	画儿 huàr
uai>uar	一块儿 yīkuàir		
uan>uar	落款儿 luòkuǎnr	好玩儿 hǎowánr	撒欢儿 sāhuānr

	茶馆儿 cháguǎnr	饭馆儿 fànguǎnr	大碗儿 dàwǎnr
	火罐儿 huǒguànr	猪倌儿 zhūguānr	拐弯儿 guǎiwānr
	打转儿 dǎzhuànr		
uang>uar	蛋黄儿 dànhuángr	天窗儿 tiānchuāngr	打晃儿 dǎhuàngr
	相框儿 xiàngkuàngr		
üan>üar	烟卷儿 yānjuǎnr	人缘儿 rényuánr	杂院儿 záyuànr
	手绢儿 shǒujuànr	出圈儿 chūquānr	绕远儿 ràoyuǎnr
	包圆儿 bāoyuánr		
ei>er	刀背儿 dāobèir	摸黑儿 mōhēir	椅子背儿 yǐzibèir
	倍儿(棒)bèir(bàng)		
en>er	纳闷儿 nàmènr	压根儿 yàgēnr	刀刃儿 dāorènr
	老本儿 lǎoběnr	花盆儿 huāpénr	嗓门儿 sǎngménr
	把门儿 bǎménr	调门儿 diàoménr	串门儿 chuànménr
	哥们儿 gēmenr	后跟儿 hòugēnr	高跟儿 gāogēnr
	别针儿 biézhēnr	一阵儿 yīzhènr	走神儿 zǒushénr
	大婶儿 dàshěnr	杏仁儿 xìngrénr	
	小人儿(书)xiǎorénr(shū)		
eng>er	板凳儿 bǎndèngr	麻绳儿 máshéngr	提成儿 tíchéngr
	钢镚儿 gāngbèngr	夹缝儿 jiāfèngr	八成儿 bāchéngr
	脖颈儿 bógěngr		
ie>ier	半截儿 bànjiér	一些儿 yīxiēr	小鞋儿 xiǎoxiér
	锅贴儿 guōtiēr	小街儿 xiǎojiēr	
üe>üer	旦角儿 dànjuér	主角儿 zhǔjuér	木橛儿 mùjuér
uei>uer	一会儿 yīhuìr	墨水儿 mòshuǐr	围嘴儿 wéizuǐr
	跑腿儿 pǎotuǐr	这会儿 zhèhuìr	耳垂儿 ěrchuír
	烟嘴儿 yānzuǐr	走味儿 zǒuwèir	洋味儿 yángwèir
uen>uer	冰棍儿 bīnggùnr	光棍儿 guānggùnr	砂轮儿 shālúnr
	打盹儿 dǎdǔnr	胖墩儿 pàngdūnr	屁股墩儿 pìgudūnr
	三轮儿 sānlúnr	没准儿 méizhǔnr	开春儿 kāichūnr
i>i:er	垫底儿 diàndǐr	玩意儿 wányìr	肚脐儿 dùqír
	针鼻儿 zhēnbír	没好气儿 méihǎoqìr	
in>i:er	有劲儿 yǒujìnr	送信儿 sòngxìnr	脚印儿 jiǎoyìnr

	卖劲儿 màijìnr	胡琴儿 húqinr	一个劲儿 yīgejìnr
	一股劲儿 yīgǔjìnr		
ing>i:er	打鸣儿 dǎmíngr	蛋清儿 dànqīngr	火星儿 huǒxīngr
	花瓶儿 huāpíngr	图钉儿 túdīngr	人影儿 rényǐngr
	门铃儿 ménlíngr	眼镜儿 yǎnjìngr	
ü>ü:er	小曲儿 xiǎoqǔr	金鱼儿 jīnyúr	痰盂儿 tányúr
	毛驴儿 máolǘr	蛐蛐儿 qūqur	
ün>ü:er	合群儿 héqúnr	花裙儿 huāqúnr	
-i(前)>er	瓜子儿 guāzǐr	挑刺儿 tiāocìr	毛刺儿 máocìr
	花子儿 huāzǐr	铜子儿 tóngzǐr	没词儿 méicír
	石头子儿 shítouzǐr		
-i(后)>er	墨汁儿 mòzhīr	没事儿 méishìr	记事儿 jìshìr
	侄儿 zhír	锯齿儿 jùchǐr	
	年三十儿 niánsānshír		
e>er	模特儿 mótèr	逗乐儿 dòulèr	饭盒儿 fànhér
	唱歌儿 chànggēr	挨个儿 āigèr	在这儿 zàizhèr
	打嗝儿 dǎgér	下巴颏儿 xiàbakēr	
u>ur	碎步儿 suìbùr	泪珠儿 lèizhūr	梨核儿 líhúr
	没谱儿 méipǔr	媳妇儿 xífur	有数儿 yǒushùr
	纹路儿 wénlùr	手鼓儿 shǒugǔr	煤核儿 méihúr
	身子骨儿 shēnzigǔr	指头肚儿 zhǐtoudùr	
ong>or	果冻儿 guǒdòngr	胡同儿 hútòngr	酒盅儿 jiǔzhōngr
	小葱儿 xiǎocōngr	门洞儿 méndòngr	抽空儿 chōukòngr
	萤火虫儿 yínghuǒchóngr		
iong>ior	小熊儿 xiǎoxióngr		
ao>aor	小道儿 xiǎodàor	口罩儿 kǒuzhàor	口哨儿 kǒushàor
	红包儿 hóngbāor	灯泡儿 dēngpàor	绝招儿 juézhāor
	半道儿 bàndàor	走道儿 zǒudàor	符号儿 fúhàor
	手套儿 shǒutàor	跳高儿 tiàogāor	好好儿 hǎohǎor
	早早儿 zǎozǎor	蜜枣儿 mìzǎor	一股脑儿 yīgǔnǎor
iao>iaor	跑调儿 pǎodiàor	面条儿 miàntiáor	火苗儿 huǒmiáor
	鱼漂儿 yúpiāor	豆角儿 dòujiǎor	开窍儿 kāiqiàor

	小鸟儿 xiǎoniǎor		
ou＞our	老头儿 lǎotóur	纽扣儿 niǔkòur	加油儿 jiāyóur
	衣兜儿 yīdōur	年头儿 niántóur	高手儿 gāoshǒur
	两头儿 liǎngtóur	小偷儿 xiǎotōur	小丑儿 xiǎochǒur
	炕头儿 kàngtóur	个头儿 gètóur	线轴儿 xiànzhóur
	头头儿 tóutour	两口儿 liǎngkǒur	门口儿 ménkǒur
iou＞iour	顶牛儿 dǐngniúr	抓阄儿 zhuājiūr	一溜儿 yīliùr
	蜗牛儿 wōniúr	打球儿 dǎqiúr	棉球儿 miánqiúr
uo(o)＞uor	做活儿 zuòhuór	大伙儿 dàhuǒr	耳膜儿 ěrmór
	朵儿 duǒr	座儿 zuòr	蝈蝈儿 guōguor
	火锅儿 huǒguōr	饭桌儿 fànzhuōr	粉末儿 fěnmòr
	邮戳儿 yóuchuōr	小说儿 xiǎoshuōr	土坡儿 tǔpōr
	被窝儿 bèiwōr	酒窝儿 jiǔwōr	心窝儿 xīnwōr
	大家伙儿 dàjiāhuǒr		

儿化音在普通话里有一定的语用功能。主要功能主要表现在构词和修辞两方面：区别不同的词性或派生同类的词，在修辞上能够体现人物的言语风格，以及附有指小、表爱的色彩。普通话有相当多的词在需要附加上述功能时，都可以儿化。当然，在不需要负载上述功能时，就不会儿化。所以，除极少数经常读为儿化的词语，如："一会儿"、"一点儿"、"这儿"、"那儿"以外，一般不提"必读儿化词"。

语　调

语调是人们在语流中用抑扬顿挫来表情达意的所有语音形式的总和。语调构成的语音形式主要表现在音高、音长、音强等非音质成分上。在普通话的语调训练中，首先应注意音高，其次是在音长的变化上，当然也不要忽略节奏、语速等方面。

一、注意语句总体音高的变化

普通话的语调首先表现在语句音高的高低曲折升降等变化上。

降调——表现为句子开头高、句尾明显降低。如一般陈述句、祈使句、感叹句，以及近距离对话等情况。在普通话语句中降调出现频率高。

升调——表现为句子开头低、句尾明显升高。如一般疑问句、反问句，以及出现在长句中前半句。但是，疑问代词处于句首的特殊疑问句，应为降调。

平调——表现为语句音高变化不明显。如思考问题、宣读名单、公布成绩等情况。另外，远距离问话，以及在人群前呼喊、喊口令时，可能出现总体高平的调形，但一般句子里各个字的字调和连读变调依然存在。

曲折调——表现为语句音高曲折变化，多在表达特殊感情时出现。如表示嘲讽的语气，以及重音出现在句子开头，或疑问代词出现在句中的疑问句等情况。

二、声调（字调）对语调产生影响

普通话的四个声调（字调）调形为平、升、降、曲，区别十分明显。普通话语句的音高模式不会完全改变这四个声调，同时又对声调产生某种制约。因此，声调的准确直接影响语调的正确。学习普通话出现的方言语调，学习汉语出现的洋腔洋调、怪腔怪调，都同没有掌握普通话声调有直接关系。

普通话上声调是学习普通话的难点。我们注意了上声本调是低调的特点，以及上声变调的规律，上声调就容易掌握了。读阴平调注意保持调值高，读阳平调注意中间不要拖长出现明显曲折，而普通话读去声的字最多，要注意去声调开头的调值高度。声调读得准确，就会有效克服语调当中出现的“方言味儿”“洋味儿”。

三、掌握词语的轻重音格式

普通话也存在词重音和句重音。由于声调负担起较重的辨义作用，普通话词重音和句重音的作用有所淡化，不过我们在学习普通话时会常常感知到它的存在。像我们把每个字声韵调原原本本不折不扣读出来，语感上并不自然，甚至感到很生硬，不像纯正的普通话。其中，词语的轻重音格式是不可忽视的一个主要原因。

普通话词的轻重音格式的基本形式是：双音节、三音节、四音节词语大多数最后一个音节读为重音；三音节词语大多数读为“中、次轻、重”的格式；四音节词语大多数读为“中、次轻、中、重”的格式；双音节词语占普通话词语总数的绝对优势，绝大多数读为“中、重”的格式。

双音节词语读后轻的词语可以分为两类。一类为“重、最轻”（或描述为“重、轻”）的格式，即轻声词语，用汉语拼音注音时，不标声调符号。例如：东西、麻烦、规矩、客气。另一类为“重、次轻”的格式，一部分词语在《现代汉语词典》

中轻读音节标注声调符号，但在轻读音节前加圆点。例如：新鲜、客人、风水、匀称。另一部分词语，则未作明确标注。例如：分析、臭虫、老虎、制度。这类词语一般轻读，偶尔（间或）重读，读音不太稳定。我们可以称为“可轻读词语”。

掌握轻声词语是学习普通话的基本要求。所谓“港台腔”，主要原因之一是没有掌握轻声词语的读音。另外，我们将大多数“重、次轻”格式词语，后一个音节轻读，则语感自然，是普通话水平较高的表现之一。

四、掌握普通话的正常语速

普通话的正常语速为中速，大约每分钟 240 个音节左右，大致在 150～300 个音节之间浮动。一些少数民族语言、外国语正常语速为快速，即每分钟超过 300 个音节。有的汉语方言也有偏快的倾向。当我们学习普通话处在起步阶段时，会出现语速过慢或忽快忽慢的情况。学习普通话要掌握好普通话的正常语速。

普通话语调还包括：停连、节拍群、语气词运用的诸多方面。这些都要注意学习掌握。

第三部分

朗读短文测试　测试用朗读作品及其重点语音提示

朗读短文测试

一、朗读短文测试的目的、内容和评分

考核目的

朗读部分是普通话水平测试的第三项，朗读短文(1 篇，400 个音节)，限时 4 分钟，共 30 分。目的是测查应试人使用普通话朗读书面作品的水平，在测查声母、韵母、声调读音标准程度的同时，重点测查连读音变、停连、语调以及流畅程度。

考核内容

短文从《普通话水平测试用朗读作品》中选取；评分以朗读作品的前 400 个音节(不含标点符号和括注的音节)为限。

评分

每错一个音节，扣 0.1 分；漏读或增读 1 个音节，扣 0.1 分；声母或韵母的系统性语音缺陷，视程度扣 0.5 分、1 分；语调偏误，视程度扣 0.5 分、1 分、2 分；停连不当，视程度扣 0.5 分、1 分、2 分；朗读不流畅(包括回读)，视程度扣 0.5 分、1 分、2 分；超时扣 1 分。

二、什么是朗读

1. 朗读的含义

朗读是一种有声语言艺术，是把书面文字转变为有声语言的再创造活动。

朗读也可以叫做诵读。它不是机械地单纯念字、照本宣科、见字出音，而是在语言规范的基础上达到更丰富、更完美地表情达意、言志传神的读，也就是通过富有感染力的声音，使作品中的文字符号立起来，活起来，从而加深听者对文

章的理解和思考。

朗读是一门学问，是一种语言艺术。好的朗读不仅能生动、准确、清晰地反映出书面语言所蕴含的信息和精神实质，而且能弥补文字表达的不足，表达出比文字作品本身更强、更感人的艺术魅力，给人以美的享受。反之，那种拿来就读，不管文章内容、体裁，以某种固定的腔调、不变的声音形式应付万变的文字材料的朗读，不仅无法达到应有的效果，还会给人以有音无意，有声无情，有句无篇，一片散乱，支离破碎的感觉。

2. 朗读与朗诵的区别

应该明确的是，朗读与朗诵是既有关系又有区别的，单说“朗”，是指声音清晰响亮，这是其相同点，它们都属于把书面文字转换成有声语言的一种语言表述活动，都是由念读发展而来的。但两者又有本质的区别，二者的不同之处为：

其一，含义不同。“朗读”是清晰响亮地把文章念出来，本质上是一种“念读”，其主旨是将书面文字清晰准确地转换为相应的有声语言传递给听众，它不追求以情动人的艺术表达，而重在以义喻人，即追求听众对朗读文字全面、准确地理解与理智的思考。“朗诵”则是更高层次的朗读，是一种语言表述的艺术表现形式，要求对文章进行艺术处理，通过朗诵者借助语速、轻重、停顿等等表达技巧，将朗诵材料转换为一种艺术表演，因此，具有表演的成分。它呼唤的是听众的情感共鸣，追求的是使听众听之入耳、听之入心、听之动情的艺术感染力。

其二，使用范围不同。朗读的使用范围较广，凡是文字读物都可以朗读。无论是诗、词、曲、赋，还是散文、小说、戏剧、相声，还是社论、新闻、打油诗、绕口令、家信、招聘广告、寻人启事、数学物理习题等等，无一不可读；而朗诵的使用范围则相对较窄，一般以诗歌与散文为主，少数的童话、小说和戏剧也可以朗诵。不是有“诗朗诵”、“散文诵”之称吗？它对文稿的艺术特点有相对严格的要求，如寻人启事、数学及物理习题可以朗读，但是如果是用来朗诵，听者就难以接受，并且会让人啼笑皆非。

其三，读诵者所处的位置身份不同。朗读者所处的位置是本色化的，而朗诵者所处的位置是艺术化的。朗读进行时，朗读者所置身的位置的性质没有变化，教室还是教室，地头还是地头。但是同样还是这些地方，朗诵者所置身的空间就实际上发生了变化，有形无形地构成了一个“表演区”。这一块“表演区”的性质随着朗诵内容而发生“纵横千万里，上下数千年”的变化，并且，听众往往自觉不自觉地避免进入“表演区”，以免干扰朗诵者的表演，因此，朗诵一般在舞台上，在大庭广众之中进行。朗读者的身份应该是朗读者自己，朗读者的他不完全是文章作者的代表或化身，既不扮演，也不能替代，更不是演员；而朗诵作为一门表演艺术，朗诵者的身份是"演员"，是扮演成另一个"我"来抒情表意。

其四，声音要求不同。朗读对声音再现的要求是接近自然化、本色化、生活化的，但它又不等同于日常生活中的日常口语。它比自然口语更准确、更生动、更典型、更具美感。它要求做到"不温不文、恰到好处"。过于夸张，容易给人装腔作势、假情假意的感觉；过于平淡，像"拉家常"一样，又显得乏味。"朗读要用接近于生活中自然谈话的语言，不要拿腔拿调"。"表情达意的语势有一定的限度，自然适当地读出轻重、疾徐、抑扬、顿挫等等语调语气，却不过多地做艺术夸张，是质朴平正，字字落实的朗读，而非意气纵横，声情起伏跌宕的表演"。正如张颂先生在《朗读学》中所说，朗读要"读而不板，说而不演"。而朗诵对声音再现的要求则应是风格化、个性化，甚至可以是戏剧化的。它要求朗诵者将自己对作品的体会，通过音量大小、音区高低、节奏张弛等方面的变化，正如叶圣陶所说"激昂处还他个激昂，委婉处还他个委婉"，凝结成一种独特的艺术感染力，深入并撼动听众的心灵。

其五，态势不同。朗读一般是"念读"式的表达，可以手拿文稿进行，它对朗读者的形体、手势、眼神、表情等均无严格明确的要求，在态势上，可以站着读，可以走着读，可以坐着读，朗读的任务是传达而不是表演；而朗诵属于艺术性的表演，它要求在朗诵过程中，形体、手势、表情、眼神都应该和谐统一，协调配合，以强化艺术语言的艺术感染力，因此，朗诵必须脱稿站立表达，因为手持文稿不利于形体、态势与朗诵内容的协调配合，过多地看稿还会限制朗诵者的表情、眼神与听众之间的交流。

其六，教育性不同。朗读的教育性主要体现在朗读的职能和使用的效果上。朗读作为一种教育形式，其主要作用是向听众传达作品的主要内容，通过作品中所蕴含的思想性、知识性直接对听众进行思想教育和知识教育。而朗诵是一种"征服"的艺术，它借助于朗诵者独具魅力的音质音色，鲜明流畅的语流节奏，丰富熟练的语言技巧，为那些文学作品插上腾飞的翅膀，使它飞向听众的心中，震撼人们的心灵深处，产生一种动人心魄的力量。这种强大的征服力，是朗诵的最高境界，也是朗诵艺术自身价值的充分体现。

三、朗读的要求

1. 语音规范，口齿清晰

掌握普通话的标准发音，是朗读者必备的基本条件。一方面要语音规范，所谓语音规范指的是朗读时能够熟练地使用普通话，字音正确。对多音多义字，要按义定音，如不能把“提防”（dī fang）读作（dí fáng）；形近字不能只读半边，如：濒临（bīnlín）就不能读作（pínlín）；吐字要准确，如不要把“花生”读“发生”；不要吃字，如把“告诉你”读作“告你”。变调、轻声、儿化等，朗读时一定要注意分辨，不能读错。另一方面还要口齿清晰，即强调发音的清晰度，能够吐字归音，克服口齿不清、吐字含混的现象。只有在语音规范的基础上把字读准、读清楚，才能达到正确地表情达意、言志传神的目的。

2. 语调自然流畅，气足声亮

语调包括音高、音长、节奏、语速、停连等，语调恰当，自然流畅，是朗读表情达意的重要条件，可以说朗读这种艺术主要是通过语调加以体现的。朗读语言同生活语言的主要区别在语调。朗读的语调有明显的起伏变化，才能使语义表达顺畅、明晰、突出。朗读中一旦失去这种富于变化的语调，就无异于一般的生活语言了，实际上，朗读也就不存在了。自然流畅是指语流通畅，连贯自然，不结结巴巴，不割裂语义。要综合运用朗读的各种技巧，停连得当，重音突出，语调自然和谐，节奏变化平衡，语速快慢适度，声音高低自如、强弱得体。同时，还要做到不读错字、不添字、不丢字、不颠倒、不重复、不中断、不拖腔。注意，脱离作品实际，单纯强调语言技巧，一味地追求所谓的声音效果，随心所欲地忽高忽低，自命不凡地自我表现，这不仅不可能达到朗读的最佳效果，反而会弄巧成拙，容易给人以装腔作势，矫揉造作，虚情假意的感觉。气足声亮是指声音明亮，气力充沛，富有弹性，以气托声，以声传情，爽朗圆润，悦耳动听。

3. 语义明晰，感情真挚

要语义明晰，首先要在朗读之前对语义进行认真地分析，深入地理解，准确地把握全篇主题和层次之间的逻辑关系，明确重点段落和重点语句，综合运用好前面学过的发声技巧，从而清晰地传达原作的精神实质。

真挚的感情是朗读的生命。朗读者是作者的“代言人”，所以，这就要求朗读者深入开掘作品中蕴含的丰富而细腻的感情变化，设身处地，如临其境，把自己的思想感情激发调动起来，从而使作品的字字句句如同己出。这样，朗读才会达到声情合一，返璞归真的境地，从而唤起听者的共鸣，进而达到感染人、影响人、教育人的目的。

4. 态势得体，上下交流

在朗读和朗诵过程中，态势是不可缺少的辅助表意手段。但朗读时的态势幅度较小，一般表现为眼神和面部表情的恰当运用。而朗诵的态势则显得特别重要，得体、优雅、灵活、自然的态势是朗诵成功的必要条件。

四、朗读的技巧

1. 准备技巧

(1) 研读作品，理解主题

研读作品是朗读的先决条件和基础。要避免那种照字念音的“念书腔”和声音小而快的“念经式”朗读，或只把朗读归于“以不变应万变”的一两个朗读招式的展示。朗读的正确途径应该是从理解到表达，在理解的基础上表达。作品的主题思想是作品的纲，一篇作品的主题像一首歌曲的主旋律，它决定着朗读语言的感情基调。理解了写作意图，朗读时才能把作者的思想感情化作朗读者自己的思想感情，把作者那欣然命笔和奋笔疾书的创作冲动化作朗读者自己热切倾诉的愿望，这样才能在朗读中站得高，抓得准，表达得深。

研读作品，还必须了解作品的时代背景以及作者思想状况，掌握作品的结构，明确作品有几部分，哪里是重点，哪里是过渡陪衬，总纲是什么，分项是多少，分清主次，并仔细推敲词句之间的微妙含义，做到“披文入情”，真正进入到作品的境界中。这样，才便于恰当地运用各种技巧，有条不紊地表达作品的思想感情。

(2) 明确目的，把握基调

朗读的目的就是朗读者通过朗读所要达到的效果。朗读目的不仅应该包含作者的写作意图，而且还要有对作品的评价。不同的朗读目的决定着朗读者对朗读技巧的设计。“内明于心”方能“外达于人”，只有明确了朗读目的，才能正确选择朗读的策略。

基调指作品在其思考内容、风格样式方面的基本情调，是部分、层次、段落、语句中具体思想感情的综合表露，是全篇感情色彩和分量的总和。朗读基调应该是作品的“情”与朗读的“声”的和谐统一。把握基调是从作品的感情和朗读者的态度这两个方面加以概括的。不同作品都有各自不同的基调。基调一般分为欢快型、庄严型、颂赞型、祈愿型、哀怨型、激动型、贬斥型、痛惜型等等。每种基调都有深浅、强弱之分，都是各种复杂细腻情感的综合体现。朗读者要抓住作品基调的特点，恰当地把握基调的感情色彩。基调对听众情绪影响很大。

(3) 具体感受，做好标记

概括主题、确定基调只是从整体上对作品有了一个把握，使朗读有了一个依据，但具体语句的关系、字词的结合、情感的变化还需要朗读者透过作品的文字符号引起对其所代表的客观事物的感知、体会，这个“感之于外，受之于心”的过程，我们称之为感受。感受可分为形象感受和逻辑感受两大类。

形象感受是朗读者对文字符号所表述的事物通过视觉、听觉、味觉、嗅觉、触觉、空间知觉、时间知觉等引发的一种内心体验。如：我们读到“嘈嘈切切错杂弹，大珠小珠落玉盘”的诗句时，就好像真的听到了珍珠掉落玉盘中那悦耳的清脆声，不由自主地使我们的声音也变得轻、润而富于弹性。

逻辑感受是从作品的结构脉络和语句间的逻辑关系中获得的感受，也可以说是对作者思路的一种内心体验。逻辑感受主要包括主次感、并列感、递进感、总括感、对比感等。在语言中，它常从虚词中获得，如“一方面……另一方面……”，“一会儿……一会儿”表示并列感；“不但……而且……”表示递进感等。但许多情况下，文字中并没有显示相互之间逻辑关系的关联词，这就需要我们从内容上予以分析，从语势上进行感受。

(4) 整体把握，反复试读

在朗读的准备工作基本完成之后，可以根据自己对作品的理解、感受，试读全篇。试读时要把语句读准(不念错)，读清(口齿清)，读熟(流利、顺畅)。重点段落和拗口之处不妨多读几遍。有条件的可以试读录音，以便了解自己朗读中的问题，及时纠正。经过多次试读之后，再放声朗诵。

2. 感情调动技巧

朗读，作为一种语言艺术，朗读者只有认真感受作品，积极介入其中，充分调动感情，才能以声传情，以情动人。朗读表达手段的三要素：感情、气息、声音，其中起决定性作用的是感情。没有感情的朗读必然是干瘪的、苍白的。朗读者常用的可调动感情的手段一般有三种：情景再现、情感联想、挖掘内在语。

(1) 情景再现

所谓情景再现就是指通过朗读者的深刻理解、具体感受，使文章中的人物、事件、情节、景物、情绪等在朗读者脑海中像电影一样，形成连续的活动画面，朗读者仿佛真的置身于作品所描绘的情境之中，不仅领悟到了作品所包含的作者的感情、态度，而且自己也被引发起丰富的情感体验，产生饱满、细腻的感情，从而达到情景交融的境界。

情景再现是朗读者对视觉、听觉、嗅觉以及时间觉、空间觉、运动觉等综合性的感知，是朗读、朗诵好作品的一个重要因素。要运用情景再现激发感情，朗读者首先要使自己进入作品所描绘的情景之中，身临其境，触景生情，对每一个画面都时时作出积极的内心反应，加深感受，作出评价，使思想感情随着画面运动起来，奔涌于我们的脑海中，使作品中的情、景、物、人、事、理在内心活起来，好像“看到”、“听到”、“闻到”、“尝到”、“触到”一样。这时，朗读者就像是在讲述亲身经历的事件，描绘他正在看到的景象一样，听众也随着朗读的内容产生相应的情景联想，造成情景交融的心境，从而受到感染，得到启迪。

(2) 情感联想

情景再现可以唤起丰富的情感，但要使情感更丰富、更真切，朗读者还必须调动大脑联想机制的参与。从心理学角度看，联想一般可分为以下几种：① 接近(包括时间的接近和空间的接近)，比如我们由蓝天想到白云，有冬天想到冰雪。② 类似，如我们由小鸟想到飞机，由雷锋想到张海迪。③ 对比，如由高楼想到草房，由山脉想到海洋。④ 因果，如由生病想到死亡，由太阳想到炎热等。在朗读中，也是从这几方面来引发联想，调动感情的。

(3) 挖掘内在语

所谓内在语，就是文章中文字语言所不便表露、不能表露或没有完全显露出来的语句本质。内在语能赋予言语一定的思想、态度和感情色彩。没有内在语，言语就失去了光彩和生命。如《海燕》，整篇文章都是用的象征手法，我们必须揭示出文字中所蕴藏的深意，才能准确、贴切地把握作品，调动感情。像第七节：“乌云越来越暗，越来越低，向海面直压下来，”语句本质就是：反动势力越来越残酷地镇压革命。“波浪一边歌唱，一边冲向空中，去迎接那雷声”，语句本质是：革命人民勇往直前，去和反动势力进行殊死搏斗。由此引发出我们仇恨反动势力，同情、讴歌革命力量的感情。再如，“亲爱的”，在有声语言中，可以是“坏”，也可以是“好”。从这里可以看出内在语的力量，有时它既不服从于词的直接含义，也不服从于词组或句子的表面意思，它有“言外之意”、“弦外之音”。内在语像一股巨大的潜流，在言语底下不断滚动，赋予言语以生命。只有抓住内在语，挖掘文字后面更深一层的意思，朗读才会更有深度。在语句或段与段之间加设内在语，可以帮助朗读者顺利实现感情和语气的转换。如：《海燕》开头的内在语可设计为：“朋友们，你们看——，”这样接下来朗读“在苍茫的大海上，……”便可以马上把听众带到文章中去。

3. 语言表达技巧

朗读是一种语言创作活动。理解分析作品，具体感受作品，使思想感情处于运动状态，最终要通过有声语言把作品表达出来。朗读的语言表达技巧实际上就是抑、扬、顿、挫、轻、重、缓、急在语调上的应用，具体地说它包括停连、重音、语气、节奏、语速等。

(1) 停连

停指停顿、中止,连指连续、延续。停和连是有声语言的"标点符号",它不仅是朗读者、听众心理及生理上的自然要求,也是语义表达的重要手段。运用停连的原则是按文意、合文气、顺文势。在朗读中,为表情达意所需要的声音的中断和休止就是停顿;声音不中断、不休止,特别是在文字上有标点符号而在朗读中不需要中断、休止的地方就是连续。停连在朗读中有调节气息、显示语气、突出重点等作用。合理的停连,可使话语表意清晰,有节奏感,增加有声语言的影响和魅力。同时,它还能给听众留出思索、消化、回味的时间,从而更好地理解语意。若不善于停连,读得太快太急,糊里糊涂一大片,就会使朗读者感到紧张吃力,喘不过气来,别人听起来含混费解,甚至产生误解,更谈不上什么韵味、美感和具体形象塑造了。停连要根据思想内容的需要,借助语法成分的关系,进行合理安排,否则,就会影响语意的表达而产生误解。

常用的停连方式有以下几种:

按标点符号停连。标点符号是书面语的重要组成部分,在口语中则需要用停顿来表示。停顿时间长短的一般规律是:顿号急停紧连;逗号间歇长于顿号;分号、冒号停顿较长;句号、问号、叹号停顿最长。破折号、省略号随语言环境变化,伸缩性较大。标点符号是停顿标志,但不能死搬硬套。一定要根据语气和表意的需要适当处理。

按语组停连。按语组停连,是指在没有标点符号的地方,按照词语间语法关系所作的停连。一般,主谓之间、修饰语与中心词之间等,都可以停顿。例如:"始终微笑的/和蔼的/刘和珍君/确是死掉了,这是真的,有她自己的尸骸/为证。"(语组停顿相对来说,比标点停顿的时间稍短些,有时甚至是极短暂的。)

强调性停连。例如:第二天清晨,这个小女孩坐在墙角里,两腮通红,嘴角上带着微笑。她/死了,在旧年的大年夜冻/死了。(两处停顿,一字一顿,表达了对小女孩儿的无比同情,"冻"字后感情延续的停顿,更把作者对不平等社会制度的强烈愤恨之情表现得淋漓尽致,真可谓是此处无声胜有声。)

(2) 重音

重音是指朗读或说话时,为突出地表达具体的语言目的和具体的思想感情,某些音节或词语发得比较重的音。"轻读重读如果处理的不对,语意就不可能正确。"例如:

我是山东人。(谁是山东人?)

我是山东人。(你是不是山东人?)

我是山东人。(你是哪省人?)

这句话中,强调的重音位置不同,语意也随之发生变化。

重音有三种类型:语法重音、情感重音和逻辑重音。朗读者应根据文意正确处理好轻重音。

(3) 语气

语气是指一句话中能够表达说话人感情和态度的声音形式。说每个语句,既有内在的思想感情的色彩和分量,又有其外在的高低、强弱、快慢、虚实的声音形式,综合这两方面,我们称之为“语气”。语气是帮助传情达意的重要手段,不同的语气,可以表达不同的思想感情,反映说话人对事物的不同态度。作品的思想感情诉诸词章文采,朗读的思想感情,诉诸声音气息。当然,朗读者语气感情色彩和分量也非朗读者随心所欲的涂抹,它是语句内在的具体思想感情之积极运动的显露。这种显露又具体体现在声音气息的变化上。如:喜则气满声高,悲则气沉声抑,爱则气柔声轻,憎则气旺声硬,冷则气少声淡,惊则气短声抖,怒则气粗声重,疑则气细声黏,静则气舒声缓,强则气壮声宏,弱者气虚声微,等等。人们的思想感情是丰富细腻的,因而语气是万紫千红的。朗读或朗诵时,传达各种语气的主要声音形式,是语调的平升曲降、高低强弱、长短虚实等的综合变化,而句子的语调常见的有以下四种类型:高升调,这种语调表现为句子开头低、句尾明显升高。一般用来表达疑问、惊异、喜悦、兴奋、号召、鼓动、设问、反问、呼唤等语气。低降调,降抑调一般是半降调,加重语气时必须用全降调。一般用来表示肯定、请求、感叹、祝愿等语气。语调表现为句子开头高、句尾明显降低。另外,在情绪比较稳定、诚恳、耐心、沉重时,语气都会出现下降的趋势。平直调,一般用来表示庄重、严肃、平淡等语气,语调表现为平直舒缓。叙述或说明的句子多用平直调、曲折调。一般用来表达讽刺、含蓄或烦躁、轻薄、厌恶、怀疑、意外等语气,这种语调大都先降后升或先升后降,句子语势有抑扬升降的曲折变化,呈波浪式,多在表达特殊感情时出现。它不像其他句调多表现在句末,而是根据需要出现在句子的不同位置。

(4) 节奏

语言的节奏就是指语音的徐疾、高低、长短、抑扬、轻重、虚实及音色的异同等对立因素,在一定时间内有规律地回环交替往复的声音组合形式。朗读的节奏是指朗读者思想感情的波涌起伏在语音上形成的抑扬顿挫、轻重缓急、回环往复。优美而富于变化的节奏,不仅可以表达波澜起伏,丰富多彩的思想感情,还可以激发听者兴趣,充分显示口语的艺术魅力,给听者以美的享受。有些词语需要急速地念出来，另外有些词语必须表现得有分量些，必须拖长些。由于这种有节奏的语言，才使人们的朗读或讲话变得富有魅力。因此，要使朗读或自己的口头语言如同音乐般优美动听，就必须注意语言的节奏。从语气语调来看，节奏的类型大致可分为六种：轻快型、低沉型、凝重型、舒缓型、紧张型、高亢型。

(5) 语速

语速是指朗读时语言的快慢，它是体现语音节奏，表达作品思想感情的重要手段。语速有个人的特点，有的慢声细语，若秋水潺缓；有的快口快舌，像暴雨倾泻。要是将这种特点养成风格，也是无可褒贬的，但在朗读中，语速快慢变化要适宜，否则会影响表达效果。如一味地开快车，快速高调，像放机关枪，听众思维跟不上，来不及接受和理解，接下来的只是厌倦疲劳；如一味地赶老牛车，一直地低音匀读，像老和尚念经，听众就内心发急，情绪烦躁，提不起精神。快慢有节，才能很好地传情达意。国家语委新编《普通话水平测试实施纲要》指出："普通话的正常语速为中速，每分钟 240 个音节左右。大致在 150～300 个音节之间浮动。"每分钟高于或低于 240 个音节的分别为快速和慢速。一般说来，快速，多表示热烈、急迫、欢快等场合情绪；慢速，多表示安闲、平静、沉重、失望、伤痛、舒缓、悠远等场合情绪。在朗读、朗诵中，为了"壮文势、广文义"，有的则选用急促快当的语速来表现，犹如铁骑突出，玉盘倾珠，急风暴雨，飞瀑急流，紧逼当中让人难以喘过气息，有着一气呵成痛快淋漓的语势，即传统所说的"贯口"。有的为了抒情或强调，常采用慢速表现方法，犹如丽日白云，和煦春风，使人心境澄碧高远；或犹如铁帚慢施，战鼓闷敲，使人心底震颤沉重。

语速的快慢应根据作品内容的变化而变换。通常，说明叙述的内容，紧张急剧的形势，激动难抑的心情，用快速表达；抒情议论的内容，幽静严肃的环境，平静坦然或沉痛的心情，用慢速表达。

掌握语速的变化还要注意做到：快而不乱，慢而不断，强而不浊(不声嘶力竭)，弱而不薄。总之，在朗读或朗诵中，要从作品思想内容实际出发，掌握快慢的相互配合及自然转化，保证口语风格的协调统一，以增强朗读的表现力和感染力。

训练：同一句话，由于语气、语调不同，就会讲出许许多多意思。请同学们练习体会。第一题是：两组同学相对而行，碰面后，一位同学说："你回来！"然后逐个说下去，但说的语气不许雷同，十几个人就要有十几种说法(试练一练)：轻蔑地、询问地、乞求地、意外地、恐惧地、威胁地、呵斥地、讽刺地、撒娇地、命令地、真诚地、懒散地、远呼地、肯定地、悲伤地、惊喜地、悄悄地……第二题是：叫“妈妈”。你试着可以叫出十几种内容的“妈妈”：正常地、惊喜地、撒娇地、高喊妈妈、委屈地、妈妈真可笑、暗示妈妈、生气了、犯了错误怕妈妈、告诉妈妈意外的消息、意外地发现妈妈、询问妈妈、跟妈妈说悄悄话、乞求妈妈……

五、诗歌散文的朗读技巧

同是语言文字作品，因体裁不同，表达方式各异，作品的意蕴韵味也会各有不同，因而，朗读的处理方式也不相同，各有侧重。

1. 诗歌朗诵技巧与训练

古往今来，无数朗朗上口的诗歌给人强烈的艺术感染力，让人在沉醉中领略诗歌艺术独具的澎湃激情、新奇想象、深邃意境与和谐韵律。要切实提高诗歌的朗诵质量，更好地领略诗歌的艺术魅力，朗读时必须读出诗的情味、诗的意境、诗的音乐美。

(1) 读出诗的情味

读诗如品茶，都强调“出味”。读诗要读出诗的情味，就要运用语调的腾挪跌宕、声音的强弱粗细、节奏的快慢变化来表达不同类型的诗情。读诗应对语调进行艺术的加工渲染，或淋漓酣畅，或婉转徘徊，或跌宕高亢，使有声语言化成色彩，变成形象，让听众在听觉中负载着诗中的文字意义，产生移觉作用，步入深邃的诗境之中。例如：

山　行

杜　牧

远上寒山石径斜，
白云生处有人家。
停车坐爱枫林晚，
霜叶红于二月花。

诗中描绘了一幅美丽的秋景图，抒发了诗人对祖国壮丽河山的热爱之情。这首诗的基调是积极向上的，朗诵的时候，要注意运用高低变化、拖长字音、轻吐重读和拖腔上扬等技巧，将作品中那种时而恬静、时而喜悦、时而热情豪放的情绪表现出来，给听众以爽朗、振奋的感觉。诗的一、二句写远景，朗诵时，要给人以恬静、舒适的感觉。第三、四句写近景，应读得热情豪放。“远上”的“远”重而长，把听者的视线引向又高又远的山上。“斜(xiá)”字音轻轻拖长，使人联想到小路蜿蜒伸入山巅的情景。第二句的“有”低而拖长，“人家”两字长短均匀，流露出喜悦之情。第三句的“爱”和“晚”字要以柔和的声调把上升调值读全。“霜”与“红”用拖腔来对比，而“叶”与“花”则要加重“叶”字的读音和“花”形成对比，以显示“叶”比“花”还要好看。朗读时注意语调的变化，以突出主题。

(2) 读出诗的意境

诗以感情的鲜活、激情的炽热见长，但诗的抒情主要是通过创造意境来完成的。朗读者只有深入体会诗歌所蕴含的思想、诗人的情思，借助联想与想象，在头脑中再现诗人所描绘的画面，在心底与诗人产生共鸣，与诗人一起吟哦，才能读出诗歌的意境。

(3) 读出诗的音乐美

诗歌属于韵文，它的音乐性主要是通过节奏与和谐的韵律表现出来的。诗歌的节奏是诗人情怀的写照。朗诵诗歌，把握节奏如同唱歌要合乎节拍，跳舞要“踩住音乐”一样，是自然而然的事。要读好诗歌的节奏，读出音乐美，应注意以下两点：一是读好诗歌的音步。所谓音步，即是诗句中的语音停顿单位，一般是一个实词或一个词组为一个音步。节奏主要由音步来体现。一个音步就是一个节拍。如，五言诗是三个音步：“明月/松间/照，清泉/石上/流。”七言诗为四个音步：“窗含/西岭/千秋/雪，门泊/东吴/万里/船。”现代诗也有音步，如“远远的/街灯/明了，好像是/闪着/无数的/明星。”分别是三个音步和四个音步。现代诗的音步大小不一，跨度不一，诗句在延续过程中就会产生错落有致的节奏。具体到一首诗来说，音步行进的速度和停歇时间的长短，要视诗歌的内容和风格而定。二是要读出诗的韵脚。诗歌大多是押韵的，朗读时要将韵脚的音节稍稍拖长，读得响亮、清新、平仄分明，这样听起来会更和谐优美，委婉动听，从而显示出诗歌的音乐美。如“日照香炉生紫烟，遥看瀑布挂前川。飞流直下三千尺，疑是银河落九天。”这首诗中“烟”、“川”、“天”三字是押韵的，如读得亮一些，就会形成音韵回环呼应，产生一种和谐悦耳的韵律美。

朗读舒婷的《致橡树》，仔细体会诗歌朗读的技巧。

致橡树

舒　婷

我如果爱你——
绝不像攀援的凌霄花
借你的高枝炫耀自己；
我如果爱你——
绝不学痴情的鸟儿

为绿荫重复单调的歌曲；
也不止像泉源
长年送来清凉的慰藉；
也不止像险峰
增加你的高度，
衬托你的威仪。
甚至日光。
甚至春雨。

这一部分，诗人通过衬托的手法，突出自己不愿意要的各种爱情。那么，能够突出这几种爱情特点的词句就是重点。这几种意象“凌霄花”、“鸟儿”、“泉源”、“险峰”需要重读，是次重读，最需要重读的是“炫耀”、“单调”、“长年”、“增加你的高度”、“衬托你的威仪”。这些词汇最容易表达感情。在这一部分里，还有层次之分。当说“凌霄花”和“鸟儿”的时候，多少带有点鄙视；泉源和险峰则完全是一种奉献的爱情，所以要读出那种“虽然可圈可点，但我并不期待”的感觉。最后，“甚至日光，甚至春雨”较前更进一步，音调要扬上去。

不，这些都还不够！
我必须是你近旁的一株木棉，
作为树的形象和你站在一起。
根，紧握在地下；
叶，相触在云里。
每一阵风过
我们都互相致意，
但没有人
听懂我们的言语。

这里表明了自己的态度，然后诉说了一种执著与默契。当诗人表明态度的时候，“木棉”、“树”、“站”，要重读，“不够”、“近旁”要次重读。“不够”一词要读得坚定有力，这个“站”字，不但要重读，还要读出深情。当诗人诉说执著与默契的时候，“根，紧握在地下，叶，相触在云里”，呼应的感觉一定要读出来，句子本身在呼应，所说的感情也在呼应。“紧握”“相触”二词要强调，但不是以重音的方式强调，而是以坚定且满怀深情的方式强调。最后，“没有人”可以重读。

你有你的铜枝铁干
像刀、像剑，

也像戟；
我有我红硕的花朵
像沉重的叹息，
又像英勇的火炬。
我们分担寒潮、风雷、霹雳；
我们共享雾霭、流岚、虹霓。
仿佛永远分离，
却又终身相依。

这一部分，出现了很多的意象，我们完全可以根据意象给我们的感觉去朗读。这一部分的节奏感一定要把握好，其语速变化要好好体会。最后“终身相依”语速要放慢且深情，“终身”二字要加强。

这才是伟大的爱情，
坚贞就在这里：
爱——
不仅爱你伟岸的身躯，
也爱你坚持的位置，足下的土地。

最后一部分，要把感情升华。这一部分很多字词读起来都有难度，因为每个字都包含着很有分量的感情。第一个字“这”，其中既有感情，又有思考，指代了作者想要的爱情，分量何其重也，所以，“这”字读完了要有停顿，但是由于要切合整体节奏，停顿不宜太长。同样，“伟大”、“坚贞”，也要用重音突出。最后一句话，完美体现了富于人文精神的爱情品格：真诚、高尚的互爱应以不舍弃各自独立的位置与人格为前提，这是新时代人格在爱情观念上的体现和对以往的超越。是诗的灵魂所在。“爱”字要舒缓深情，“不仅爱你伟岸的身躯，也爱你坚持的位置”两句稍快一点，最后“足下的土地”应读得坚毅且富有回味感。

2. 散文朗诵技巧与训练

叙事散文以亲切自然取胜；抒情散文以深沉隽永取胜；游记散文文字较多，朗读时以生动形象见长。不论哪种类型的散文，朗读时都要遵循如下基本规律：

(1) 以停顿显示文章语脉层次，用重音突出文章的意脉与感情变化，用语调的升降来体现某种特定情感。

(2) 掌握散文节奏特点，追求感情与声音的和谐统一。朗读一篇散文，先要明了其节奏是紧张、轻快、高亢，还是低沉、舒缓、凝重，只有把握住节奏类型，才能确定采用什么语调。

散文文气氤氲，朗读声音最好能做到“轻柔化”。在不露声色中，在和风细雨中给人以“促膝谈心感”，“小溪流水感”，“是非转换感”，“强烈交流感”。

训练：按朗诵技巧的要求及散文朗诵应遵循的基本规律，反复朗诵《济南的冬天》、《白杨礼赞》、《绿》等散文。

测试用朗读作品及其重点语音提示

作品1号——《白杨礼赞》

那是力争上游的一种树，笔直的干[(1)]，笔直的枝。它的干呢，通常是丈把高，像是加以人工似的[(2)]，一丈以内，绝无旁枝；它所有的丫枝呢，一律向上，而且[(3)]紧紧靠拢，也像是加以人工似的，成为一束，绝无横斜逸出[(4)]；它的宽大的叶子[(5)]也是片片向上，几乎[(6)]没有斜生的，更不用说倒垂了；它的皮，光滑而有银色的晕圈[(7)]，微微泛出淡青色。这是虽在北方的风雪的压迫下却保持着倔强[(8)]挺立的一种树！哪怕只有碗来粗细罢，它却努力向上发展，高到丈许，两丈，参天耸立，不折不挠[(9)]，对抗着西北风。

这就是白杨树，西北极普通的一种树，然而决不是平凡的树！

它没有婆娑[(10)]的姿态，没有屈曲盘旋[(11)]的虬[(12)]枝，也许你要说它不美丽，——如果美是专指“婆娑”或“横斜逸出”之类而言，那么白杨树算不得树中的好女子；但是它却是伟岸，正直，朴质，严肃，也不缺乏温和，更不用提它的坚强不屈与挺拔，它是树中的伟丈夫！当你在积雪初融[(13)]的高原上走过，看见平坦的大地上傲然挺立这么一株或一排白杨树，难道你就只觉得树只是树，难道你就不想到它的朴质，严肃，坚强不屈，至少也象征了北方的农民；难道你竟一点儿也不联想到，在敌后的广大土//地上，到处有坚强不屈，就像这白杨树一样傲然挺立的守卫他们家乡的哨兵！难道你又不更远一点想到这样枝枝叶叶靠紧团结，力求上进的白杨树，宛然象征了今天在华北平原纵横决荡用血[(14)]写出新中国历史的那种精神和意志。

——节选自茅盾《白杨礼赞》

语音提示：

(1) 干　gàn
(2) 似的　shìde
(3) 而且　érqiě
(4) 横斜逸出　héngxiéyìchū
(5) 叶子　yèzi
(6) 几乎　jīhū

(7) 晕圈　yùnquān
(8) 倔强　juéjiàng
(9) 挠　náo
(10) 婆娑　pósuō
(11) 屈曲盘旋 qūqūpánxuán
(12) 虬　qiú
(13) 积雪初融 jīxuěchūróng
(14) 血　xuè

作品 2 号——《差别》

两个同龄的年轻人同时受雇于一家店铺，并且拿同样的薪水。

可是一段时间后，叫阿诺德的那个小伙子(1)青云直上，而那个叫布鲁诺的小伙子却仍(2)在原地踏步。布鲁诺很不满意老板的不公正待遇。终于有一天他到老板那儿发牢骚(3)了。老板一边耐心地听着他的抱怨，一边在心里盘算着(4)怎样向他解释清楚(5)他和阿诺德之间的差别。

“布鲁诺先生(6)，”老板开口说话了，“您现在到集市上去一下，看看(7)今天早上有什么卖的。”

布鲁诺从集市上回来向老板汇报说，今早集市上只有一个农民拉了一车土豆在卖。

“有多少？”老板问。

布鲁诺赶快戴上帽子又跑到集上，然后回来告诉(8)老板一共四十袋土豆。

“价格是多少？”

布鲁诺又第三次跑到集上问来了价格。

“好吧，”老板对他说，“现在请您坐到这把椅子上一句话也不要说，看看阿诺德怎么说。”

阿诺德很快就从集市上回来了。向老板汇报说到现在为止只有一个农民在卖土豆，一共四十口袋，价格是多少多少；土豆质量很不错，他带回来一个让老板看看。这个农民一个钟头以后还会弄来(9)几箱西红柿，据他看价格非常公道。昨天他们铺子的西红柿卖得很快，库存已经不//多了。他想这么便宜(10)的西红柿，老板肯定会要进一些的，所以他不仅带回了一个西红柿做样品，而且把那个农民也带来了，他现在正在外面等回话呢。

此时老板转向了布鲁诺，说：“现在您肯定知道为什么阿诺德的薪水比您高了吧！”

——节选自张健鹏、胡足青主编《故事时代》中《差别》

语音提示：

(1) 小伙子 xiǎohuǒzi
(2) 仍　réng

(3) 牢骚	láo · sāo	(7) 看看	kànkan
(4) 盘算着	pánsuanzhe	(8) 告诉	gàosu
(5) 清楚	qīngchu	(9) 弄来	nònglái
(6) 先生	xiānsheng	(10) 便宜	piányi

作品3号——《丑石》

我常常遗憾我家门前那块丑石:它黑黝黝[1]地卧在那里,牛似的[2]模样[3];谁[4]也不知道是什么时候留在这里的,谁也不去理会它。只是麦收时节,门前摊了麦子,奶奶总是说:这块丑石,多占地面呀,抽空把它搬走吧。

它不像汉白玉那样的细腻,可以刻字雕花,也不像大青石那样的光滑,可以供来[5]浣纱捶布[6]。它静静地卧在那里,院边的槐荫没有庇覆[7]它,花儿也不再在它身边生长。荒草便繁衍[8]出来,枝蔓上下,慢慢地,它竟锈上了绿苔、黑斑。我们这些做孩子的,也讨厌起它来,曾合伙要搬走它,但力气又不足;虽时时咒骂它,嫌弃它,也无可奈何,只好任它留在那里了。

终有一日,村子里来了一个天文学家。他在我家门前路过,突然发现了这块石头,眼光立即就拉直了。他再没有离开,就住了下来;以后又来了好些人,都说这是一块陨石[9],从天上落下来已经有二三百年了,是一件了不起的东西。不久便来了车,小心翼翼[10]地将它运走了。

这使我们都很惊奇!这又怪又丑的石头,原来是天上的啊!它补过天,在天上发过热、闪过光,我们的先祖或许仰望过它,它给了他们光明、向往、憧憬[11];而它落下来了,在污土里,荒草里,一躺就//是几百年了!

我感到自己的无知,也感到了丑石的伟大,我甚至怨恨它这么多年竟会默默地忍受着这一切!而我又立即深深地感到它那种不屈于误解、寂寞的生存的伟大。

——节选自贾平凹《丑石》

语音提示:

(1) 黑黝黝	hēiyǒuyǒu	(7) 庇覆	bìfù
(2) 似的	shìde	(8) 繁衍	fányǎn
(3) 模样	múyàng	(9) 陨石	yǔnshí
(4) 谁	shéi	(10) 小心翼翼	xiǎoxīnyìyì
(5) 供来	gōnglái	(11) 憧憬	chōngjǐng
(6) 浣纱捶布	huànshāchuíbù		

作品 4 号——《达瑞的故事》

在达瑞八岁的时候，有一天他想去看电影。因为没有钱，他想是向爸妈要钱，还是自己挣钱。最后他选择了后者。他自己调制[1]了一种汽水，向过路的行人出售。可那时正是寒冷的冬天，没有人买，只有两个人例外——他的爸爸和妈妈。

他偶然有一个和非常成功的商人谈话的机会。当他对商人讲述了自己的"破产史[2]"后，商人给了他两个重要的建议：一是尝试为别人解决一个难题；二是把精力集中在你知道的、你会的和你拥有的东西[3]上。

这两个建议很关键。因为对于一个八岁的孩子而言，他不会做的事情很多。于是他穿过大街小巷，不停地思考：人们[4]会有什么难题，他又如何利用这个机会？

一天，吃早饭时父亲让达瑞去取报纸。美国的送报员总是把报纸从花园篱笆[5]的一个特制的管子里塞[6]进来。假如你想穿着睡衣舒舒服服[7]地吃早饭和看报纸，就必须离开温暖的房间，冒着寒风，到花园去取。虽然路短，但十分麻烦。

当达瑞为父亲取报纸的时候，一个主意[8]诞生了。当天他就按响邻居的门铃，对他们说，每个月只需付给他一美元，他就每天早上把报纸塞到他们的房门底下。大多数人都同意了，很快他有//了七十多个顾客。一个月后，当他拿到自己赚的钱时，觉得自己简直是飞上了天。

很快他又有了新的机会，他让他的顾客每天把垃圾袋放在门前，然后由他早上运到垃圾桶里，每个月加一美元。之后他还想出了许多孩子赚钱的办法，并把它集结成书，书名为《儿童挣钱的二百五十个主意》。为此[9]，达瑞十二岁时就成了畅销书作家，十五岁有了自己的谈话节目，十七岁就拥有了几百万美元。

——节选自[德]博多·舍费尔《达瑞的故事》

语音提示：

(1) 调制 tiáozhì
(2) 破产史 pòchǎnshǐ
(3) 东西 dōngxi
(4) 人们 rénmen
(5) 篱笆 líba
(6) 塞 sāi
(7) 舒舒服服 shūshūfúfú
(8) 主意 zhǔyi
(9) 为此 wèicǐ

作品 5 号——《第一场雪》

这是入冬以来，胶东半岛上第一场雪。

雪纷纷扬扬，下得很大。开始还伴着一阵儿(1)小雨，不久就只见大片大片的雪花，从彤云密布(2)的天空中飘落下来。地面上一会儿(3)就白了。冬天的山村，到了夜里就万籁俱寂(4)，只听得雪花簌簌地(5)不断往下落，树木的枯枝被雪压断了，偶尔咯吱(6)一声响。

大雪整整下了一夜。今天早晨，天放晴了，太阳出来了。推开门一看，嗬！好大的雪啊！山川、河流、树木、房屋，全都罩上了一层厚厚的雪，万里江山，变成了粉妆玉砌(7)的世界。落光了叶子的柳树上挂满了毛茸茸(8)亮晶晶的银条儿；而那些冬夏常青的松树和柏树上，则挂满了蓬松松沉甸甸(9)的雪球儿。一阵风吹来，树枝轻轻地摇晃，美丽的银条儿和雪球儿簌簌地落下来，玉屑似的(10)雪末儿随风飘扬，映着清晨的阳光，显出一道道五光十色的彩虹。

大街上的积雪足有一尺多深，人踩上去，脚底下(11)发出咯吱咯吱的响声。一群群孩子在雪地里堆雪人，掷(12)雪球儿。那欢乐的叫喊声，把树枝上的雪都震落下来了。

俗话说，“瑞雪兆丰年”。这个话有充分的科学根据，并不是一句迷信的成语。寒冬大雪，可以冻死一部分越冬的害虫；融化了的水渗(13)进土层深处，又能供应(14)//庄稼(15)生长的需要。我相信这一场十分及时的大雪，一定会促进明年春季作物，尤其是小麦的丰收。有经验的老农把雪比作是“麦子的棉被”。冬天“棉被”盖得越厚，明春麦子就长得越好，所以又有这样一句谚语：“冬天麦盖三层被，来年枕着馒头睡。”

我想，这就是人们为什么把及时的大雪称为“瑞雪”的道理吧。

——节选自峻青《第一场雪》

语音提示：

(1) 一阵儿 yízhènr
(2) 彤云密布 tóngyúnmìbù
(3) 一会儿 yíhuìr
(4) 万籁俱寂 wànlàijùjì
(5) 簌簌地 sùsùde
(6) 咯吱 gēzhī
(7) 粉妆玉砌 fěnzhuāngyùqì
(8) 毛茸茸 máoróngróng
(9) 沉甸甸 chéndiàndiàn
(10) 玉屑似的 yùxièshìde
(11) 底下 dǐ · xià
(12) 掷 zhì
(13) 渗 shèn
(14) 供应 gōngyìng
(15) 庄稼 zhuāngjia

作品6号——《读书人是幸福的》

我常想读书人是世间幸福人，因为[1]他除了拥有现实的世界之外，还拥有另一个更为浩瀚也更为丰富的世界。现实的世界是人人都有的，而后一个世界却为读书人所独有。由此我想，那些失去或不能阅读的人是多么地不幸，他们[2]的丧失是不可补偿的。世间有诸多[3]的不平等，财富的不平等，权力的不平等，而阅读能力的拥有或丧失却体现为精神的不平等。

一个人的一生，只能经历自己拥有的那一份欣悦，那一份苦难，也许再加上他亲自闻知的那一些关于自身以外的经历和经验。然而，人们通过阅读，却能进入不同时空的诸多他人的世界。这样，具有阅读能力的人，无形间获得了超越有限生命的无限可能性。阅读不仅使他多识了草木虫鱼之名，而且可以上溯[4]远古下及未来，饱览存在的与非存在的奇风异俗。

更为[5]重要的是，读书加惠于人们的不仅是知识的增广，而且还在于精神的感化与陶冶[6]。人们从读书学做人，从那些往哲先贤以及当代才俊的著述中学得他们的人格。人们从《论语》[7]中学得智慧的思考，从《史记》中学得严肃的历史精神，从《正气歌》中学得人格的刚烈，从马克思学得人世//的激情，从鲁迅学得批判精神，从托尔斯泰学得道德的执着。歌德的诗句刻写着睿智[8]的人生，拜伦的诗句呼唤着奋斗的热情。一个读书人，一个有机会拥有超乎个人生命体验的幸运人。

——节选自谢冕《读书人是幸福人》

语音提示：

(1)	因为	yīn·wèi	(5)	更为	gèngwéi
(2)	他们	tāmen	(6)	陶冶	táoyě
(3)	诸多	zhūduō	(7)	论语	Lúnyǔ
(4)	溯	sù	(8)	睿智	ruìzhì

作品7号——《二十美金的价值》

一天，爸爸下班回到家已经很晚了，他很累也有点儿烦，他发现五岁的儿子靠在门旁正等着他。

“爸，我可以问您一个问题吗？”

“什么问题？”“爸，您一小时可以赚多少钱？”“这与你无关，你为什么问这个问题？”父亲生气地说。

“我只是想知道，请告诉[1]我，您一小时赚多少钱？”小孩儿哀求道。“假如你一定要知道的话，我一小时赚二十美金。”

“哦，”小孩儿低下了头，接着又说，“爸，可以借我十美金吗？”父亲发怒了：“如果你只是要借钱去买毫无意义的玩具的话，给我回到你的房间睡觉去。好好想想[2]为什么你会那么自私。我每天辛苦工作，没时间和你玩儿小孩子的游戏。”

小孩儿默默地回到自己的房间关上门。

父亲坐下来还在生气。后来，他平静下来了。心想他可能对孩子太凶了——或许孩子真的很想买什么东西，再说他平时很少要过钱。

父亲走进孩子的房间：“你睡了吗？”“爸，还没有，我还醒着。”孩子回答。

“我刚才可能对你太凶了，”父亲说，“我不应该发那么大的火儿——这是你要的十美金。”“爸，谢谢您。”孩子高兴地从枕头[3]下拿出一些被弄皱[4]的钞票，慢慢地数着[5]。

“为什么你已经有钱了还要？”父亲不解地问。

“因为原来不够，但现在凑够了。”孩子回答：“爸，我现在有//二十美金了，我可以向您买一个小时的时间吗？明天请早一点儿回家——我想和您一起吃晚餐。”

——节选自唐继柳编译《二十美金的价值》

语音提示：

(1) 告诉 gàosu
(2) 想想 xiǎngxiang
(3) 枕头 zhěntou
(4) 弄皱 nòngzhòu
(5) 数着 shǔzhe

作品 8 号——《繁星》

我爱月夜，但我也爱星天。从前在家乡七八月的夜晚在庭院里纳凉的时候，我最爱看天上密密麻麻的繁星。望着星天，我就会忘记一切，仿佛回到了母亲的怀里似的[1]。

三年前在南京我住的地方有一道后门，每晚我打开后门，便看见一个静寂的夜。下面是一片菜园，上面是星群密布的蓝天。星光在我们的肉眼里虽然微小，然而它使我们觉得光明无处不在。那时候我正在读一些天文学的书，也认得一些星星，好像它们就是我的朋友[2]，它们常常在和我谈话一样。

如今在海上，每晚和繁星相对，我把它们认得很熟[3]了。我躺在舱面上，仰望天空。深蓝色的天空里悬着无数半明半昧[4]的星。船在动，星也在动，它们是这样低，真是摇摇欲坠呢！渐渐地我的眼睛模糊了(5)，我好像看见无数萤火虫在我的周围飞舞。海上的夜是柔和的，是静寂的，是梦幻的。我望着许多认识的星，我仿佛看见它们在对我眨眼(6)，我仿佛听见它们在小声说话。这时我忘记了一切。在星的怀抱中我微笑着，我沉睡着。我觉得自己是一个小孩子(7)，现在睡在母亲的怀里了。

有一夜，那个在哥伦波上船的英国人指给我看天上的巨人。他用手指着：//那四颗明亮的星是头，下面的几颗是身子，这几颗是手，那几颗是腿和脚，还有三颗星算是腰带。经他这一番指点，我果然看清楚了(8)那个天上的巨人。看，那个巨人还在跑呢！

——节选自巴金《繁星》

语音提示：

(1) 似的	shìde	(5) 模糊了	móhule
(2) 朋友	péngyou	(6) 眨眼	zhǎyǎn
(3) 熟	shú	(7) 小孩子	xiǎoháizi
(4) 半明半昧	bànmíngbànmèi	(8) 清楚了	qīngchule

作品 9 号——《风筝畅想曲》

假日到河滩上转转(1)，看见许多孩子在放风筝。一根根长长的引线，一头系(2)在天上，一头系在地上，孩子同风筝都在天与地之间悠荡(3)，连心也被悠荡得恍恍惚惚(4)了，好像又回到了童年。

儿时放的风筝，大多是自己的长辈或家人编扎(5)的，几根削(6)得很薄(7)的篾(8)，用细纱线扎成各种鸟兽的造型，糊上雪白的纸片，再用彩笔勾勒出面孔与翅膀的图案。通常扎得最多的是“老雕”、“美人儿”、“花蝴蝶”等。

我们家前院就有位叔叔，擅扎(9)风筝，远近闻名。他扎得风筝不只体形好看，色彩艳丽，放飞得高远，还在风筝上绷一叶用蒲苇(10)削成的膜片，经风一吹，发出“嗡嗡(11)”的声响，仿佛是风筝的歌唱，在蓝天下播扬，给开阔的天地增添了无尽的韵味，给驰荡的童心带来几分疯狂。

我们那条胡同的左邻右舍(12)的孩子们放的风筝几乎(13)都是叔叔编扎的。他的风筝不卖钱，谁(14)上门去要，就给谁，他乐意自己贴钱买材料。

后来，这位叔叔去了海外，放风筝也渐与孩子们远离了。不过年年叔叔给家乡写信，总不忘提起儿时的放风筝。香港回归之后，他在家信中说到，他这只被故乡放飞到海外的风筝，尽管(15)飘荡游弋(16)，经沐风雨，可那线头儿一直在故乡和//亲人手中牵着，如今飘得太累了，也该要回归到家乡和亲人身边来了。

是的。我想，不光是叔叔，我们每个人都是风筝(17)，在妈妈手中牵着，从小放到大，再从家乡放到祖国最需要的地方去啊！

——节选自李恒瑞《风筝畅想曲》

语音提示：

(1) 转转　zhuànzhuan
(2) 系　jì
(3) 悠荡　yōudàng
(4) 恍恍惚惚　huǎnghuǎnghūhū
(5) 编扎　biānzā
(6) 削　xiāo
(7) 薄　báo
(8) 篾　miè
(9) 擅扎　shànzā
(10) 蒲苇　púwěi
(11) 嗡嗡　wēngwēng
(12) 左邻右舍　zuǒlínyòushè
(13) 几乎　jīhū
(14) 谁　shéi
(15) 尽管　jǐnguǎn
(16) 游弋　yóuyì
(17) 风筝　fēngzheng

作品10号——《父亲的爱》

爸不懂得怎样表达爱，使我们一家人融洽相处(1)的是我妈。他只是每天上班下班，而妈则把我们做过的错事开列清单，然后由他来责骂我们。

有一次我偷了一块糖果，他要我把它送回去，告诉卖糖的说是我偷来的，说我愿意替他拆箱卸货作为赔偿。但妈妈却明白我只是个孩子。

我在运动场荡秋千跌断了腿，在前往医院的途中一直抱着我的，是我妈。爸把汽车停在急诊室门口，他们叫他驶开，说那空位(2)是留给紧急车辆停放的。爸听了便叫嚷(3)道："你以为这是什么车？旅游车？"

在我生日会上，爸总是显得有些不大相称(4)。他只是忙于吹气球，布置餐桌，做杂务。把插着蜡烛的蛋糕推过来让我吹的，是我妈。

我翻阅照相册时，人们总是问："你爸爸是什么样子的？"天晓得！他老是忙着替别人拍照。妈和我笑容可掬(5)地一起拍的照片(6)，多得不可胜数(7)。

我记得妈有一次叫他教(8)我骑自行车。我叫他别放手，但他却说是应该放手的时候(9)了。我摔倒之后，妈跑过来扶我，爸却挥手要她走开。我当时生气极了，决心要给他点儿颜色看。于是我马上爬上自行车，而且自己骑给他看。他只是微笑。

我念大学时，所有的家信都是妈写的。他//除了寄支票外，还寄过一封短柬(10)给我，说因为我不在草坪上踢足球了，所以他的草坪长得很美。

每次我打电话回家，他似乎都想跟我说话，但结果总是说："我叫你妈来接。"

我结婚时，掉眼泪的是我妈。他只是大声擤(11)了一下鼻子，便走出房间。

我从小到大都听他说："你到哪里去？什么时候回家？汽车有没有汽油？不，不准去。"爸完全不知道怎样表达爱。除非……

会不会是他已经表达了，而我却未能察觉？

——节选自[美]艾尔玛·邦贝克《父亲的爱》

语音提示：

(1)	相处	xiāngchǔ
(2)	空位	kòngwèi
(3)	嚷	rǎng
(4)	相称	xiāngchèn
(5)	笑容可掬	xiàoróngkějū
(6)	照片	zhàopiàn
(7)	不可胜数	bùkěshèngshǔ
(8)	教	jiāo
(9)	时候	shíhou
(10)	短柬	duǎnjiǎn
(11)	擤	xǐng

作品 11 号——《国家荣誉感》

一个大问题一直盘踞(1)在我脑袋(2)里：

世界杯怎么会有如此巨大的吸引力？除去足球本身的魅力之外，还有什么超乎其上而更伟大的东西？

近来观看世界杯，忽然从中得到了答案：是由于一种无上崇高的精神情感——国家荣誉感！

地球上的人都会有国家的概念，但未必时时都有国家的感情。往往人到异国，思念家乡，心怀故国，这国家概念就变得有血有肉(3)，爱国之情来得非常具体。而现代社会，科技昌达，信息快捷，事事上网，世界真是太小太小，国家的界限似乎也不那么清晰了。再说足球正在快速世界化，平日里各国球员频繁转会，往来随意，致使越来越多的国家联赛都具有国际的因素。球员们不论国籍，只效力于自己的俱乐部，他们比赛时的激情中完全没有爱国主义的因子。

然而，到了世界杯大赛，天下大变。各国球员都回国效力，穿上与光荣的国旗同样色彩的服装。在每一场比赛前，还高唱国歌以宣誓对自己祖国的挚爱与忠诚。一种血缘(4)情感开始在全身的血管里燃烧起来，而且立刻热血沸腾(5)。

在历史时代，国家间经常发生对抗，好男儿戎[6]装卫国。国家的荣誉往往需要以自己的生命去//换取。但在和平时代，唯有这种国家之间大规模对抗性的大赛，才可以唤起那种遥远而神圣的情感，那就是：为祖国而战！

——节选自冯骥才《国家荣誉感》

语音提示：

(1) 盘踞	pánjù	(4) 血缘	xuèyuán
(2) 脑袋	nǎodai	(5) 热血沸腾	rèxuèfèiténg
(3) 有血有肉	yǒuxiěyǒuròu	(6) 戎	róng

作品12号——《海滨仲夏夜》

夕阳落山不久，西方的天空，还燃烧着一片橘红色的晚霞。大海，也被这霞光染成了红色，而且比天空的景色更要壮观。因为它是活动的，每当一排排波浪涌起[1]的时候[2]，那映照在浪峰上的霞光，又红又亮，简直就像一片片霍霍[3]燃烧着的火焰，闪烁着，消失了。而后面的一排，又闪烁着，滚动着，涌了过来。

天空的霞光渐渐地淡下去了，深红的颜色变成了绯红[4]，绯红又变为浅红。最后，当这一切红光都消失了的时候，那突然显得高而远了的天空，则呈现出一片肃穆的神色。最早出现的启明星，在这蓝色的天幕上闪烁起来了。它是那么大，那么亮，整个广漠的天幕上只有它在那里放射着令人注目的光辉，活像一盏悬挂在高空的明灯。

夜色加浓，苍空中的"明灯"越来越多了。而城市各处的真的灯火也次第亮了起来，尤其是围绕在海港周围山坡上的那一片灯光，从半空倒映在乌蓝的海面上，随着波浪，晃动[5]着，闪烁着，像一串流动着的珍珠，和那一片片密布在苍穹[6]里的星斗互相辉映，煞[7]是好看。

在这幽美的夜色中，我踏着软绵绵的沙滩，沿着海边，慢慢地向前走去。海水，轻轻地抚摸着细软的沙滩，发出温柔的//刷刷声。晚来的海风，清新而又凉爽。我的心里，有着说不出的兴奋[8]和愉快。

夜风轻飘飘地吹拂着，空气中飘荡着一种大海和田禾相混合的香味儿，柔软的沙滩上还残留着白天太阳炙晒[9]的余温。那些在各个工作岗位上劳动了一天的人们，三三两两地来到这软绵绵的沙滩上，他们浴着凉爽的海风，望着那缀满了星星的夜空，尽情地说笑，尽情地休憩[10]。

——选自峻青《海滨仲夏夜》

语音提示：

(1) 涌起 yǒngqǐ　(6) 苍穹 cāngqióng
(2) 时候 shíhou　(7) 煞 shà
(3) 霍霍 huòhuò　(8) 兴奋 xīngfèn
(4) 绯红 fēihóng　(9) 炙晒 zhìshài
(5) 晃动 huàngdòng　(10) 休憩 xiūqì

作品 13 号——《海洋与生命》

生命在海洋里诞生绝不是偶然的，海洋的物理和化学性质，使它成为孕育原始生命的摇篮。

我们知道，水是生物的重要组成部分，许多动物组织的含水量在百分之八十以上，而一些海洋生物的含水量高达百分之九十五。水是新陈代谢的重要媒介，没有它，体内的一系列生理和生物化学反应就无法进行，生命也就停止。因此，在短时期内动物缺水要比缺少食物更加危险。水对今天的生命是如此重要，它对脆弱的原始生命，更是举足轻重了。生命在海洋里诞生，就不会有缺水之忧。

水是一种良好的溶剂。海洋中含有许多生命所必需的无机盐，如氯[(1)]化钠、氯化钾、碳酸盐、磷酸盐，还有溶解氧，原始生命可以毫不费力地从中吸取它所需要的元素。

水具有很高的热容量，加之海洋浩大，任凭夏季烈日曝晒[(2)]，冬季寒风扫荡，它的温度变化却比较小。因此，巨大的海洋就像是天然的“温箱”。是孕育原始生命的温床。

阳光虽然为[(3)]生命所必需，但是阳光中的紫外线却有扼杀原始生命的危险。水能有效地吸收紫外线，因而又为[(4)]原始生命提供了天然的“屏障”。这一切都是原始生命得以产生和发展的必要条件。

——节选自童裳亮《海洋与生命》

语音提示：

(1) 氯 lǜ　(3) 为 wéi
(2) 曝晒 pùshài　(4) 为 wèi

作品 14 号——《和时间赛跑》

读小学的时候[(1)]，我的外祖母去世了。外祖母生前最疼爱我，我无法排除自己的忧伤，每天在学校的操场上一圈儿又一圈儿地跑着，跑得累倒在地上，扑在草坪上痛哭。

那哀痛的日子[(2)]，断断续续地持续了很久，爸爸妈妈[(3)]也不知道如何安慰我。他们知道与其骗我说外祖母睡着了[(4)]，还不如对我说实话：外祖母永远不会回来了。

“什么是永远不会回来呢？”我问着。

“所有时间里的事物，都永远不会回来。你的昨天过去，它就永远变成昨天，你不能再回到昨天。爸爸以前也和你一样小，现在也不能回到你这么小的童年了；有一天你会长大，你会像外祖母一样老；有一天你度过了你的时间，就永远不会回来了。”爸爸说。

爸爸等于给我一个谜语，这谜语比课本上的“日历挂在墙壁，一天撕去一页，使我心里着急[(5)]”和“一寸光阴一寸金，寸金难买寸光阴”还让我感到可怕；也比作文本上的“光阴似箭，日月如梭”更让我觉得[(6)]有一种说不出的滋味。

时间过得那么飞快，使我的小心眼儿里不只是着急，而是悲伤。有一天我放学回家，看到太阳快落山了，就下决心说：“我要比太阳更快地回家。”我狂奔回去，站在庭院前喘气的时候，看到太阳//还露着[(7)]半边脸，我高兴地跳跃[(8)]起来，那一天我跑赢了太阳。以后我就时常做那样的游戏，有时和太阳赛跑，有时和西北风比快，有时一个暑假才能做完的作业，我十天就做完了；那时我三年级，常常把哥哥五年级的作业拿来做。每一次比赛胜过时间，我就快乐[(9)]得不知道怎么形容。

如果将来我有什么要教给我的孩子，我会告诉他：假若你一直和时间比赛，你就可以成功！

——节选自(台湾)林清玄《和时间赛跑》

语音提示：

(1) 时候　shíhou
(2) 日子　rìzi
(3) 爸爸妈妈　bàbamāma
(4) 睡着了　shuìzháole
(5) 着急　zháojí
(6) 觉得　jué・dé
(7) 露着　lòuzhe
(8) 跳跃　tiàoyuè
(9) 快乐　kuàilè

作品 15 号——《胡适的白话电报》

三十年代初，胡适在北京大学任教授。讲课时他常常对白话文大加称赞，引起一些只喜欢文言文而不喜欢白话文的学生[(1)]的不满。

一次，胡适正讲得得意的时候，一位姓魏的学生突然站了起来，生气地问："胡先生，难道说白话文就毫无缺点吗?"胡适微笑着回答说："没有。"那位学生更加激动了："肯定有！白话文废话太多，打电报用字多，花钱多。"胡适的目光顿时变亮了，轻声地解释说："不一定吧！前几天有位朋友给我打来电报，请我去政府部门工作，我决定不去，就回电拒绝了。复电是用白话写的，看来也很省字。请同学们根据我这个意思，用文言文写一个回电，看看究竟是白话文省字，还是文言文省字?"胡教授刚说完，同学们立刻认真地写了起来。

十五分钟过去，胡适让同学举手，报告用字的数目，然后挑了一份用字最少的文言电报稿，电文是这样写的：

"才疏学浅(2)，恐难胜任，不堪从命。"白话文的意思是：学问不深，恐怕很难担任这个工作，不能服从安排。

胡适说，这份写得确实不错，仅用了十二个字。但我的白话电报却只用了五个字：

"干不了，谢谢!"

胡适又解释说："干不了"就有才疏学浅、恐难胜任的意思；"谢谢"既//对朋友的介绍表示感谢，又有拒绝的意思。所以，废话多不多，并不看它是文言文还是白话文，只要注意选用字词，白话文是可以比文言文更省字的。

——节选自陈灼主编《实用汉语中级教程》(上)《胡适的白话电报》

语音提示：

(1) 学生　　xuésheng

(2) 才疏学浅 cáishūxuéqiǎn

作品 16 号——《火光》

很久以前，在一个漆黑的秋天的夜晚，我泛舟在西伯利亚一条阴森森的河上。船到一个转弯处，只见前面黑黢黢(1)的山峰下面一星火光蓦地(2)一闪。

火光又明又亮，好像就在眼前……

"好啦，谢天谢地!"我高兴地说，"马上就到过夜的地方啦!"

船夫扭头朝身后的火光望了一眼，又不以为然地划起(3)浆来。

"远着呢!"

我不相信他的话，因为火光冲破朦胧的夜色，明明在那儿闪烁。不过船夫是对的，事实上，火光的确还远着呢。

这些黑夜的火光的特点是：驱散黑暗，闪闪发亮，近在眼前，令人神往。乍(4)一看，再划几下就到了……其实却还远着呢！……

我们在漆黑如墨的河上又划了很久。一个个峡谷和悬崖，迎面驶来，又向后移去，仿佛消失在茫茫的远方，而火光却依然停在前头，闪闪发亮，令人神往——依然是这么近，又依然是那么远……

现在，无论是这条被悬崖峭壁的阴影笼罩的漆黑的河流，还是那一星明亮的火光，都经常浮现在我的脑际，在这以前和在这以后，曾有许多火光，似乎近在咫尺[(5)]，不止使我一人心驰神往。可是生活之河却仍然在那阴森森的两岸之间流着，而火光也依旧非常遥远。因此，必须加劲划桨……

然而，火光啊……毕竟……毕竟就//在前头！……

——节选自（俄）柯罗连科《火光》，张铁夫译

语音提示：

(1) 黑黢黢 hēiqūqū　　(4) 乍 zhà

(2) 蓦地 mò · dì　　(5) 咫尺 zhǐchǐ

(3) 划起 huá · qǐ

作品 17 号——《济南的冬天》

对于一个在北平住惯的人，像我，冬天要是不刮风，便觉得[(1)]是奇迹；济南[(2)]的冬天是没有风声的。对于一个刚由伦敦回来的人，像我，冬天要能看得见日光，便觉得是怪事；济南的冬天是响晴的。自然，在热带的地方[(3)]，日光是永远那么[(4)]毒，响亮的天气，反有点儿叫人害怕。可是，在北方的冬天，而能有温晴的天气，济南真得[(5)]算个宝地。

设若单单是有阳光，那也算不了出奇。请闭上眼睛[(6)]想：一个老城，有山有水，全在天底下晒着阳光，暖和[(7)]安适地睡着[(8)]，只等春风来把它们唤醒，这是不是理想的境界？小山把济南围了个圈儿，只有北边缺着点口儿。这一圈小山在冬天特别可爱，好像是把济南放在一个小摇篮里，它们安静不动地低声地说："你们放心吧，这儿准保暖和。"真的，济南的人们在冬天是面上含笑的。他们一看那些小山，心中便觉得有了着落[(9)]，有了依靠。他们由天上看到山上，便不知不觉地想起：明天也许就是春天了吧？这样的温暖，今天夜里山草也许就绿起来了吧？就是这点儿幻想不能一时实现，他们也并不着急[(10)]，因为这样慈善的冬天，干什么还希望别的呢！

最妙的是下点小雪呀。看吧，山上的矮松越发的青黑，树尖儿上顶//着一髻儿[(11)]白花，好像日本看护妇。山尖儿全白了，给蓝天镶上一道银边。山坡上，有的地方雪厚点儿，有的地方草色还露着[(12)]；这样，一道儿白，一道儿暗黄，给山

们穿上一件带水纹儿的花衣；看着看着，这件花衣好像被风儿吹动，叫你希望看见一点儿更美的山的肌肤。等到快日落的时候，微黄的阳光斜射在山腰上，那点儿薄雪[13]好像忽然害羞，微微露出点儿粉色。就是下小雪吧，济南是受不住大雪的，那些小山太秀气。

——节选自老舍《济南的冬天》

语音提示：

(1)	觉得	jué · dé	(8)	睡着	shuìzhe
(2)	济南	jǐnán	(9)	着落	zhuóluò
(3)	地方	dìfang	(10)	着急	zháojí
(4)	那么	nàme	(11)	一霎儿	yíjìr
(5)	真得	zhēnděi	(12)	露着	lòuzhe
(6)	眼睛	yǎnjing	(13)	薄雪	báoxuě
(7)	暖和	nuǎnhuo			

作品18号——《家乡的桥》

纯朴的家乡村边有一条河，曲曲弯弯[1]，河中架一弯石桥，弓样的小桥横跨两岸。

每天，不管是鸡鸣晓月，日丽中天，还是月华泻地，小桥都印下串串足迹，洒落串串汗珠。那是乡亲为了追求多棱[2]的希望，兑现美好的遐想。弯弯小桥，不时荡过轻吟低唱，不时露出舒心的笑容。

因而，我稚小的心灵，曾将心声献给小桥：你是一弯银色的新月，给人间普照光辉；你是一把闪亮的镰刀，割刈着[3]欢笑的花果；你是一根晃悠悠[4]的扁担[5]，挑起[6]了彩色的明天！哦，小桥走进我的梦中。

我在漂泊[7]他乡的岁月，心中总涌动[8]着故乡的河水，梦中总看到弓样的小桥。当我访南疆探北国，眼帘闯进座座雄伟的长桥时，我的梦变得丰满了，增添了赤橙黄绿青蓝紫。

三十多年过去，我带着满头霜花回到故乡，第一紧要的便是去看望小桥。

啊！小桥呢？它躲起来了？河中一道长虹，浴着朝霞熠熠[9]闪光。哦，雄浑的大桥敞开胸怀，汽车的呼啸、摩托的笛音、自行车的叮铃，合奏着进行交响乐；南来的钢筋、花布，北往的柑橙、家禽，绘出交流欢悦图……

啊！蜕变[10]的桥，传递了家乡进步的消息，透露了家乡富裕的声音。时代的春风，美好的追求，我蓦地记起儿时唱//给小桥的歌，哦，明艳艳的太阳照耀了，芳香甜蜜的花果捧来了，五彩斑斓的岁月拉开了！

我心中涌动的河水，激荡起甜美的浪花。我仰望一碧蓝天，心底轻声呼喊：家乡的桥啊，我梦中的桥！

——节选自郑莹《家乡的桥》

语音提示：

(1) 曲曲弯弯 qūqūwānwān
(2) 多棱 duōléng
(3) 割刈着 gēyìzhe
(4) 晃悠悠 huàngyōuyōu
(5) 扁担 biǎndan
(6) 挑起 tiāoqǐ
(7) 漂泊 piāobó
(8) 涌动 yǒngdòng
(9) 熠熠 yìyì
(10) 蜕变 tuìbiàn

作品 19 号——《坚守你的高贵》

三百多年前，建筑设计师莱伊恩受命设计了英国温泽市政府大厅。他运用工程力学的知识[1]，依据自己多年的实践，巧妙地设计了只用一根柱子支撑的大厅天花板。一年以后，市政府权威人士进行工程验收时，却说只用一根柱子支撑天花板太危险，要求莱伊恩再多加几根柱子。

莱伊恩自信只要一根坚固的柱子足以保证大厅安全，他的“固执”惹恼[2]了市政官员，险些被送上法庭。他非常苦恼，坚持自己原先的主张吧，市政官员肯定会另找人修改设计；不坚持吧，又有悖[3]自己为人的准则。矛盾了很长一段时间，莱伊恩终于想出了一条妙计，他在大厅里增加了四根柱子，不过这些柱子并未与天花板接触，只不过是装装[4]样子。

三百多年过去了，这个秘密始终没有被人发现。直到前两年，市政府准备修缮[5]大厅的天花板，才发现莱伊恩当年的“弄虚作假”。消息传出后，世界各国的建筑专家和游客云集，当地政府对此也不加掩饰，在新世纪到来之际，特意将大厅作为一个旅游景点对外开放，旨在引导人们崇尚和相信科学。

作为一名建筑师，莱伊恩并不是最出色的。但作为一个人，他无疑非常伟大。这种//伟大表现在他始终恪守[6]着自己的原则，给高贵的心灵一个美丽的住所，哪怕是遭遇到最大的阻力，也要想办法抵达胜利。

——节选自游宇明《坚守你的高贵》

语音提示：

(1) 知识 zhīshi
(2) 惹恼 rěnǎo
(3) 悖 bèi
(4) 装装 zhuāngzhuang

(5) 修缮 xiūshàn　　(6) 恪守 kèshǒu

作品 20 号——《金子》

自从传言有人在萨文河畔[1]散步时无意发现了金子后，这里便常有来自四面八方的淘金者。他们都想成为富翁，于是寻遍了整个河床，还在河床上挖出很多大坑，希望借助它们找到更多的金子。的确，有一些人找到了，但另外一些人因为一无所得而只好扫兴归去。

也有不甘心落空的，便驻扎[2]在这里，继续寻找。彼得·弗雷特就是其中一员。他在河床附近买了一块没人要的土地，一个人默默地工作。他为了找金子，已把所有的钱都押在这块土地上。他埋头苦干了几个月，直到土地全变成了坑坑洼洼[3]，他失望了——他翻遍了整块土地，但连一丁点儿金子都没看见。

六个月后，他连买面包的钱都没有了。于是他准备离开这儿到别处去谋生。

就在他即将离去的前一个晚上，天下起了倾盆大雨，并且一下就是三天三夜。雨终于停了，彼得走出小木屋，发现眼前的土地看上去好像和以前不一样：坑坑洼洼已被大水冲刷平整，松软的土地上长出一层绿茸茸[4]的小草。

“这里没找到金子，”彼得忽有所悟地说，“但这土地很肥沃，我可以用来种花，并且拿到镇上去卖给那些富人，他们一定会买些花装扮他们华丽的客厅。如果真是这样的话，那么我一定会赚许多钱。有朝一日我也会成为富人……”

于是他留了下来。彼得花了不少精力培育花苗，不久田地里长满了美丽鲜艳的各色鲜花。

五年以后，彼得终于实现了他的梦想——成了一个富翁。“我是唯一的一个找到真金的人！”他时常不无骄傲地告诉别人，“别人在这儿找不到金子后便远远地离开，而我的‘金子’是在这块土地里，只有诚实的人用勤劳才能采集到。”

——节选自陶猛译《金子》

语音提示：

(1) 河畔　hépàn　　(3) 坑坑洼洼 kēngkengwāwā
(2) 驻扎　zhùzhā　　(4) 绿茸茸　lùróngróng

作品 21 号——《捐诚》

我在加拿大学习期间遇到过两次募捐，那情景至今使我难以忘怀。

一天，我在渥太华的街上被两个男孩子拦住去路。他们十来岁，穿得整整齐齐，每人头上戴着个做工精巧、色彩鲜艳的纸帽，上面写着“为帮助患小儿麻痹(1)的伙伴募捐。”其中的一个，不由分说就坐在小凳上给我擦起皮鞋来，另一个则彬彬有礼地发问：“小姐，您是哪国人？喜欢渥太华吗？”“小姐，在你们国家有没有小孩儿患小儿麻痹？谁给他们医疗费？”一连串的问题，使我这个有生以来头一次在众目睽睽(2)之下让别人擦鞋的异乡人，从近乎狼狈的窘态(3)中解脱出来。我们像朋友一样聊起天儿来……

几个月之后，也是在街上。一些十字路口处或车站坐着几位老人。他们满头银发，身穿各种老式军装，上面布满了大大小小形形色色的徽章、奖章，每人手捧一大束鲜花，有水仙、石竹、玫瑰(4)及叫不出名字的，一色雪白。匆匆过往的行人纷纷止步，把钱投进这些老人身旁的白色木箱内，然后向他们微微鞠躬，从他们手中接过一朵花。我看了一会儿，有人投一两元，有人投几百元，还有人掏出支票填好后投进木箱。那些老军人毫不注意人们捐多少钱，一直不//停地向人们低声道谢。同行的朋友告诉我，这是为纪念二次大战中参战的勇士，募捐救济残废军人和烈士遗孀(5)，每年一次；认捐的人可谓踊跃，而且秩序井然，气氛(6)庄严。有些地方，人们还耐心地排着队。我想，这是因为他们都知道：正是这些老人们的流血(7)牺牲换来了包括他们信仰自由在内的许许多多。

我两次把那微不足道的一点儿钱捧给他们，只想对他们说声“谢谢”。

——节选自青白《捐诚》

语音提示：

(1) 麻痹　mábì
(2) 众目睽睽　zhòngmùkuíkuí
(3) 窘态　jiǒngtài
(4) 玫瑰　méi・guī
(5) 遗孀　yíshuāng
(6) 气氛　qì・fēn
(7) 流血　liúxuè

作品 22 号——《可爱的小鸟》

没有一片绿叶，没有一缕炊烟，没有一粒泥土，没有一丝花香，只有水的世界，云的海洋。

一阵台风袭过，一只孤单的小鸟无家可归，落到被卷到洋里的木板上，乘流而下，姗姗(1)而来，近了，近了！……

忽然，小鸟张开翅膀(2)，在人们头顶盘旋了几圈儿，“扑棱(3)”一声落到了船上。许是累了？还是发现了“新大陆”？水手撵(4)它，它不走，抓它，它乖乖地落在掌心。可爱的小鸟和善良的水手结成了朋友。

瞧，它多美丽，娇巧的小嘴，啄理[5]着绿色的羽毛，鸭子样的扁脚，呈现出春草的鹅黄。水手们把它带到舱里，给它"搭铺"，让它在船上安家落户，每天，把分到的一塑料筒淡水匀给它喝，把从祖国带来的鲜美的鱼肉分给它吃。天长日久，小鸟和水手的感情日趋笃厚[6]。清晨，当第一束阳光射进舷窗时，它便敞开美丽的歌喉，唱啊唱，嘤嘤[7]有韵，宛如春水淙淙[8]。人类给它以生命，它毫不悭吝[9]地把自己的艺术青春奉献给了哺育它的人。可能都是这样？艺术家们的青春只会献给尊敬他们的人。

小鸟给远航生活蒙上了一层浪漫色调。返航时，人们爱不释手，恋恋不舍地想把它带到异乡。可小鸟憔悴[10]了，给水，不喝！喂肉，不吃！油亮的羽毛失去了光泽。是啊，我//们有自己的祖国，小鸟也有它的归宿，人和动物都是一样啊，哪儿也不如故乡好！

慈爱的水手们决定放开它，让它回到大海的摇篮去，回到蓝色的故乡去。离别前，这个大自然的朋友与水手们留影纪念。它站在许多人的头上，肩上，掌上，胳膊上，与喂养过它的人们，一起融进那蓝色的画面……

——节选自王文杰《可爱的小鸟》

语音提示：

(1) 姗姗 shānshān
(2) 翅膀 chìbǎng
(3) 扑棱 pūlēng
(4) 撵 niǎn
(5) 啄理 zhuólǐ
(6) 笃厚 dǔhòu
(7) 嘤嘤 yīngyīng
(8) 淙淙 cóngcóng
(9) 悭吝 qiānlìn
(10) 憔悴 qiáocuì

作品 23 号——《课不能停》

纽约的冬天常有大风雪，扑面的雪花不但令人难以睁开眼睛，甚至呼吸都会吸入冰冷的雪花。有时前一天晚上还是一片晴朗，第二天拉开窗帘，却已经积雪盈尺[1]，连门都推不开了。

遇到这样的情况，公司、商店常会停止上班，学校也通过广播，宣布停课。但令人不解的是，唯有公立小学，仍然[2]开放。只见黄色的校车，艰难地在路边接孩子，老师则一大早就口中喷着热气，铲去[3]车子前后的积雪，小心翼翼地开车去学校。

据统计，十年来纽约的公立小学只因为超级暴风雪停过七次课。这是多么令人惊讶的事。犯得着在大人都无须上班的时候让孩子去学校吗？小学的老师也太倒霉了吧？

于是，每逢大雪而小学不停课时，都有家长打电话去骂。妙的是，每个打电话的人，反应全一样——先是怒气冲冲[4]地责问，然后满口道歉，最后笑容满面地挂上电话。原因是，学校告诉家长：

在纽约有许多百万富翁，但也有不少贫困的家庭。后者白天开不起暖气，供不起[5]午餐，孩子的营养全靠学校里免费的中饭，甚至可以多拿些回家当晚[9]餐。学校停课一天，穷孩子就受一天冻，挨[6]一天饿，所以老师们宁愿[10]自己苦一点儿，也不能停//课。

或许有家长会说：何不让富裕的孩子在家里，让贫穷的孩子去学校享受暖气和营养午餐呢？

学校的答复是：我们不愿让那些穷苦的孩子感到他们是在接受救济，因为[7]施舍[8]的最高原则是保持受施者的尊严。

——节选自（台湾）刘墉《课不能停》

语音提示：

(1) 盈尺	yíngchǐ	(6) 挨	ái
(2) 仍然	réngrán	(7) 因为	yīn · wèi
(3) 铲去	chǎnqù	(8) 施舍	shīshě
(4) 怒气冲冲	nùqìchōngchōng	(9) 当晚	dàngwǎn
(5) 供不起	gōng · bùqǐ	(10) 宁愿	nìngyuàn

作品 24 号——《莲花和樱花》

十年，在历史上不过是一瞬间。只要稍加注意[1]，人们就会发现：在这一瞬间里，各种事物都悄悄经历了自己的千变万化。

这次重新访日，我处处感到亲切和熟悉，也在许多方面发觉了日本的变化。就拿奈良的一个角落来说吧，我重游了为之感受很深的唐招提寺，在寺内各处匆匆走了一遍，庭院依旧，但意想不到还看到了一些新的东西。其中之一，就是近几年从中国移植来的“友谊[2]之莲”。

在存放鉴真遗像的那个院子里，几株中国莲昂然[3]挺立，翠绿的宽大荷叶正迎风而舞，显得十分愉快。开花的季节已过，荷花朵朵已变为莲蓬累累。莲子的颜色正在由青转紫，看来已经成熟了。

我禁不住[4]想：“因”已转化为“果”。

中国的莲花开在日本，日本的樱花开在中国，这不是偶然。我希望这样一种盛况延续不衰。可能有人不欣赏花，但决不会有人欣赏落在自己面前的炮弹。

在这些日子里，我看到了不少多年不见的老朋友，又结识了一些新朋友。

大家喜欢涉及的话题之一，就是古长安和古奈良。那还用得着问吗，朋友们缅怀过去，正是瞩望(5)未来。瞩目于未来的人们必将获得未来。

我不例外，也希望一个美好的未来。

为//了中日人民之间的友谊，我将不浪费今后生命的每一瞬间。

——节选自严文井《莲花和樱花》

语音提示：

(1) 注意　zhùyì

(2) 友谊　yǒuyì

(3) 昂然　ángrán

(4) 禁不住 jīn・bùzhù

(5) 瞩望　zhǔwàng

作品 25 号——《绿》

梅雨潭闪闪的绿色招引着我们，我们开始追捉(1)她那离合的神光了。揪着(2)草，攀着乱石，小心探身下去，又鞠躬(3)过了一个石穹门(4)，便到了汪汪一碧的潭边了。

瀑布在襟袖(5)之间，但是我的心中已没有瀑布了。我的心随潭水的绿而摇荡。那醉人的绿呀！仿佛一张极大极大的荷叶铺着，满是奇异的绿呀。我想张开两臂抱住她，但这是怎样一个妄想啊。

站在水边，望到那面，居然觉着(6)有些远呢！这平铺着、厚积着的绿，着实(7)可爱。她松松地皱缬着(8)，像少妇拖着的裙幅(9)；她滑滑的明亮着，像涂了“明油”一般，有鸡蛋清那样软，那样嫩(10)；她又不杂些尘滓(11)，宛然一块温润的碧玉，只清清的一色——但你却看不透她！

我曾见过北京什刹海(12)拂地的绿杨，脱不了鹅黄的底子，似乎太淡了。我又曾见过杭州虎跑寺近旁高峻而深密的“绿壁”，丛叠着无穷的碧草与绿叶的，那又似乎太浓了。其余呢，西湖的波太明了，秦淮河的也太暗了。可爱的，我将什么来比拟(13)你呢？我怎么比拟得出呢？大约潭是很深的，故能蕴蓄着(14)这样奇异的绿；仿佛蔚蓝的天融了一块在里面似的(15)，这才这般的鲜润啊。

那醉人的绿呀！我若能裁你以为带，我将赠给那轻盈的//舞女，她必能临风飘举了。我若能挹(16)你以为眼，我将赠给那善歌的盲妹，她必明眸善睐(17)了。我舍不得你，我怎舍得你呢？我用手拍着你，抚摩着你，如同一个十二三岁的小姑娘。我又掬(18)你入口，便是吻着她了。我送你一个名字，我从此叫你“女儿绿”，好吗？

第二次到仙岩的时候，我不禁惊诧于梅雨潭的绿了。

——节选自朱自清《绿》

语音提示：

(1) 追捉 zhuīzhuō
(2) 揪着 jiūzhe
(3) 鞠躬 jūgōng
(4) 石穹门 shíqióngmén
(5) 襟袖 jīnxiù
(6) 觉着 juézhe
(7) 着实 zhuóshí
(8) 皱缬着 zhòuxiézhe
(9) 裙幅 qúnfú
(10) 嫩 nèn
(11) 尘滓 chénzǐ
(12) 什刹海 shíchàhǎi
(13) 比拟 bǐnǐ
(14) 蕴蓄着 yùnxùzhe
(15) 似的 shìde
(16) 挹 yì
(17) 明眸善睐 míngmóushànlài
(18) 掬 jū

作品 26 号——《落花生》

我们家的后园有半亩空地(1)，母亲说："让它荒着怪可惜的，你们那么爱吃花生，就开辟出来种花生吧。"我们姐弟几个都很高兴，买种(2)，翻地，播种(3)，浇水，没过几个月，居然收获了。

母亲说："今晚我们过一个收获节，请你们父亲也来尝尝(4)我们的新花生，好不好？"我们都说好。母亲把花生做成了好几样食品，还吩咐(5)就在后园的茅亭里过这个节。

晚上天色不太好，可是父亲也来了，实在很难得。

父亲说："你们爱吃花生吗？"

我们争着答应(6)："爱！"

"谁能把花生的好处说出来？"

姐姐说："花生的味美。"

哥哥说："花生可以榨(7)油。"

我说："花生的价钱便宜(8)，谁都可以买来吃，都喜欢吃。这就是它的好处。"

父亲说："花生的好处很多，有一样最可贵：它的果实埋在地里，不像桃子、石榴(9)、苹果那样，把鲜红嫩绿的果实高高地挂在枝头上，使人一见就生爱慕之心。你们看它矮矮地长在地上，等到成熟了，也不能立刻分辨出来它有没有果实，必须挖出来才知道。"

我们都说是，母亲也点点头。

父亲接下去说："所以你们要像花生，它虽然不好看，可是很有用，不是外表好看而没有实用的东西。"

我说："那么，人要做有用的人，不要做只讲体面，而对别人没有好处的人了。"//

父亲说："对。这是我对你们的希望。"

我们谈到夜深才散。花生做的食品都吃完了，父亲的话却深深地印在我的心上。

——节选自许地山《落花生》

语音提示：

(1) 空地 kòngdì

(2) 买种 mǎizhǒng

(3) 播种 bōzhǒng

(4) 尝尝 chángchang

(5) 吩咐 fēn · fù

(6) 答应 dāying

(7) 榨 zhà

(8) 便宜 piányi

(9) 石榴 shíliu

作品 27 号——《麻雀》

我打猎归来，沿着花园的林荫路走着。狗跑在我前边。

突然，狗放慢脚步，蹑足潜行(1)，好像嗅到了前边有什么野物。

我顺着林荫路望去，看见了一只嘴边还带黄色、头上生着柔毛的小麻雀。风猛烈地吹打着林荫路上的白桦树，麻雀从巢里(2)跌落下来，呆呆地伏在地上，孤立无援地张开两只羽毛还未丰满的小翅膀。

我的狗慢慢向它靠近。忽然，从附近一棵树上飞下一只黑胸脯的老麻雀，像一颗石子似的(3)落到狗的跟前。老麻雀全身倒竖着羽毛，惊恐万状，发出绝望、凄惨的叫声，接着向露出牙齿、大张着的狗嘴扑去。

老麻雀是猛扑下来救护幼雀的。它用身体掩护着自己的幼儿……但它整个小小的身体因恐怖而战栗着(4)，它小小的声音也变得粗暴嘶哑(5)，它在牺牲自己！

在它看来，狗该是多么庞大的怪物啊！然而，它还是不能站在自己高高的、安全的树枝上……一种比它的理智更强烈的力量，使它从那儿扑下身来。

我的狗站住了，向后退了退……看来，它也感到了这种力量。

我赶紧唤住惊慌失措的狗，然后我怀着崇敬(6)的心情，走开了。

是啊，请不要见笑。我崇敬那只小小的、英勇的鸟儿，我崇敬它那种爱的冲动和力量。

爱，我想，比//死和死的恐惧更强大。只有依靠它，依靠这种爱，生命才能维持下去，发展下去。

——节选自[俄]屠格涅夫《麻雀》，巴金译

语音提示：

(1) 潜行 qiánxíng
(2) 巢里 cháo·lǐ
(3) 似的 shìde
(4) 战栗着 zhànlìzhe
(5) 嘶哑 sīyǎ
(6) 崇敬 chóngjìng

作品 28 号——《迷途笛音》

那年我六岁。离我家仅一箭之遥的小山坡旁，有一个早已被废弃的采石场，双亲从来不准我去那儿，其实那儿风景十分迷人。

一个夏季的下午，我随着一群小伙伴偷偷上那儿去了。就在我们穿越了一条孤寂的小路后，他们却把我一个人留在原地，然后奔(1)向“更危险的地带”了。

等他们走后，我惊慌失措(2)地发现，再也找不到要回家的那条孤寂的小道了。像只无头的苍蝇(3)，我到处乱钻，衣裤上挂满了芒刺。太阳已经落山，而此时此刻，家里一定开始吃晚餐了，双亲正盼着我回家……想着想着，我不由得背靠着一棵树，伤心地呜呜大哭起来……

突然，不远处传来了声声柳笛。我像找到了救星，急忙循声(4)走去。一条小道边的树桩上坐着一位吹笛人，手里还正削(5)着什么。走近细看，他不就是被大家称为“乡巴佬儿”的卡廷吗？

“你好，小家伙儿，”卡廷说，“看天气多美，你是出来散步的吧？”

我怯生生(6)地点点头，答道：“我要回家了。”

“请耐心等上几分钟，”卡廷说，“瞧，我正在削一支柳笛，差不多就要做好了，完工后就送给你吧！”

卡廷边削边不时把尚未成形的柳笛放在嘴里试吹一下。没过多久，一支柳笛便递到我手中。我俩在一阵阵清脆悦耳的笛音//中，踏上了归途……

当时，我心中只充满感激，而今天，当我自己也成了祖父时，却突然领悟到他用心之良苦！那天当他听到我的哭声时，便判定我一定迷了路，但他并不想在孩子面前扮演“救星”的角色(7)，于是吹响柳笛以便让我能发现他，并跟着他走出困境！卡廷先生(8)以乡下人的纯朴，保护了一个小男孩强烈的自尊。

——节选自唐若水译《迷途笛音》

语音提示：

(1) 奔 bēn
(2) 惊慌失措 jīnghuāngshīcuò
(3) 苍蝇 cāngying
(4) 循声 xúnshēng
(5) 削 xiāo
(6) 怯生生 qièshēngshēng

(7) 角色　　juésè　　　　　　　　(8) 先生　　xiānsheng

作品 29 号——《莫高窟》

在浩瀚无垠的沙漠里,有一片美丽的绿洲,绿洲里藏着[1]一颗闪光的珍珠。这颗珍珠就是敦煌莫高窟。它坐落在我国甘肃省敦煌市三危山和鸣沙山的怀抱中。

鸣沙山东麓[2]是平均高度为十七米的崖壁。在一千六百多米长的崖壁上,凿[3]有大小洞窟七百余个,形成了规模宏伟的石窟群。其中四百九十二个洞窟中,共有彩色塑像两千一百余尊,各种壁画共四万五千多平方米。莫高窟是我国古代无数艺术匠师留给人类的珍贵文化遗产。

莫高窟的彩塑,每一尊都是一件精美的艺术品。最大的有九层楼那么高,最小的还不如一个手掌大。这些彩塑个性鲜明,神态各异。有慈眉善目的菩萨,有威风凛凛的天王,还有强壮勇猛的力士……

莫高窟壁画的内容丰富多彩,有的是描绘古代劳动人民打猎、捕鱼[4]、耕田、收割的情景,有的是描绘人们奏乐、舞蹈、演杂技的场面,还有的是描绘大自然的美丽风光。其中最引人注目的是飞天。壁画上的飞天,有的臂挎[5]花篮,采摘[6]鲜花;有的反弹琵琶[7],轻拨银弦[8];有的倒悬身子,自天而降;有的彩带飘拂[9],漫天遨游[10];有的舒展着双臂,翩翩起舞。看着这些精美动人的壁画,就像走进了//灿烂辉煌的艺术殿堂。

莫高窟里还有一个面积不大的洞窟——藏经洞。洞里曾藏有我国古代的各种经卷、文书、帛画、刺绣、铜像等共六万多件。由于清朝政府腐败无能,大量珍贵的文物被外国强盗掠走。仅存的部分经卷,现在陈列于北京故宫等处。

莫高窟是举世闻名的艺术宝库。这里的每一尊彩塑、每一幅壁画、每一件文物,都是中国古代人民智慧的结晶。

——节选自小学《语文》第六册中《莫高窟》

语音提示:

(1) 藏着 cángzhe　　　　　　(6) 采摘 cǎizhāi
(2) 麓　lù　　　　　　　　　(7) 琵琶 pí · pá
(3) 凿　záo　　　　　　　　 (8) 弦　xián
(4) 捕鱼 bǔyú　　　　　　　　(9) 飘拂 piāofú
(5) 挎　kuà　　　　　　　　 (10) 遨游 áoyóu

作品 30 号——《牡丹的拒绝》

其实你在很久以前并不喜欢[1]牡丹，因为它总被人作为富贵膜拜[2]。后来你目睹了一次牡丹的落花，你相信所有的人都会为之感动：一阵清风徐来，娇艳鲜嫩的盛期牡丹忽然整朵整朵地坠落[3]，铺撒[4]一地绚丽的花瓣。那花瓣落地时依然鲜艳夺目，如同一只奉上祭坛的大鸟脱落的羽毛，低吟着[5]壮烈的悲歌离去。

牡丹没有花谢花败之时，要么烁于[6]枝头，要么归于泥土，它跨越委顿[7]和衰老，由青春而死亡，由美丽而消遁[8]。它虽美却不吝惜[9]生命，即使告别也要展示给人最后一次的惊心动魄。

所以在这阴冷的四月里，奇迹不会发生。任凭游人扫兴和诅咒，牡丹依然安之若素。它不苟且[10]、不俯就、不妥协、不媚俗[11]，甘愿自己冷落自己。它遵循自己的花期自己的规律，它有权利为自己选择每年一度的盛大节日。它为什么不拒绝寒冷？

天南海北的看花人，依然络绎不绝地涌入洛阳城。人们不会因牡丹的拒绝而拒绝它的美。如果它再被贬谪[12]十次，也许它就会繁衍出十个洛阳牡丹城。

于是你在无言的遗憾中感悟到，富贵与高贵只是一字之差。同人一样，花儿也是有灵性的，更有品位之高低。品位这东西为气为魂为//筋骨为神韵，只可意会。你叹服牡丹卓尔不群之姿，方知品位是多么容易被世人忽略或是漠视的美。

——节选自张抗抗《牡丹的拒绝》

语音提示：

(1) 喜欢 xǐhuan
(2) 膜拜 móbài
(3) 坠落 zhuìluò
(4) 铺撒 pūsǎ
(5) 吟着 yínzhe
(6) 烁于 shuòyú
(7) 委顿 wěidùn
(8) 消遁 xiāodùn
(9) 吝惜 lìnxī
(10) 苟且 gǒuqiě
(11) 媚俗 mèisú
(12) 贬谪 biǎnzhé

作品 31 号——《“能吞能吐”的森林》

森林涵养水源，保持水土，防止水旱灾害的作用非常大。据专家测算，一片十万亩面积的森林，相当于一个两百万立方米的水库，这正如农谚[1]所说的：“山上多栽树，等于修水库。雨多它能吞，雨少它能吐[2]。”

说起森林的功劳，那还多得很。它除了为人类提供木材及许多种生产、生活的原料之外，在维护生态环境方面也是功劳卓著。它用另一种“能吞能吐”的特殊功能孕育了人类。因为地球在形成之初，大气中的二氧化碳含量很高，氧气很少，气温也高，生物是难以生存的。大约在四亿年之前，陆地才产生了森林。森林慢慢将大气中的二氧化碳吸收，同时吐出新鲜氧气，调节气温：这才具备了人类生存的条件，地球上才最终有了人类。

森林，是地球生态系统的主体，是大自然的总调度室[3]，是地球的绿色之肺。森林维护地球生态环境的这种“能吞能吐”的特殊功能是其他任何物体都不能取代的。然而，由于地球上的燃烧物增多，二氧化碳的排放量急剧增加，使得地球生态环境急剧恶化，主要表现为全球气候变暖，水分蒸发加快，改变了气流的循环，使气候变化加剧，从而引发热浪、飓风[4]、暴雨、洪涝及干旱。

为了//使地球的这个“能吞能吐”的绿色之肺恢复健壮，以改善生态环境，抑制全球变暖，减少水旱等自然灾害，我们应该大力造林、护林，使每一座荒山都绿起来。

——节选自《中考语文课外阅读试题精选》中《“能吞能吐”的森林》

语音提示：

(1) 农谚 nóngyàn　　(3) 调度室 diàodùshì

(2) 吐 tǔ　　(4) 飓风 jùfēng

作品 32 号——《朋友和其他》

朋友即将远行。

暮春时节，又邀了几位朋友在家小聚。虽然都是极熟[1]的朋友，却是终年难得一见，偶尔电话里相遇，也无非是几句寻常话。一锅小米稀饭，一碟大头菜，一盘自家酿制[2]的泡菜，一只巷口买回的烤鸭，简简单单，不像请客，倒像家人团聚。

其实，友情也好，爱情也好，久而久之都会转化为亲情。

说也奇怪，和新朋友会谈文学、谈哲学、谈人生道理等等，和老朋友却只话家常，柴米油盐，细细碎碎，种种琐事[3]。很多时候，心灵的契合[4]已经不需要太多的言语来表达。

朋友新烫了个头，不敢回家见母亲，恐怕惊骇[5]了老人家，却欢天喜地来见我们，老朋友颇[6]能以一种趣味性的眼光欣赏这个改变。

年少的时候，我们差[7]不多都在为别人而活，为苦口婆心的父母活，为循循善诱[8]的师长活，为许多观念、许多传统的约束力而活。年岁逐增，渐渐挣脱[9]外在的限制与束缚[10]，开始懂得为自己活，照自己的方式做一些自己喜欢的事，不在乎别人的批评意见，不在乎别人的诋毁流言，只在乎那一份随心所欲的舒坦自然。偶尔，也能够纵容自己放浪一下，并且有一种恶作剧的窃喜。

就让生命顺其自然，水到渠成吧，犹如窗前的//乌桕[11]，自生自落之间，自有一份圆融丰满的喜悦。春雨轻轻落着，没有诗，没有酒，有的只是一份相知相属[12]的自在自得。

夜色在笑语中渐渐沉落，朋友起身告辞，没有挽留，没有送别，甚至也没有问归期。

已经过了大喜大悲的岁月，已经过了伤感流泪的年华，知道了聚散原来是这样的自然和顺理成章，懂得这点，便懂得珍惜每一次相聚的温馨，离别便也欢喜。

——节选自（台湾）杏林子《朋友和其他》

语音提示：

(1)	熟	shú	(7)	差	chà
(2)	酿制	niàngzhì	(8)	循循善诱	xúnxúnshànyòu
(3)	琐事	suǒshì	(9)	挣脱	zhèngtuō
(4)	契合	qìhé	(10)	束缚	shùfù
(5)	惊骇	jīnghài	(11)	乌桕	wūjiù
(6)	颇	pō	(12)	相知相属	xiāngzhīxiāngzhǔ

作品 33 号——《散步》

我们在田野散步：我，我的母亲，我的妻子和儿子[1]。

母亲本不愿出来的。她老了，身体不好，走远一点儿就觉得很累。我说，正因为如此，才应该多走走[2]。母亲信服地点点头，便去拿外套。她现在很听我的话，就像我小时候很听她的话一样。

这南方初春的田野，大块小块的新绿随意地铺着，有的浓，有的淡，树上的嫩芽[3]也密了，田里的冬水也咕咕地起着水泡。这一切都使人想着一样东西[4]——生命。

我和母亲走在前面，我的妻子和儿子走在后面。小家伙[5]突然叫起来："前面是妈妈和儿子，后面也是妈妈和儿子。"我们都笑了。

后来发生了分歧[6]：母亲要走大路，大路平顺；我的儿子要走小路，小路有意思。不过，一切都取决于我。我的母亲老了，她早已习惯听从她强壮的儿子；

我的儿子还小，他还习惯听从他高大的父亲；妻子呢，在外面，她总是听我的。一霎时[7]我感到了责任的重大。我想找一个两全的办法，找不出；我想拆散[8]一家人，分成两路，各得其所，终不愿意。我决定委屈儿子，因为我伴同他的时日还长。我说："走大路。"

但是母亲摸摸孙儿的小脑瓜[9]，变了主意[10]："还是走小路吧。"她的眼随小路望去：那里有金色的菜花，两行整齐的桑树，//尽头一口水波粼粼的鱼塘。"我走不过去的地方，你就背着我。"母亲对我说。

这样，我们在阳光下，向着那菜花、桑树和鱼塘走去。到了一处，我蹲下来，背[11]起了母亲；妻子也蹲下来，背起了儿子。我和妻子都是慢慢地，稳稳地，走得很仔细，好像我背上[12]的同她背上的加起来，就是整个世界。

——节选自莫怀戚《散步》

语音提示：

(1)	儿子	érzi	(7)	霎时	shàshí
(2)	走走	zǒuzou	(8)	拆散	chāisàn
(3)	嫩芽	nènyá	(9)	小脑瓜儿	xiǎonǎoguār
(4)	东西	dōngxi	(10)	主意	zhǔyi
(5)	小家伙	xiǎojiāhuo	(11)	背	bēi
(6)	分歧	fēnqí	(12)	背上	bèi·shàng

作品 34 号——《神秘的"无底洞"》

地球上是否真的存在"无底洞"？按说[1]地球是圆的，由地壳[2]、地幔和地核三层组成，真正的"无底洞"是不应存在的，我们所看到的各种山洞、裂口、裂缝，甚至火山口也都只是地壳浅部的一种现象。然而中国一些古籍却多次提到海外有个深奥莫测的无底洞。事实上地球上确实有这样一个"无底洞"。

它位于希腊亚各斯古城的海滨。由于濒临[3]大海，大涨潮[4]时，汹涌的海水便会排山倒海般地涌入洞中，形成一股湍湍[5]的急流。据测，每天流入洞内的海水量达三万多吨。奇怪的是，如此大量的海水灌入洞中，却从来没有把洞灌满。曾有人怀疑，这个"无底洞"，会不会就像石灰岩地区的漏斗、竖井、落水洞一类的地形。然而从 20 世纪 30 年代以来，人们就做了多种努力企图寻找它的出口，却都是枉费心机[6]。

为了揭开这个秘密，1958 年美国地理学会派出一支考察队，他们把一种经久不变的带色染料溶解在海水中，观察染料是如何随着海水一起沉下去。接着又察看了附近海面以及岛上的各条河、湖，满怀希望地寻找这种带颜色的水，结果令人

失望。难道是海水量太大把有色水稀释得太淡，以致无法发现？//

至今谁也不知道为什么这里的海水会没完没了地“漏”下去，这个“无底洞”的出口又在哪里，每天大量的海水究竟都流到哪里去了？

——节选自罗伯特·罗威尔《神秘的“无底洞”》

语音提示：

(1) 按说 ànshuō
(2) 地壳 dìqiào
(3) 濒临 bīnlín
(4) 涨潮 zhǎngcháo
(5) 湍湍 tuāntuān
(6) 枉费心机 wǎngfèixīnjī

作品 35 号——《世间最美的坟墓》

我在俄国见到的景物再没有比托尔斯泰墓更宏伟、更感人的。

完全按照托尔斯泰的愿望，他的坟墓成了世间最美的，给人印象最深刻的坟墓。它只是树林中的一个小小的长方形土丘，上面开满鲜花——没有十字架，没有墓碑，没有墓志铭，连托尔斯泰这个名字也没有。

这位比谁都感到受自己的声名所累(1)的伟人，却像偶尔被发现的流浪汉，不为人知的士兵，不留名姓地被人埋葬了。谁都可以踏进他最后的安息地，围在四周稀疏的木栅栏(2)是不关闭的——保护列夫·托尔斯泰得以安息的没有任何别的东西，唯有人们的敬意；而通常，人们却总是怀着好奇，去破坏伟人墓地的宁静。

这里，逼人的朴素禁锢(3)住任何一种观赏的闲情，并且不容许你大声说话。风儿俯临，在这座无名者之墓的树木之间飒飒(4)响着，和暖的阳光在坟头嬉戏；冬天，白雪温柔地覆盖这片幽暗的土地。无论你在夏天或冬天经过这儿，你都想像不到，这个小小的、隆起的长方体里安放着一位当代最伟大的人物。

然而，恰恰是这座不留姓名的坟墓，比所有挖空心思用大理石和奢华装饰建造的坟墓更扣人心弦(5)。在今天这个特殊的日子//里，到他的安息地来的成百上千人中间，没有一个有勇气，哪怕仅仅从这幽暗的土丘上摘下一朵花留作纪念。人们重新感到，世界上再没有比托尔斯泰最后留下的、这座纪念碑式的朴素坟墓，更打动人心的了。

——节选自[奥]茨威格《世间最美的坟墓》，张厚仁译

语音提示：

(1) 所累 suǒlěi
(2) 木栅栏 mùzhàlan
(3) 禁锢 jìngù
(4) 飒飒 sàsà
(5) 心弦 xīnxián

作品 36 号——《苏州园林》

我国的建筑，从古代的宫殿到近代的一般住房，绝大部分是对称[1]的，左边怎么样，右边怎么样。苏州园林可绝不讲究对称，好像故意避免似的[2]。东边有了一个亭子或者一道回廊，西边决不会来一个同样的亭子或者一道同样的回廊。这是为什么？我想，用图画来比方，对称的建筑是图案画，不是美术画，而园林是美术画，美术画要求自然之趣，是不讲究对称的。

苏州园林里都有假山和池沼[3]。

假山的堆叠，可以说是一项艺术而不仅是技术。或者是重峦叠嶂[4]，或者是几座小山配合着竹子花木，全在乎设计者和匠师们生平多阅历，胸中有丘壑[5]，才能使游览者攀登的时候忘却苏州城市，只觉得身在山间。

至于池沼，大多引用活水。有些园林池沼宽敞。就把池沼作为全园的中心，其他景物配合着布置。水面假如成河道模样，往往安排桥梁。假如安排两座以上的桥梁，那就一座一个样，决不雷同。

池沼或河道的边沿很少砌[6]齐整的石岸，总是高低屈曲任其自然。还在那儿布置几块玲珑的石头，或者种些花草。这也是为了取得从各个角度看都成一幅画的效果。池沼里养着金鱼或各色鲤鱼，夏秋季节荷花或睡莲开//放，游览者看“鱼戏莲叶间”，又是入画的一景。

——节选自叶圣陶《苏州园林》

语音提示：

(1) 对称	duìchèn	(4) 重峦叠嶂	chóngluándiézhàng
(2) 似的	shìde	(5) 丘壑	qiūhè
(3) 池沼	chízhǎo	(6) 砌	qì

作品 37 号——《态度创造快乐》

一位访美中国女作家，在纽约遇到一位卖花的老太太。老太太穿着[1]破旧，身体虚弱，但脸上的神情却是那样祥和兴奋[2]。女作家挑了一朵花说：“看起来，你很高兴。”老太太面带微笑地说：“是的，一切都这么美好，我为什么不高兴呢？”“对烦恼，你倒真能看得开。”女作家又说了一句。没料到，老太太的回答更令女作家大吃一惊：“耶稣在星期五被钉上[3]十字架时，是全世界最糟糕的一天，可三天后就是复活节。所以，当我遇到不幸时，就会等待三天，这样一切就恢复正常了。”

“等待三天”，多么富于哲理的话语，多么乐观的生活方式。它把烦恼和痛苦抛下，全力去收获快乐[4]。

沈从文在“文革”期间，陷入了非人的境地。可他毫不在意，他在咸宁时给他的表侄、画家黄永玉写信说：“这里的荷花真好，你若来……”身陷苦难却仍为荷花的盛开欣喜赞叹不已，这是一种趋于澄明(5)的境界，一种旷达洒脱(6)的胸襟，一种面临磨难坦荡从容的气度，一种对生活童子般的热爱和对美好事物无限向往的生命情感。

由此可见，影响一个人快乐的，有时并不是困境及磨难，而是一个人的心态。如果把自己浸泡在积极、乐观、向上的心态中，快乐必然会//占据你的每一天。

——节选自《态度创造快乐》

语音提示：

(1) 穿着 chuānzhuó
(2) 兴奋 xīngfèn
(3) 钉上 dìng · shàng
(4) 快乐 kuàilè
(5) 澄明 chéngmíng
(6) 旷达洒脱 kuàngdásǎtuō

作品 38 号——《泰山极顶》

泰山极顶看日出，历来被描绘成十分壮观的奇景。有人说：登泰山而看不到日出，就像一出大戏没有戏眼，味儿终究有点寡淡。

我去爬山那天，正赶上个难得的好天，万里长空，云彩丝儿都不见。素常，烟雾腾腾的山头，显得眉目分明。同伴们都欣喜地说：“明天早晨准可以看见日出了。”我也是抱着这种想头(1)，爬上山去。

一路从山脚往上爬，细看山景，我觉得挂在眼前的不是五岳独尊的泰山，却像一幅规模惊人的青绿山水画，从下面倒展开来。在画卷中最先露出(2)的是山根底那座明朝建筑岱宗坊(3)，慢慢地便现出王母池、斗母宫、经石峪(4)。山是一层比一层深，一叠比一叠奇，层层叠叠，不知还会有多深多奇。万山丛中，时而点染着极其工细的人物。王母池旁的吕祖殿里有不少尊明塑，塑着吕洞宾等一些人，姿态神情是那样有生气，你看了，不禁(5)会脱口赞叹说：“活啦。”

画卷继续展开，绿阴森森的柏洞(6)露面不太久，便来到对松山。两面奇峰对峙(7)着，满山峰都是奇形怪状的老松，年纪怕都有上千岁了，颜色竟那么浓，浓得好像要流下来似的。来到这儿，你不妨权当(8)一次画里的写意人物，坐在路旁的对松亭里，看看山色，听听流//水和松涛。

一时间，我又觉得自己不仅是在看画卷，却又像是在零零乱乱翻着一卷历史稿本。

——节选自杨朔《泰山极顶》

语音提示：

(1) 想头 xiǎngtou
(2) 露出 lòuchū
(3) 岱宗坊 dàizōngfāng
(4) 经石峪 jīngshíyù
(5) 不禁 bùjīn
(6) 柏洞 bǎidòng
(7) 对峙 duìzhì
(8) 权当 quándàng

作品 39 号——《陶行知的“四块糖果”》

育才小学校长陶行知在校园看到学生王友用泥块砸自己班上的同学，陶行知当即[1]喝止[2]了他，并令他放学后到校长室去。无疑，陶行知是要好好教育这个“顽皮”的学生。那么他是如何教育的呢？

放学后，陶行知来到校长室，王友已经等在门口准备挨训[3]了。可一见面，陶行知却掏出一块糖果送给王友，并说：“这是奖给你的，因为你按时来到这里，而我却迟到了。”王友惊疑地接过糖果。

随后，陶行知又掏出一块糖果放到他手里，说：“这第二块糖果也是奖给你的，因为当我不让你再打人时，你立即就住手了，这说明你很尊重我，我应该奖你。”王友更惊疑了，他眼睛睁得大大的。

陶行知又掏出第三块糖果塞到王友手里，说：“我调查过了，你用泥块砸那些男生，是因为他们不守游戏规则，欺负女生；你砸他们，说明你很正直善良，且有批评不良行为的勇气，应该奖励你啊！”王友感动极了，他流着眼泪后悔地喊道：“陶……陶校长你打我两下吧！我砸的不是坏人，而是自己的同学啊……”

陶行知满意地笑了，他随即掏出第四块糖果递给王友，说：“为你正确地认识错误，我再奖给你一块糖果，只可惜我只有这一块糖果了。我的糖果//没有了，我看我们的谈话也该结束了吧！”说完，就走出了校长室。

——节选自《教师博览 · 百期精华》中《陶行知的“四块糖果”》

语音提示：

(1) 当即 dāngjí
(2) 喝止 hèzhǐ
(3) 挨训 áixùn

作品 40 号——《提醒幸福》

享受幸福是需要学习的，当它即将来临的时刻需要提醒。人可以自然而然地学会感官的享乐，却无法天生地掌握幸福的韵律。灵魂的快意同器官的舒适像一对孪生[1]兄弟，时而相傍相依，时而南辕北辙[2]。

幸福是一种心灵的震颤。它像会倾听[3]音乐的耳朵一样，需要不断地训练。

简而言之，幸福就是没有痛苦的时刻。它出现的频率并不像我们想象的那样少。人们常常只是在幸福的金马车已经驶过去很远时，才拣起地上的金鬃毛[4]说，原来我见过它。

人们喜爱回味幸福的标本，却忽略它披着露水[5]散发清香的时刻。那时候我们往往步履匆匆，瞻前顾后不知在忙着什么。

世上有预报台风的，有预报蝗灾的，有预报瘟疫的，有预报地震的。没有人预报幸福。

其实幸福和世界万物一样，有它的征兆。

幸福常常是朦胧的，很有节制地向我们喷洒甘霖[6]。你不要总希望轰轰烈烈的幸福，它多半只是悄悄地扑面而来。你也不要企图把水龙头拧得更大，那样它会很快地流失。你需要静静地以平和之心，体验它的真谛[7]。

幸福绝大多数是朴素的。它不会像信号弹似的，在很高的天际闪烁红色的光芒。它披着本色的外衣，亲//切温暖地包裹起我们。

幸福不喜欢喧嚣[8]浮华，它常常在暗淡中降临。贫困中相濡以沫[9]的一块糕饼，患难中心心相印的一个眼神，父亲一次粗糙的抚摸，女友一张温馨的字条……这都是千金难买的幸福啊。像一粒粒缀在旧绸子上的红宝石，在凄凉中愈发熠熠[10]夺目。

——选自毕淑敏《提醒幸福》

语音提示：

(1) 孪生 luánshēng
(2) 南辕北辙 nányuánběizhé
(3) 倾听 qīngtīng
(4) 鬃毛 zōngmáo
(5) 露水 lù · shuǐ
(6) 甘霖 gānlín
(7) 真谛 zhēndì
(8) 喧嚣 xuānxiāo
(9) 相濡以沫 xiāngrúyǐmò
(10) 熠熠 yìyì

作品 41 号——《天才的造就》

在里约热内卢的一个贫民窟里，有一个男孩子[1]，他非常喜欢足球，可是又买不起，于是就踢塑料盒，踢汽水瓶，踢从垃圾箱里拣来的椰子壳[2]。他在胡同里踢，在能找到的任何一片空地[3]上踢。

有一天，当他在一处干涸[4]的水塘里猛踢一个猪膀胱[5]时，被一位足球教练看见了。他发现这个男孩儿踢得很像是那么回事，就主动提出要送给他一个足球。小男孩儿得到足球后踢得更卖劲了。不久，他就能准确地把球踢进远处随意摆放的一个水桶里。

圣诞节到了，孩子的妈妈说："我们没有钱买圣诞礼物送给我们的恩人，就让我们为他祈祷[6]吧。"

小男孩儿跟随妈妈祈祷完毕，向妈妈要了一把铲子便跑了出去。他来到一座别墅前的花园里，开始挖坑。

就在他快要挖好坑的时候，从别墅里走出一个人来，问小孩儿在干什么，孩子抬起满是汗珠的脸蛋儿，说："教练，圣诞节到了，我没有礼物送给您，我愿给您的圣诞树挖一个树坑。"

教练把小男孩儿从树坑里拉上来，说，我今天得到了世界上最好的礼物。明天你就到我的训练场去吧。

三年后，这位十七岁的男孩儿在第六届足球锦标赛上独进二十一球，为巴西第一次捧回了金杯。一个原来不//为世人所知的名字——贝利，随之传遍世界。

——节选自刘燕敏《天才的造就》

语音提示：

(1) 男孩子	nánháizi	(4) 干涸	gānhé
(2) 椰子壳	yēzikér	(5) 膀胱	pángguāng
(3) 空地	kòngdì	(6) 祈祷	qídǎo

作品 42 号——《我的母亲独一无二》

记得我十三岁时，和母亲住在法国东南部的耐斯城。母亲没有丈夫[1]，也没有亲戚[2]，够清苦的，但她经常能拿出令人吃惊的东西摆在我面前。她从来不吃肉，一再说自己是素食者。然而有一天，我发现母亲正仔细[3]地用一小块碎面包擦那给我煎牛排用的油锅。我明白了她称自己为[4]素食者的真正原因。

我十六岁时，母亲成了耐斯市美蒙旅馆的女经理。这时，她更忙碌了。一天，她瘫在椅子上，脸色苍白，嘴唇发灰。马上找来医生，做出诊断：她摄取[5]了过多的胰岛素。直到这时我才知道母亲多年一直对我隐瞒[6]的疾痛[7]——糖尿病。

她的头歪向枕头一边，痛苦地用手抓挠[8]胸口。床架上方，则挂着一枚我1932年赢得耐斯市少年乒乓球冠军的银质奖章。

啊，是对我的美好前途的憧憬[9]支撑着她活下去，为了给她那荒唐的梦至少加一点真实的色彩，我只能继续努力，与时间竞争，直至1938年我被征入空军。巴黎很快失陷，我辗转[10]调到英国皇家空军。刚到英国就接到了母亲的来信。这些信是由在瑞士的一个朋友秘密地转到伦敦，送到我手中的。

现在我要回家了，胸前佩戴着醒目的绿黑两色的解放十字绶[11]//带，上面挂着五六枚我终生难忘的勋章，肩上还佩戴着军官肩章。到达旅馆时，没有一个人跟我打招呼[12]。原来，我母亲在三年半以前就已经离开人间了。

在她死前的几天中，她写了近二百五十封信，把这些信交给她在瑞士的朋友，请这个朋友定时寄给我。就这样，在母亲死后的三年半的时间里，我一直从她身上吸取着力量和勇气——这使我能够继续战斗到胜利那一天。

——节选自[法]罗曼·加里《我的母亲独一无二》

语音提示：

(1) 丈夫 zhàngfu
(2) 亲戚 qīnqi
(3) 仔细 zǐxì
(4) 为 wéi
(5) 摄取 shèqǔ
(6) 隐瞒 yǐnmán
(7) 疾痛 jítòng
(8) 抓挠 zhuānao
(9) 憧憬 chōngjǐng
(10) 辗转 zhǎnzhuǎn
(11) 绶 shòu
(12) 招呼 zhāohu

作品 43 号——《我的信念》

生活对于任何人都非易事，我们必须有坚韧不拔的精神。最要紧的，还是我们自己要有信心。我们必须相信，我们对每一件事情都具有天赋的才能，并且，无论付出任何代价，都要把这件事完成。当事情结束的时候，你要能问心无愧地说："我已经尽我所能了。"

有一年的春天，我因病被迫在家里休息数周。我注视着我的女儿们所养的蚕正在结茧[1]，这使我很感兴趣。望着这些蚕执着地、勤奋地工作，我感到我和它们非常相似[2]。像它们一样，我总是耐心地把自己的努力集中在一个目标上。我之所以如此，或许是因为有某种力量在鞭策着我——正如蚕被鞭策着去结茧一般。

近五十年来，我致力于科学研究，而研究，就是对真理的探讨。我有许多美好快乐的记忆。少女时期我在巴黎大学，孤独地过着求学的岁月；在后来献身科学的整个时期，我丈夫和我专心致志，像在梦幻中一般，坐在简陋的书房里艰辛地研究，后来我们就在那里发现了镭。

我永远追求安静的工作和简单的家庭生活。为了实现这个理想，我竭力保持宁静的环境，以免受人事的干扰和盛名的拖累[3]。

我深信，在科学方面我们有对事业而不是//对财富的兴趣。我的唯一奢望是在一个自由国家中，以一个自由学者的身份从事研究工作。

我一直沉醉于世界的优美之中，我所热爱的科学也不断增加它崭新[4]的远景。我认定科学本身就具有伟大的美。

——节选自[波兰]玛丽·居里《我的信念》，剑捷译

语音提示：

(1) 结茧 jiéjiǎn　　(3) 拖累 tuōlěi

(2) 相似 xiāngsì　　(4) 崭新 zhǎnxīn

作品44号——《我为什么当教师》

我为什么非要教书不可？是因为我喜欢当教师的时间安排表和生活节奏。七、八、九三个月给我提供了进行回顾、研究、写作的良机，并将三者有机融合，而善于回顾、研究和总结正是优秀教师素质中不可缺少的成分。

干这行给了我多种多样的“甘泉”去品尝，找优秀的书籍去研读，到“象牙塔”和实际世界里去发现。教学工作给我提供了继续学习的时间保证，以及多种途径、机遇和挑战。

然而，我爱这一行的真正原因，是爱我的学生。学生们在我的眼前成长、变化。当教师意味着亲历“创造”过程的发生——恰似亲手赋予[1]一团泥土以生命，没有什么比目睹它开始呼吸更激动人心的了。

权利我也有了：我有权利去启发诱导，去激发智慧的火花，去问费心思考的问题，去赞扬回答的尝试，去推荐书籍，去指点迷津。还有什么别的权利能与之相比呢？

而且，教书还给我金钱和权利之外的东西，那就是爱心。不仅有对学生的爱，对书籍的爱，对知识的爱，还有教师才能感受到的对“特别”学生的爱。这些学生，有如冥顽不灵[2]的泥块，由于接受了老师的炽爱[3]才勃发了生机。

所以，我爱教书，还因为，在那些勃发生机的“特//别”学生身上，我有时发现自己和他们呼吸相通，忧乐与共。

——节选自[美]彼得·基·贝得勒《我为什么当教师》

语音提示：

(1) 赋予　fùyǔ　　(3) 炽爱　chìài

(2) 冥顽不灵 míngwánbùlíng

作品45号——《西部文化和西部开发》

中国西部我们通常是指黄河与秦岭相连一线以西，包括西北和西南的十二个省、市、自治区。这块广袤[1]的土地面积为五百四十六万平方公里，占国土总

面积的百分之五十七;人口二点八亿,占全国总人口的百分之二十三。

西部是华夏文明的源头。华夏祖先的脚步是顺着水边走的:长江上游出土过元谋人牙齿化石,距今约一百七十万年;黄河中游出土过蓝田人头盖骨,距今约七十万年。这两处古人类都比距今约五十万年的北京猿人资格更老。

西部地区是华夏文明的重要发源地,秦皇汉武以后,东西方文化在这里交汇融合,从而有了丝绸之路的驼铃声声,佛院深寺(2)的暮鼓晨钟。敦煌莫高窟是世界文化史上的一个奇迹,它在继承汉晋艺术传统的基础上,形成了自己兼收并蓄的恢宏(3)气度,展现出精美绝伦的艺术形式和博大精深的文化内涵。秦始皇兵马俑、西夏王陵、楼兰古国、布达拉宫、三星堆、大足石刻等历史文化遗产,同样为世界所瞩目(4),成为中华文化重要的象征。

西部地区又是少数民族及其文化的集萃地(5),几乎包括了我国所有的少数民族。在一些偏远的少数民族地区,仍保留//了一些久远时代的艺术品种,成为珍贵的"活化石",如纳西古乐、戏曲、剪纸、刺绣、岩画等民间艺术和宗教艺术。特色鲜明、丰富多彩,犹如一个巨大的民族民间文化艺术宝库。

我们要充分重视和利用这些得天独厚的资源优势,建立良好的民族民间文化生态环境,为西部大开发作出贡献。

——节选自《中考语文课外阅读试题精选》中《西部文化和西部开发》

语音提示:

(1) 广袤 guǎngmào
(2) 佛院深寺 fóyuànshēnsì
(3) 恢宏 huīhóng
(4) 瞩目 zhǔmù
(5) 集萃地 jícuìdì

作品 46 号——《喜悦》

高兴,这是一种具体的被看得到摸得着的事物所唤起的情绪。它是心理的,更是生理的。它容易来也容易去,谁也不应该对它视而不见失之交臂,谁也不应该总是做那些使自己不高兴也使旁人不高兴的事。让我们说一件最容易做也最令人高兴的事吧,尊重你自己,也尊重别人,这是每一个人的权利,我还要说这是每一个人的义务。

快乐(1),它是一种富有概括性的生存状态、工作状态。它几乎是先验的,它来自生命本身的活力,来自宇宙、地球和人间的吸引,它是世界的丰富、绚丽、阔大、悠久的体现。快乐还是一种力量,是埋在地下的根脉。消灭一个人的快乐比挖掘(2)掉一棵大树的根要难得多。

欢欣,这是一种青春的、诗意的情感。它来自面向着未来伸开双臂奔跑的冲力，它来自一种轻松而又神秘、朦胧而又隐秘[3]的激动，它是激情即将到来的预兆，它又是大雨过后的比下雨还要美妙得多也久远得多的回味。

喜悦，它是一种带有形而上色彩的修养和境界。与其[4]说它是一种情绪，不如说它是一种智慧、一种超拔、一种悲天悯人[5]的宽容和理解，一种饱经沧桑的充实和自信，一种光明的理性，一种坚定//的成熟，一种战胜了烦恼和庸俗的清明澄澈[6]。它是一潭[7]清水，它是一抹[8]朝霞，它是无边的平原，它是沉默的地平线。多一点儿、再多一点儿喜悦吧，它是翅膀，也是归巢。它是一杯美酒，也是一朵永远开不败的莲花。

——节选自王蒙《喜悦》

语音提示：

(1) 快乐 kuàilè
(2) 挖掘 wājué
(3) 隐秘 yǐnmì
(4) 与其 yǔqí
(5) 悯人 mǐnrén
(6) 澄澈 chéngchè
(7) 潭 tán
(8) 抹 mǒ

作品 47 号——《香港：最贵的一棵树》

在湾仔，香港最热闹[1]的地方，有一棵榕树，它是最贵的一棵树，不光在香港，在全世界，都是最贵的。

树，活的树，又不卖何言其贵？只因它老，它粗，是香港百年沧桑的活见证。香港人不忍看着它被砍伐，或者[2]被移走，便跟要占用这片山坡的建筑者谈条件：可以在这儿建大楼盖商厦[3]，但一不准砍树，二不准挪树，必须把它原地精心养起来，成为香港闹市中的一景。太古大厦的建设者最后签了合同，占用这个大山坡建豪华商厦的先决条件是同意保护这棵老树。

树长在半山坡上，计划将树下面的成千上万吨山石全部掏空取走，腾出地方来盖楼，把树架在大楼上面，仿佛它原本是长在楼顶上似的[4]。建设者就地造了一个直径十八米、深十米的大花盆，先固定好这棵老树，再在大花盆底下盖楼。光这一项就花了两千三百八十九万港币，堪称[5]是最昂贵的保护措施了。

太古大厦落成之后，人们可以乘滚动扶梯一次到位，来到太古大厦的顶层，出后门，那儿是一片自然景色。一棵大树出现在人们面前，树干有一米半粗，树冠[6]直径足有二十多米，独木成林，非常壮观，形成一座以它为中心的小公园，取名叫“榕圃”[7]。树前面//插着铜牌，说明缘由。此情此景，如不看铜牌的说明，绝对想不到巨树根底下还有一座宏伟的现代大楼。

——节选自舒乙《香港：最贵的一棵树》

语音提示：

(1) 热闹 rènao

(2) 或者 huòzhě

(3) 商厦 shāngshà

(4) 似的 shìde

(5) 堪称 kānchēng

(6) 树冠 shùguān

(7) 榕圃 róngpǔ

作品 48 号——《鸟的天堂》

我们的船渐渐地逼近榕树了。我有机会看清它的真面目：是一棵大树，有数不清的丫枝[1]，枝上又生根，有许多根一直垂到地上，伸进泥土里。一部分树枝垂到水面，从远处看，就像一棵大树斜躺在水面上一样。

现在正是枝繁叶茂的时节。这棵榕树好像在把它的全部生命力展示给我们看。那么多的绿叶，一簇[2]堆在另一簇的上面，不留一点儿缝隙[3]。翠绿的颜色明亮地在我们的眼前闪耀，似乎每一片树叶上都有一个新的生命在颤动，这美丽的南国的树！

船在树下泊[4]了片刻，岸上很湿，我们没有上去。朋友[5]说这里是"鸟的天堂"，有许多鸟在这棵树上做窝，农民不许人去捉它们。我仿佛听见几只鸟扑翅的声音，但是等到我的眼睛[6]注意地看那里时，我却看不见一只鸟的影子，只有无数的树根立在地上，像许多根木桩。地是湿的，大概涨潮时河水常常冲上岸去。"鸟的天堂"里没有一只鸟，我这样想到。船开了，一个朋友拨着船，缓缓地流到河中间去。

第二天，我们划着船到一个朋友的家乡去，就是那个有山有塔的地方[7]。从学校出发，我们又经过那"鸟的天堂"。

这一次是在早晨，阳光照在水面上，也照在树梢[8]上。一切都//显得非常光明。我们的船也在树下泊了片刻。

起初四周围非常清静。后来忽然起了一声鸟叫。我们把手一拍，便看见一只大鸟飞了起来，接着又看见第二只，第三只。我们继续拍掌，很快地这个树林就变得很热闹[9]了。到处都是鸟声，到处都是鸟影。大的，小的，花的，黑的，有的站在枝上叫，有的飞起来，在扑翅膀。

——节选自巴金《小鸟的天堂》

语音提示：

(1) 丫枝 yāzhī

(2) 簇 cù

(3) 缝隙 fèngxì

(4) 泊 bó

(5) 朋友 péngyou

(6) 眼睛 yǎnjing

(7) 地方 dìfang
(8) 树梢 shùshāo
(9) 热闹 rènao

作品 49 号——《野草》

有这样一个故事。

有人问:世界上什么东西的气力最大?回答纷纭得很,有的说“象”,有的说“狮”,有人开玩笑似的说:是“金刚”。金刚有多少气力,当然大家全不知道。

结果,这一切答案完全不对,世界上气力最大的,是植物的种子。一粒种子所可以显现出来的力,简直是超越一切。

人的头盖骨,结合得非常致密与坚固,生理学家和解剖(1)学者用尽了一切的方法,要把它完整地分出来,都没有这种力气。后来忽然有人发明了一个方法,就是把一些植物的种子放在要剖析的头盖骨里,给它以温度与湿度,使它发芽。一发芽,这些种子便以可怕的力量,将一切机械力所不能分开的骨骼,完整地分开了。植物种子的力量之大,如此如此。

这,也许特殊了一点儿,常人不容易理解。那么,你看见过笋(2)的成长吗?你看见过被压在瓦砾(3)和石块下面的一棵小草的生长吗?它为着向往阳光,为着达成它的生之意志,不管上面的石块如何重,石与石之间如何狭,它必定要曲曲折折地,但是顽强不屈地透到地面上来。它的根往土壤钻(4),它的芽往地面挺,这是一种不可抗拒的力,阻止它的石块,结果也被它掀翻,一粒种子的力量之大,//如此如此。

没有一个人将小草叫做“大力士”,但是它的力量之大,的确是世界无比。这种力是一般人看不见的生命力。只要生命存在,这种力就要显现。上面的石块,丝毫不足以阻挡。因为(5)它是一种“长期抗战”的力;有弹性,能屈能伸的力;有韧性,不达目的不止的力。

——节选自夏衍《野草》

语音提示:

(1) 解剖 jiěpōu
(2) 笋 sǔn
(3) 瓦砾 wǎlì
(4) 钻 zuān
(5) 因为 yīnwèi

作品 50 号——《一分钟》

著名教育家班杰明曾经接到一个青年人的求救电话,并与那个向往成功、渴望指点的青年人约好了见面的时间和地点。

待那个青年如约而至时，班杰明的房门敞开着，眼前的景象却令青年人颇感意外——班杰明的房间里乱七八糟、狼藉[1]一片。

没等青年人开口，班杰明就招呼道："你看我这房间，太不整洁了，请你在门外等候一分钟，我收拾一下，你再进来吧。"一边说着，班杰明就轻轻地关上了房门。

不到一分钟的时间，班杰明就又打开了房门并热情地把青年人让进客厅。这时，青年人的眼前展现出另一番景象——房间内的一切已变得井然有序，而且有两杯刚刚倒好的红酒，在淡淡的香水气息里还漾着微波。

可是，没等青年人把满腹的有关人生和事业的疑难问题向班杰明讲出来，班杰明就非常客气地说道："干杯。你可以走了。"

青年人手持酒杯一下子愣住了，既尴尬[2]又非常遗憾地说："可是，我……我还没向您请教呢……"

"这些……难道还不够吗？"班杰明一边微笑着，一边扫视[3]着自己的房间，轻言细语地说，"你进来又有一分钟了。"

"一分钟……一分钟……"青年人若有所思地说："我懂了，您让我明白了一分钟的时间可以做许//多事情，可以改变许多事情的深刻道理。"

班杰明舒心地笑了。青年人把杯里的红酒一饮而尽，向班杰明连连道谢后，开心地走了。

其实，只要把握好生命的每一分钟，也就把握了理想的人生。

——节选自纪广洋《一分钟》

语音提示：

(1) 狼藉 lángjí　　(3) 扫视 sǎoshì

(2) 尴尬 gāngà

作品 51 号——《一个美丽的故事》

有个塌鼻子的小男孩儿，因为两岁时得过脑炎，智力受损[1]，学习起来很吃力。打个比方[2]，别人写作文能写二三百字，他却只能写三五行。但即便这样的作文，他同样能写得很动人。

那是一次作文课，题目是《愿望》。他极其认真地想了半天，然后极认真地写，那作文极短。只有三句话：我有两个愿望，第一个是，妈妈天天笑眯眯[3]地看着我说："你真聪明。"第二个是，老师天天笑眯眯地看着我说："你一点儿也不笨。"

于是，就是这篇作文深深地打动了他的老师，那位妈妈式的老师不仅给了他最高分，在班上带感情地朗读了这篇作文，还一笔一画地批道：你很聪明，你的作文写得非常感人，请放心，妈妈肯定会格外喜欢你的，老师肯定会格外喜欢你的，大家肯定会格外喜欢你的。

捧着作文本，他笑了，蹦蹦跳跳地回家了，像只喜鹊。但他并没有把作文本拿给妈妈看，他是在等待，等待着一个美好的时刻。

那个时刻终于到了，是妈妈的生日——一个阳光灿烂的星期天：那天，他起得特别早，把作文本装在一个亲手做的美丽的大信封里，等着妈妈醒来。妈妈刚刚睁眼醒来，他就笑眯眯地走到妈妈跟前说："妈妈，今天是您的生日，我要//送给您一件礼物。"

果然，看着这篇作文，妈妈甜甜地涌出了两行热泪，一把搂住小男孩儿，搂得很紧很紧。

是的，智力可以受损，但爱永远不会。

——节选自张玉庭《一个美丽的故事》

语音提示：

(1) 受损　shòusǔn　　(3) 笑眯眯 xiàomīmī

(2) 比方　bǐfang

作品 52 号——《永远的记忆》

小学的时候[(1)]，有一次我们去海边远足，妈妈[(2)]没有做便饭，给了我十块钱买午餐。好像走了很久，很久，终于到海边了，大家坐下来便吃饭，荒凉的海边没有商店，我一个人跑到防风林外面去，级任老师要大家把吃剩的饭菜分给我一点儿。有两三个男生留下一点儿给我，还有一个女生，她的米饭拌了酱油，很香。我吃完的时候，她笑眯眯地看着我，短头发[(3)]，脸圆圆的。

她的名字叫翁[(4)]香玉。

每天放学的时候，她走的是经过我们家的一条小路，带着一位比她小的男孩儿，可能是弟弟。小路边是一条清澈[(5)]见底的小溪，两旁竹阴覆盖，我总是远远地跟在她后面。夏日的午后特别炎热，走到半路她会停下来，拿手帕[(6)]在溪水里浸湿，为小男孩儿擦脸。我也在后面停下来，把肮脏的手帕弄湿了擦脸，再一路远远跟着她回家。

后来我们家搬到镇上去了，过几年我也上了中学。有一天放学回家，在火车上，看见斜对面一位短头发、圆圆脸的女孩儿，一身素净的白衣黑裙。我想她一定不认识我了。火车很快到站了，我随着人群挤向门口，她也走近了，叫我的名字。这是她第一次和我说话。

她笑眯眯的，和我一起走过月台。以后就没有再见过//她了。

这篇文章收在我出版的《少年心事》这本书里。

书出版后半年，有一天我忽然收到出版社转来的一封信，信封上是陌生的字迹，但清楚地写着我的本名。

信里面说她看到了这篇文章心里非常激动，没想到在离开家乡，漂泊(7)异地这么久之后，会看见自己仍然(8)在一个人的记忆里，她自己也深深记得这其中的每一幕，只是没想到越过遥远的时空，竟然另一个人也深深记得。

——节选自苦伶《永远的记忆》

语音提示：

(1) 时候 shíhou　　(5) 清澈 qīngchè
(2) 妈妈 māma　　(6) 手帕 shǒupà
(3) 头发 tóufa　　(7) 漂泊 piāobó
(4) 翁　wēng　　(8) 仍然 réngrán

作品 53 号——《语言的魅力》

在繁华的巴黎大街的路旁，站着一个衣衫褴褛(1)、头发斑白、双目失明的老人。他不像其他乞丐那样伸手向过路行人乞讨，而是在身旁立一块木牌，上面写着："我什么也看不见！"街上过往的行人很多，看了木牌上的字都无动于衷，有的还淡淡一笑，便姗姗(2)而去了。

这天中午，法国著名诗人让·彼浩勒也经过这里。他看看木牌上的字，问盲老人："老人家，今天上午有人给你钱吗？"

盲老人叹息着回答："我，我什么也没有得到。"说着，脸上的神情非常悲伤。

让·彼浩勒听了，拿起笔悄悄地在那行字的前面添上了"春天到了，可是"几个字，就匆匆地离开了。

晚上，让·彼浩勒又经过这里，问那个盲老人下午的情况。盲老人笑着回答说："先生，不知为什么，下午给我钱的人多极了！"让·彼浩勒听了，摸着胡子满意地笑了。

"春天到了，可是我什么也看不见！"这富有诗意的语言产生这么大的作用，就在于它有非常浓厚的感情色彩。是的，春天是美好的，那蓝天白云，那绿树红花，那莺歌燕舞，那流水人家，怎么不叫人陶醉呢？但这良辰美景，对于一个双目失明的人来说，只是一片漆黑。当人们想到这个盲老人，一生中竟连万紫千红的春天//都不曾看到，怎能不对他产生同情之心呢？

——节选自小学《语文》第六册中《语言的魅力》

语音提示：

(1) 褴褛 lánlǚ (2) 姗姗 shānshān

作品54号——《赠你四味长寿药》

有一次，苏东坡的朋友张鹗[1]拿着一张宣纸来求他写一幅[2]字，而且希望他写一点儿关于养生方面的内容。苏东坡思索了一会儿，点点头说："我得到了一个养生长寿古方，药只有四味，今天就赠给你吧。"于是，东坡的狼毫在纸上挥洒起来，上面写着："一曰无事以当[3]贵，二曰早寝[4]以当富，三曰安步以当车，四曰晚食以当肉。"

这哪里有药？张鹗一脸茫然地问。苏东坡笑着解释说，养生长寿的要诀，全在这四句里面。

所谓"无事以当贵"，是指人不要把功名利禄、荣辱过失考虑得太多，如能在情志上潇洒大度，随遇而安，无事以求，这比富贵更能使人终其天年。

"早寝以当富"，指吃好穿好、财货充足，并非就能使你长寿。对老年人来说，养成良好的起居习惯，尤其是早睡早起，比获得任何财富更加宝贵。

"安步以当车"，指人不要过于讲求安逸、肢体不劳，而应多以步行来替代骑马乘车，多运动才可以强健体魄，通畅气血。

"晚食以当肉"，意思是人应该用已饥方食、未饱先止代替对美味佳肴的贪吃无厌。他进一步解释，饿了以后才进食，虽然是粗茶淡饭，但其香甜可口会胜过山珍；如果饱了还要勉强吃，即使美味佳肴摆在眼前也难以//下咽。

苏东坡的四味"长寿药"，实际上是强调了情志、睡眠、运动、饮食四个方面对养生长寿的重要性，这种养生观点即使在今天仍然值得借鉴。

——节选自蒲昭和《赠你四味长寿药》

语音提示：

(1) 鹗 è (3) 当 dàng

(2) 幅 fú (4) 早寝 zǎoqǐn

作品55号——《站在历史的枝头微笑》

人活着，最要紧的是寻觅到那片代表着生命绿色和人类希望的丛林，然后选一高高的枝头站在那里观览人生，消化痛苦，孕育歌声，愉悦世界！

这可真是一种潇洒的人生态度，这可真是一种心境爽朗的情感风貌。

站在历史的枝头微笑，可以减免许多烦恼。在那里，你可以从众生相所包含的甜酸苦辣、百味人生中寻找你自己;你境遇中的那点儿苦痛,也许相比之下,再也难以占据一席之地;你会较容易地获得从不悦中解脱灵魂的力量,使之不致变得灰色。

人站得高些,不但能有幸早些领略到希望的曙光,还能有幸发现生命的立体的诗篇。每一个人的人生,都是这诗篇中的一个词、一个句子或者一个标点。你可能没有成为一个美丽的词,一个引人注目的句子,一个惊叹号,但你依然是这生命的立体诗篇中的一个音节、一个停顿、一个必不可少的组成部分。这足以使你放弃前嫌,萌生(1)为人类孕育新的歌声的兴致,为世界带来更多的诗意。

最可怕的人生见解,是把多维的生存图景看成平面。因为那平面上刻下的大多是凝固了的历史——过去的遗迹;但活着的人们(2),活得却是充满着新生智慧的,由//不断逝去的“现在”组成的未来。人生不能像某些鱼类躺着游,人生也不能像某些兽类爬着走,而应该站着向前行,这才是人类应有的生存姿态。

——节选自[美]本杰明·拉什《站在历史的枝头微笑》

语音提示:

(1) 萌生 méngshēng　　(2) 人们 rénmen

作品 56 号——《中国的宝岛——台湾》

中国的第一大岛、台湾省的主岛台湾,位于中国大陆架的东南方,地处(1)东海和南海之间,隔着台湾海峡和大陆相望。天气晴朗的时候,站在福建沿海较高的地方,就可以隐隐约约地望见岛上的高山和云朵。

台湾岛形状狭长,从东到西,最宽处只有一百四十多公里;由南至北,最长的地方有三百九十多公里。地形像一个纺织用的梭子(2)。

台湾岛上的山脉纵贯南北,中间的中央山脉犹如全岛的脊梁(3)。西部为海拔近四千米的玉山山脉,是中国东部的最高峰。全岛约有三分之一的地方是平地,其余为山地。岛内有缎带般的瀑布,蓝宝石似的湖泊(4),四季常青的森林和果园,自然景色十分优美。西南部的阿里山和日月潭,台北市郊的大屯山风景区,都是闻名世界的游览胜地。

台湾岛地处热带和温带之间,四面环海,雨水充足,气温受到海洋的调剂(5),冬暖夏凉,四季如春,这给水稻和果木生长提供了优越的条件。水稻、甘蔗、樟脑是台湾的“三宝”。岛上还盛产鲜果和鱼虾。

台湾岛还是一个闻名世界的“蝴蝶王国”。岛上的蝴蝶共有四百多个品种,其中有不少是世界稀有的珍贵品种。岛上还有不少鸟语花香的蝴//蝶谷,岛上居民利用蝴蝶制作的标本和艺术品，远销许多国家。

——节选自《中国的宝岛——台湾》

语音提示：

(1) 地处 dìchǔ

(2) 梭子 suōzi

(3) 脊梁 jǐliang

(4) 湖泊 húpō

(5) 调剂 tiáojì

作品 57 号——《中国的牛》

对于中国的牛，我有着一种特别尊敬的感情。

留给我印象最深的，要算在田垄上的一次“相遇”。

一群朋友郊游，我领头在狭窄的阡陌(1)上走，怎料迎面来了几头耕牛，狭道容不下人和牛，终有一方要让路。它们还没有走近，我们已经预计斗不过畜生，恐怕难免踩到田地泥水里，弄得鞋袜又泥又湿了。正踟蹰(2)的时候，带头的一头牛，在离我们不远的地方停下来，抬起头看看，稍迟疑一下，就自动走下田去。一队耕牛，全跟着它离开阡陌，从我们身边经过。

我们都呆了，回过头来，看着深褐色的牛队，在路的尽头消失，忽然觉得自己受了很大的恩惠。

中国的牛，永远沉默地为人做着沉重的工作。在大地上，在晨光或烈日下，它拖着沉重的犁，低头一步又一步，拖出了身后一列又一列松土，好让人们下种。等到满地金黄或农闲时候，它可能还得担当搬运负重的工作；或终日绕着(3)石磨(4)，朝同一方向，走不计程的路。

在它沉默的劳动中，人便得到应得的收成。

那时候，也许，它可以松一肩重担，站在树下，吃几口嫩草。偶尔摇摇尾巴，摆摆耳朵，赶走飞附身上的苍蝇(5)，已经算是它最闲适的生活了。

中国的牛，没有成群奔跑的习//惯，永远沉沉实实的，默默地工作，平心静气。这就是中国的牛！

——节选自小思《中国的牛》

语音提示：

(1) 阡陌 qiānmò

(2) 踟蹰 chíchú

(3) 绕着 ràozhe

(4) 石磨 shímò

(5) 苍蝇 cāngying

作品 58 号——《住的梦》

不管我的梦想能否成为事实，说出来总是好玩儿的：

春天，我将要住在杭州。二十年前，旧历的二月初，在西湖我看见了嫩柳(1)与菜花，碧浪与翠竹。由我看到的那点儿春光，已经可以断定，杭州的春天必定会教人(2)整天生活在诗与图画之中。所以，春天我的家应当是在杭州。

夏天，我想青城山应当算作最理想的地方。在那里，我虽然只住过十天，可是它的幽静已拴(3)住了我的心灵。在我所看见过的山水中，只有这里没有使我失望。到处都是绿，目之所及，那片淡而光润的绿色都在轻轻地颤动，仿佛要流入空中与心中似的。这个绿色会像音乐，涤清(4)了心中的万虑。

秋天一定要住北平。天堂是什么样子，我不知道，但是从我的生活经验去判断，北平之秋便是天堂。论天气，不冷不热。论吃的，苹果、梨、柿子、枣儿、葡萄，每样都有若干种。论花草，菊花种类之多，花式之奇，可以甲天下。西山有红叶可见，北海可以划船——虽然荷花已残，荷叶可还有一片清香。衣食住行，在北平的秋天，是没有一项不使人满意的。

冬天，我还没有打好主意，成都或者相当得合适，虽然并不怎样和暖，可是为了水仙，素心腊梅，各色的茶花，仿佛就受一点儿寒//冷，也颇值得去了。昆明的花也多，而且天气比成都好，可是旧书铺与精美而便宜的小吃远不及成都那么多。好吧，就暂这么规定：冬天不住成都便住昆明吧。

在抗战中，我没能发国难财。我想，抗战胜利以后，我必能阔起来。那时候，假若飞机减价，一二百元就能买一架的话，我就自备一架，择黄道吉日慢慢地飞行。

——节选自老舍《住的梦》

语音提示：

(1) 嫩柳 nènliǔ　(3) 拴 shuān

(2) 教人 jiàorén　(4) 涤清 díqīng

作品 59 号——《紫藤萝瀑布》

我不由得停住了脚步。

从未见过开得这样盛的藤萝，只见一片辉煌的淡紫色，像一条瀑布，从空中垂下，不见其发端(1)，也不见其终极，只是深深浅浅的紫，仿佛在流动，在欢笑，在不停地生长。紫色的大条幅上，泛着点点银光，就像迸溅(2)的水花。仔细看时，才知那是每一朵紫花中的最浅淡的部分，在和阳光互相挑逗。

这里除了光彩，还有淡淡的芳香。香气似乎也是浅紫色的，梦幻一般轻轻地笼罩着我。忽然记起十多年前，家门外也曾有过一大株紫藤萝，它依傍一株枯槐爬得很高，但花朵从来都稀落，东一穗(3)西一串伶仃(4)地挂在树梢，好像在察言观色，试探什么。后来索性连那稀零的花串也没有了。园中别的紫藤花架也都拆掉，改种了果树。那时的说法是，花和生活腐化有什么必然关系。我曾遗憾地想：这里再看不见藤萝花了。

过了这么多年，藤萝又开花了，而且开得这样盛，这样密，紫色的瀑布遮住了粗壮的盘虬(5)卧龙般的枝干，不断地流着，流着，流向人的心底。

花和人都会遇到各种各样的不幸，但是生命的长河是无止境的。我抚摸了一下那小小的紫色的花舱(6)，那里满装了生命的酒酿，它张满了帆，在这//闪光的花的河流上航行。它是万花中的一朵，也正是由每一个一朵，组成了万花灿烂的流动的瀑布。

在这浅紫色的光辉和浅紫色的芳香中，我不觉加快了脚步。

——节选自宗璞《紫藤萝瀑布》

语音提示：

(1) 发端 fāduān　　(4) 伶仃 língdīng

(2) 迸溅 bèngjiàn　　(5) 虬　qiú

(3) 穗　suì　　(6) 舱　cāng

作品 60 号——《最糟糕的发明》

在一次名人访问中，被问及上个世纪最重要的发明是什么时，有人说是电脑，有人说是汽车，等等。但新加坡的一位知名人士却说是冷气机。他解释，如果没有冷气，热带地区如东南亚国家，就不可能有很高的生产力，就不可能达到今天的生活水准。他的回答实事求是，有理有据。

看了上述报道，我突发奇想：为什么没有记者问："20 世纪最糟糕的发明是什么？"其实 2002 年 10 月中旬，英国的一家报纸就评出了"人类最糟糕的发明"。获此"殊荣"的，就是人们每天大量使用的塑料袋。

诞生于上个世纪 30 年代的塑料袋，其家族包括用塑料制成的快餐饭盒、包装纸、餐用杯盘、饮料瓶、酸奶杯、雪糕杯等等。这些废弃物形成的垃圾，数量多、体积(1)大、重量轻、不降解(2)，给治理工作带来很多技术难题和社会问题。

比如，散落在田间、路边及草丛中的塑料餐盒，一旦被牲畜吞食，就会危及健康甚至导致死亡。填埋废弃塑料袋、塑料餐盒的土地，不能生长庄稼(3)和树木，造成土地板结，而焚烧处理这些塑料垃圾，则会释放出多种化学有毒气体，其中一种称为二噁英(4)的化合物，毒性极大。

此外，在生产塑料袋、塑料餐盒的//过程中使用的氟利昂[5]，对人体免疫系统和生态环境造成的破坏也极为严重。

——节选自林光如《最糟糕的发明》

语音提示：

(1) 体积　tǐjī
(2) 降解　jiàngjiě
(3) 庄稼　zhuāngjia
(4) 二噁英 èr'èyīng
(5) 氟利昂 fúlì'áng

第四部分

命题说话测试　普通话水平测试用话题

命题说话测试

一、命题说话测试的目的、内容和评分

考核目的

普通话水平测试的第四题是命题说话，限时3分钟，共40分。目的是测查应试人在无文字凭借的情况下说普通话的水平，重点测查语音标准程度、词汇语法规范程度和自然流畅程度。

考核内容

要求说话话题从《普通话水平测试用话题》中选取，由应试人从给定的两个话题中选定一个话题，连续说一段话；应试人单向说话。如发现应试人有明显背稿、离题、说话难以继续等表现时，主试人应及时提示或引导。

评分

语音标准程度，共25分，分六档：

一档：语音标准，或极少有失误。扣0分、1分、2分。

二档：语音错误在10次以下，有方音但不明显。扣3分、4分。

三档：语音错误在10次以下，但方音比较明显；或语音错误在10～15次之间，有方音但不明显。扣5分、6分。

四档：语音错误在10～15次之间，方音比较明显。扣7分、8分。

五档：语音错误超过15次，方音明显。扣9分、10分、11分。

六档：语音错误多，方音重。扣12分、13分、14分。

词汇语法规范程度，共10分，分三档：

一档：词汇、语法规范。扣0分。

二档：词汇、语法偶有不规范的情况。扣1分、2分。

三档：词汇、语法屡有不规范的情况。扣 3 分、4 分。

自然流畅程度，共 5 分。分三档：

一档：语言自然流畅。扣 0 分。

二档：语言基本自然流畅，口语化较差，有背稿子的表现。扣 0.5 分、1 分。

三档：语言不连贯，语调生硬。扣 2 分、3 分。

说话不足 3 分钟，酌情扣分：缺时 1 分钟以内（含 1 分钟）扣 1 分、2 分 3 分；缺时 1 分钟以上，扣 4 分、5 分 6 分；说话不满 30 秒钟（含 30 秒），本测试项成绩计为 0 分。

二、命题说话的要求

和朗读相比，说话可以更有效地考查应试人在自然状态下运用普通话语音、词汇、语法的能力。朗读是有文字凭借的说话，应试人并不主动参与词语和句式的选择，说话最能全面体现应试人普通话的真实水平。

说话不仅是对应试人语言水平的考查，同时，也是对应试人心理素质的考验。说话是在没有文字凭借的情况下，把思维的内部语言转化为自然、准确、流畅的外部语言，需要应试人有良好的心理素质。说话要做到以下几个方面：

首先，话语要自然

说话就是口语表达，但口语表达并不等于口语本身。我们口头说话，要使用语言材料，但是说话的效果并不是这些语言材料的总和。口头说的话应该是十分生动的，它和说话的环境、说话人的感情、说话的目的和动机都有很大的关系。

要做到自然，就要按照日常口语的语音、语调来说话，不要带着朗读或背诵的腔调。这并不是很高的要求，但实际做起来却是相当的困难。需要强调指出的是，进行说话准备，不要把说话材料写成书面材料，因为写出来的东西往往会进行修改，殊不知，就是在修改中改掉了口语表达的特点。

语速要适当，这是话语自然的重要表现。正常语速大约每分钟 240 个音节。如果根据内容、情景、语气的要求偶尔 10 来个音节稍快、稍慢也应视为正常。语速和语言流畅程度是成正比的，一般说来，语速越快，语言越流畅。但语速过快就容易导致口腔打不开、复元音的韵母动程不够和归音不准。语速过慢，容易导致语流凝滞，话语不够连贯。有人为了不在声、韵、调上出错，说话的时候一个字、一个字地往外挤，听起来非常生硬。因而，过快和过慢的语速都应该努力避免。

其次，用词要得体

口语词和书面语词的界限不易分清。一般说来，口语词指日常说话用得多的词，书面语词指书面上用得多的词。口语词和书面语词相比，有其独自的特点。必须克服方言的影响，摈弃方言词汇，说话中特别要注意克服方言语词。但由于普通话词汇标准是开放的，它不断地从方言中吸收富有表现力的词汇来丰富、完善自己的词汇系统，普通话水平测试允许应试人使用较为常用的新词语和方言词语。

再次，用语要流畅

现代汉语的口语和书面语基本是一致的，使用的句式大体也是相同的。应该说所有语言都是由口语和书面语两个部分组成，严格地讲，口语与书面语不能截然分开。如果我们一定要对它们进行分类的话，那么一般说来，口语与书面语的区别在于句法、语意和语用这三个方面。口语一般用词比较简单、非正式、语法结构比较简单，即句子一般比较短，多用简单句，主要在日常生活的对话中使用，也可用在叙述、交谈、讨论、辩论、演讲等方面；而书面语则比较正式，用词比较讲究、优雅、贴切，结构较为复杂，句子偏长，复合句较多，主要用于撰写文章，著书立说，颁布法律、法令，颁发文件、公告等。在语用方面，就是指口语和书面语除了在句法和语意方面有区别外，在什么语境下采取什么语气、措辞和表达方式来表达字面意思和弦外之音等方面也有区别。

我们一般认为“口语”主要是用在日常生活中，具有句子简短、语法结构简单、用词随意等特点。其实，并非完全如此。首先从内容上来看，口语与书面语很难截然分开的。比如所有的书面语用口头表达出来以后就变成了“口语”，像就职演讲、政府工作报告、博士论文的答辩、舞台上的朗诵等都是如此。同样的，当所有的“口语”被写进了电影剧本、小说、戏剧后，它又变成了“书面语”。其次，从词汇的使用上也很难说日常用语中全部使用的是“简单、非正式”的“口水话”。换句话说，“口语”与“书面语”是你中有我，我中有你。例如，习近平参观《复兴之路》展览的讲话。

“这个展览，回顾了中华民族的昨天，展示了中华民族的今天，宣示了中华民族的明天，给人以深刻教育和启示。中华民族的昨天，可以说是“雄关漫道真如铁”。近代以后，中华民族遭受的苦难之重、付出的牺牲之大，在世界历史上都是罕见的。但是，中国人民从不屈服，不断奋起抗争，终于掌握了自己的命运，开始了建设自己国家的伟大进程，充分展示了以爱国主义为核心的伟大民族精神。中华民族的今天，正可谓“人间正道是沧桑”。改革开放以来，我们总结历史经验，不断艰辛探索，终于找到了实现中华民族伟大复兴的正确道路，取得了举世瞩目的成果。这条道路就是中国特色社会主义。中华民族的明天，可以说是“长风破浪会有时”。经过鸦片战争以来170多年的持续奋斗，中华民族伟大复兴展现出光明的前景。现在，我们比历史上任何时期都更接近中华民族伟大复兴的目标，比历史上任何时期都更有信心、有能力实现这个目标。

回首过去，全党同志必须牢记，落后就要挨打，发展才能自强。审视现在，全党同志必须牢记，道路决定命运，找到一条正确的道路多么不容易，我们必须坚定不移走下去。展望未来，全党同志必须牢记，要把蓝图变为现实，还有很长的路要走，需要我们付出长期艰苦的努力。

每个人都有理想和追求，都有自己的梦想。现在，大家都在讨论中国梦，我以为，实现中华民族伟大复兴，就是中华民族近代以来最伟大的梦想。这个梦想，凝聚了几代中国人的夙愿，体现了中华民族和中国人民的整体利益，是每一个中华儿女的共同期盼。历史告诉我们，每个人的前途命运都与国家和民族的前途命运紧密相连。国家好，民族好，大家才会好。实现中华民族伟大复兴是一项光荣而艰巨的事业，需要一代又一代中国人共同为之努力。空谈误国，实干兴邦。我们这一代共产党人一定要承前启后、继往开来，把我们的党建设好，团结全体中华儿女把我们国家建设好，把我们民族发展好，继续朝着中华民族伟大复兴的目标奋勇前进。

我坚信，到中国共产党成立100年时全面建成小康社会的目标一定能实现，到新中国成立100年时建成富强、民主、文明、和谐的社会主义现代化国家的目标一定能实现，中华民族伟大复兴的梦想一定能实现。

再例如，一位学生回到家里，兴致勃勃地对他母亲说：“妈，今天下午我们班对一班的那场辩论精彩纷呈。对方高手如林，能言善辩；我方毫不示弱，兵来将挡，水来土掩。最后我方出奇制胜，再添辉煌”。你能区分这段话里哪些是口语，哪些是书面语？因此我们不能狭隘地理解口语具有用词简单、句子偏短、平铺直叙、缺乏色彩的特点。同样，书面语里也不全是描述，也有对话，并且在口语里也同样可以使用“书面语”，即所谓正式、优雅、贴切的语言。这也与语境有关。

注意：普通话水平测试是对应试人运用普通话进行交际的能力水平的测试和评价。它既不是普通话知识的考试，也不是文化水平的考核，更不是口才的评估。测试大纲以语音面貌、词汇语法的规范程度和自然流畅程度来作为说话的一部分标准，对与文章结构有关的立意、选材及布局谋篇并未提出具体的要求，我们不能把作文的评分标准强加于说话之上。

仔细研读以下话题说话实例，掌握话题说话的技巧。

谈谈对环境保护的认识

人类的生存环境包括自然环境和社会环境两大类。人离不开社会，同时也离不开大自然。但是，一些只注重经济利益的人似乎忘掉了自己和一切生物赖以生存的自然环境，为的是去赚更多的昧心钱；他们滥伐树木、乱扔垃圾、随便排放污水废气，只为图个方便。我们原本洁净的地球变得脏乱起来，于是自然界的生态失去平衡……

在我村的西面有一条小河。记得我孩提时期，小河里的水是清凌凌的。我们几个小伙伴不顾父母的阻拦，常常溜到小河里去捉鱼、泼水、打仗，小河成了我儿时的天堂。可后来，在河的上游建了一家味精厂，味精厂的污水开始流入小河，于是我们清澈的小河变得又黑又臭，再也不见在河边洗衣服的人们，也不见捉鱼的小孩。童年那条小河真像梦一样离我们远去了……

前年夏天，小河竟奇迹般地变清了点。原来，不知什么原因，味精厂停产了。我们几个儿时的伙伴欢呼雀跃地向河边跑去。此时的小河虽然没有鱼，但还可供人们洗衣服，从庄稼地里回来的人们也会停下来，洗洗手，洗洗脸。我常看到人们三三两两边洗边高兴地谈笑着……可是好景不长，不到几个月，小河又变黑了，变臭了，原来味精厂换了厂主又恢复生产了。

去年夏天大旱，庄稼都晒蔫了。而人们只能眼睁睁地看着河水从田垄边流过，庄稼被活活地晒死了。有人抱着试试看的心理，用河里的水去浇地，没想到庄稼没被晒死，却被毒死了。望着那黑臭的小河，我不禁在心里呐喊：童年的小河，你何时才能真正回到我们的身边？

科学家指出，人们居住的自然环境一年不如一年，空气、河流、饮用水都不同程度地受到污染，这是有目共睹的事实。怎么办呢？为了保护环境，近几十年来，人类已做了很多实质性的工作。早在1970年联合国就设立了世界“人与生物圈计划”，1980年公布了“世界自然资源保护大纲”，1992年又通过了人类“21世纪议程”。我国根据“21世纪议程”的要求，已于1994年制定了“中国21世纪议程”，并把它作为我国制定国民经济和社会发展中长期计划的一个指导性文件。我想我们大家都应该以此文件为指针，保护周围良好的自然环境，还地球原来的真面目，还我们洁净的天空、清澈的小河。这样做是为了我们，更为了我们的子孙。

我的业余生活

业余生活，无非就是有关书、琴、棋、画方面的。作为学生，除了必要的学习生活以外，总该有一些业余生活来充实自己，当然，我也不例外。

我这个人生性不好动，所以不怎么喜欢去参加打球啊，跑步啊，或什么健身操之类的体育活动。我喜欢一个人静静地收听广播，感受主持人那柔美的声音和广播作品中的深情细语。我常为一篇伤感的散文而默默流泪，也常常被一则相声引得哈哈大笑。我最喜欢×××主持的节目，这不仅因为×××的声音好听，还因×××的知识渊博，谈吐内容充实、语言风趣。每每听众有什么烦心事，只要打个电话跟她诉说，她总能分析得头头是道，令人折服。有时候，自己感到很闷、很烦，我想到的就是打开收音机。全身心投入的那份感觉真的很好。

另外，写作也是我业余生活中的一部分。我常常喜欢一个人走来走去，在来回走的时候，我可以想很多事情，也可以从某一个生活小插曲中感悟生活，积累一些生活中的素材，然后一有时间就思考、酝酿。我的文章大多数就是这样写成的。也许是尝到了写作的乐趣，我更热衷于它了。虽然有的文章质量并不高，但是每次写完后，我都非常喜悦、兴奋。有时，我也喜欢和朋友一起嘻嘻哈哈出去玩一通，了解社会的表层，结识一些新朋友，感受青春的律动。当然，更多的时间，我还是钻在书堆里，看些文人的散文，看看同龄人的作品，作为自己写作的借鉴。

可别笑话我，我常把写信也当成了写作。别人写信，10 分钟就可封好口了，而我，没半小时不行。我喜欢把信写得长长的，似乎在长篇大论一番，谈理想，谈生活琐事，也喜欢在信中流露出对人生的感慨。

我的业余生活内容丰富多彩，我喜欢和朋友谈心，也喜欢参加社交活动……有了这些，我的生活不再枯燥无味，我感到人生的美好。

我向往的地方

我特别向往的地方是西藏，我觉得那儿既神圣又神秘。很久以来就有一个愿望，就是去那儿走走看看。

我向往西藏，首先是源自我所看的一场电影，片名叫《红河谷》。在这部电影里，我看到西藏许多美丽的景色和风情。直到现在，我还忘不了那站在风中的丹珠，还有身后随风飘着的白色衣裙，还有女主人公在侵略者面前无惧地唱起的属于自己的歌……更忘不了西藏纯净透明的天空，洁白无瑕的神圣雪山，还有那一望无际的草原。

我向往西藏，还和一部小说的故事有关。我曾经看过一本小说，里面的女主人公是一个小姑娘，她有一段美丽而辛酸的经历，她身患重病，在生命行将结束的时候，她有一个强烈的愿望——想去西藏的阿里，去看看阿里的彩虹。因为传说如果在那儿能够看到彩虹的话，就能找到一生的幸福。阿里是一个干旱的地方，终年不下雨，如果能看到彩虹，那真是奇迹了。有一天她终于可以去阿里了，但她已经病入膏肓，她并没有就此放弃，而是毅然决然地去了阿里。一天早晨，老天真的让她看到阿里的彩虹。人们都说，看到彩虹，就能得到幸福。而她的幸福就是等待的整个过程，因为在等待的过程中，她已经体会到什么是期待，什么是快乐。因为快乐有时就是人的一种心理体验。这是一个心酸的故事，这个故事让我记住了西藏，记住了阿里。

现在去西藏的交通很方便，因为铁路已经建成了。我想过不了多少时间，我就有机会去西藏了，去那个我所向往的地方，去看看神圣又庄严的布达拉宫，我也会去阿里看看，希望能看到彩虹，得到我的幸福。

虽然说这还仅仅是我的一个愿望，但心想事成，它终有实现的一天。

普通话水平测试用话题

1. 我的愿望（或理想）
2. 我的学习生活
3. 我尊敬的人
4. 我喜爱的动物（或植物）
5. 童年的记忆
6. 我喜爱的职业
7. 难忘的旅行
8. 我的朋友
9. 我喜爱的文学（或其他）艺术形式
10. 谈谈卫生与健康
11. 我的业余生活
12. 我喜欢的季节（或天气）
13. 学习普通话的体会
14. 谈谈服饰
15. 我的假日生活
16. 我的成长之路
17. 谈谈科技发展与社会生活
18. 我知道的风俗
19. 我和体育
20. 我的家乡（或熟悉的地方）
21. 谈谈美食
22. 我喜欢的节日
23. 我所在的集体（学校、机关、公司等）
24. 谈谈社会公德（或职业道德）
25. 谈谈个人修养
26. 我喜欢的明星（或其他知名人士）
27. 我喜爱的书刊
28. 谈谈对环境保护的认识
29. 我向往的地方
30. 购物（消费）的感受

附录一

普通话水平测试常用词语表（一）

1	啊	ā
2	阿姨	āyí
3	挨	ái
4	爱人	àiren
5	爱抚	àifǔ
6	安置	ānzhì
7	凹	āo
8	翱翔	áoxiáng
9	坳	ào
10	奥秘	àomì
11	扒	bā
12	把手	bǎ · shǒu
13	把握	bǎwò
14	罢工	bàgōng
15	白天	bái · tiān
16	摆动	bǎidòng
17	摆脱	bǎituō
18	搬家	bānjiā
19	板凳	bǎndèng
20	伴随	bànsuí
21	瓣	bàn
22	帮忙	bāngmáng
23	帮助	bāngzhù
24	包袱	bāofu
25	包围	bāowéi
26	孢子	bāozǐ
27	薄	báo
28	宝贵	bǎoguì
29	保持	bǎochí
30	保障	bǎozhàng
31	报酬	bào · chóu
32	暴露	bàolù
33	报复	bào · fù
34	悲惨	bēicǎn
35	北方	běifāng
36	辈	bèi
37	背景	bèijǐng
38	被子	bèizi
39	本能	běnnéng
40	笨	bèn
41	崩溃	bēngkuì
42	嘣	bēng
43	逼	bī
44	鼻子	bízi
45	比重	bǐzhòng
46	比较	bǐjiào
47	比方	bǐfang
48	毕	bì
49	必需	bìxū
50	避免	bìmiǎn
51	壁	bì
52	鞭子	biānzi
53	边境	biānjìng
54	边缘	biānyuán
55	贬低	biǎndī
56	辩证	biànzhèng
57	标志	biāozhì
58	表演	biǎoyǎn
59	表述	biǎoshù
60	表彰	biǎozhāng
61	表达	biǎodá
62	别人	bié · rén
63	柄	bǐng
64	秉	bǐng
65	屏	bǐng
66	病菌	bìngjūn
67	并且	bìngqiě
68	拨	bō
69	玻璃	bō · lí
70	播种	bōzhòng
71	薄弱	bóruò
72	搏斗	bódòu
73	补贴	bǔtiē
74	捕捉	bǔzhuō
75	不禁	bùjīn

76	不屑	bùxiè
77	不曾	bùcéng
78	布局	bùjú
79	步骤	bùzhòu
80	部署	bùshǔ
81	部分	bùfen
82	擦	cā
83	猜	cāi
84	才	cái
85	材料	cáiliào
86	财产	cáichǎn
87	采	cǎi
88	踩	cǎi
89	采购	cǎigòu
90	采取	cǎiqǔ
91	彩色	cǎisè
92	睬	cǎi
93	参	cān
94	餐	cān
95	参加	cānjiā
96	参谋	cānmóu
97	残酷	cánkù
98	蚕	cán
99	仓库	cāngkù
100	舱	cāng
101	苍蝇	cāngying
102	操纵	cāozòng
103	槽	cáo
104	草案	cǎo'àn
105	侧面	cèmiàn
106	侧重	cèzhòng
107	测	cè
108	测验	cèyàn
109	策略	cèlüè
110	层次	céngcì
111	曾经	céngjīng
112	叉	chā
113	差别	chābié
114	差点儿	chàdiǎnr
115	拆	chāi
116	缠	chán
117	产量	chǎnliàng
118	阐述	chǎnshù
119	颤抖	chàndǒu
120	尝	cháng
121	尝试	chángshì
122	常规	chángguī
123	场合	chǎnghé
124	场所	chǎngsuǒ
125	超	chāo
126	抄	chāo
127	超额	chāo'é
128	巢	cháo
129	朝	cháo
130	潮湿	cháoshī
131	吵	chǎo
132	车站	chēzhàn
133	沉默	chénmò
134	趁	chèn
135	称赞	chēngzàn
136	撑	chēng
137	呈	chéng
138	成绩	chéngjì
139	成功	chénggōng
140	程度	chéngdù
141	诚恳	chéngkěn
142	承包	chéngbāo
143	惩罚	chéngfá
144	痴	chī
145	吃饭	chīfàn
146	齿	chǐ
147	翅膀	chìbǎng
148	重复	chóngfù
149	重新	chóngxīn
150	崇拜	chóngbài
151	抽	chōu
152	出来	chū · lái
153	厨房	chúfáng
154	储存	chǔcún
155	畜	chù
156	传授	chuánshòu
157	船舶	chuánbó
158	喘	chuǎn
159	串联	chuànlián
160	窗子	chuāngzi
161	窗户	chuānghu
162	幢	chuáng
163	闯	chuǎng
164	创立	chuànglì
165	吹	chuī
166	垂	chuí
167	垂直	chuízhí
168	春天	chūntiān
169	纯洁	chúnjié
170	唇	chún
171	雌	cí

172	词汇	cíhuì	204	大人	dà·rén	236	地理	dìlǐ
173	磁场	cíchǎng	205	呆	dāi	237	弟子	dìzǐ
174	此外	cǐwài	206	待	dài	238	碘	diǎn
175	赐	cì	207	逮捕	dàibǔ	239	典型	diǎnxíng
176	伺候	cì·hou	208	大夫	dàifu	240	点燃	diǎnrán
177	刺激	cì·jī	209	贷	dài	241	电阻	diànzǔ
178	聪明	cōng·míng	210	代替	dàitì	242	电荷	diànhè
179	从而	cóng'ér	211	代表	dàibiǎo	243	淀粉	diànfěn
180	从容	cóngróng	212	贷款	dàikuǎn	244	雕塑	diāosù
181	从事	cóngshì	213	单纯	dānchún	245	调拨	diàobō
182	丛	cóng	214	耽误	dānwu	246	调查	diàochá
183	凑	còu	215	担	dān	247	爹	diē
184	粗糙	cūcāo	216	淡	dàn	248	迭	dié
185	簇	cù	217	诞	dàn	249	叠	dié
186	醋	cù	218	当时	dāngshí	250	盯	dīng
187	窜	cuàn	219	蹈	dǎo	251	町	dīng
188	摧毁	cuīhuǐ	220	岛屿	dǎoyǔ	252	定量	dìngliàng
189	摧残	cuīcán	221	盗窃	dàoqiè	253	丢	diū
190	村	cūn	222	稻	dào	254	东风	dōngfēng
191	存在	cúnzài	223	道德	dàodé	255	懂得	dǒng·dé
192	挫折	cuòzhé	224	背后	bèihòu	256	动机	dòngjī
193	措施	cuòshī	225	灯泡儿	dēngpàor	257	兜	dōu
194	错误	cuò·wù	226	蹬	dēng	258	斗争	dòuzhēng
195	搭	dā	227	凳	dèng	259	堵	dǔ
196	答案	dá'àn	228	滴	dī	260	渡	dù
197	打扮	dǎban	229	的确	díquè	261	肚皮	dùpí
198	打听	dǎting	230	敌人	dírén	262	短	duǎn
199	打算	dǎsuan	231	抵抗	dǐkàng	263	短暂	duǎnzàn
200	打量	dǎliang	232	抵制	dǐzhì	264	锻炼	duànliàn
201	大伙儿	dàhuǒr	233	底下	dǐ·xià	265	蹲	dūn
202	大概	dàgài	234	地壳	dìqiào	266	顿时	dùnshí
203	大气	dàqì	235	地球	dìqiú	267	队伍	duìwu

268	对比	duìbǐ	300	妨碍	fáng'ài	332	符合	fúhé
269	多少	duō · shǎo	301	房子	fángzi	333	辐射	fúshè
270	多么	duōme	302	仿佛	fǎngfú	334	腐蚀	fǔshí
271	躲	duǒ	303	访问	fǎngwèn	335	抚摸	fǔmō
272	鹅	é	304	放弃	fàngqì	336	负担	fùdān
273	恶劣	èliè	305	非常	fēicháng	337	妇女	fùnǚ
274	饿	è	306	飞船	fēichuán	338	富裕	fùyù
275	而后	érhòu	307	飞翔	fēixiáng	339	附近	fùjìn
276	而且	érqiě	308	肥料	féiliào	340	附着	fùzhuó
277	儿童	értóng	309	匪徒	fěitú	341	复杂	fùzá
278	儿女	érnǚ	310	沸腾	fèiténg	342	覆盖	fùgài
279	饵料	ěrliào	311	废除	fèichú	343	改变	gǎibiàn
280	耳朵	ěrduo	312	费用	fèi · yòng	344	概括	gàikuò
281	发抖	fādǒu	313	分辨	fēnbiàn	345	干涉	gānshè
282	发掘	fājué	314	分裂	fēnliè	346	干燥	gānzào
283	发射	fāshè	315	分散	fēnsàn	347	干净	gān · jìng
284	罚款	fákuǎn	316	吩咐	fēn · fù	348	秆	gǎn
285	法律	fǎlǜ	317	粉末	fěnmò	349	擀	gǎn
286	法规	fǎguī	318	奋斗	fèndòu	350	赶紧	gǎnjǐn
287	翻	fān	319	分量	fèn · liàng	351	感慨	gǎnkǎi
288	翻译	fānyì	320	风俗	fēngsú	352	感激	gǎn · jī
289	繁	fán	321	丰富	fēngfù	353	干活	gànhuó
290	繁重	fánzhòng	322	封锁	fēngsuǒ	354	钢铁	gāngtiě
291	烦恼	fánnǎo	323	封建	fēngjiàn	355	刚才	gāngcái
292	反馈	fǎnkuì	324	疯狂	fēngkuáng	356	岗位	gǎngwèi
293	反应	fǎnyìng	325	讽刺	fěngcì	357	高涨	gāozhǎng
294	反抗	fǎnkàng	326	缝	fèng	358	高原	gāoyuán
295	范畴	fànchóu	327	佛	fó	359	高级	gāojí
296	范围	fànwéi	328	佛教	fójiào	360	告诉	gàosu
297	方案	fāng'àn	329	否则	fǒuzé	361	疙瘩	gēda
298	方程	fāngchéng	330	孵化	fūhuà	362	胳膊	gēbo
299	防御	fángyù	331	幅	fú	363	歌曲	gēqǔ

364	跟随	gēnsuí
365	根据	gēnjù
366	耕作	gēngzuò
367	更加	gèngjiā
368	公理	gōnglǐ
369	工程	gōngchéng
370	功夫	gōngfu
371	供给	gōngjǐ
372	供应	gōngyìng
373	巩固	gǒnggù
374	贡献	gòngxiàn
375	购买	gòumǎi
376	构思	gòusī
377	构成	gòuchéng
378	姑娘	gūniang
379	古老	gǔlǎo
380	骨骼	gǔgé
381	鼓吹	gǔchuī
382	固执	gù・zhí
383	固体	gùtǐ
384	瓜	guā
385	寡妇	guǎfu
386	挂	guà
387	怪	guài
388	观测	guāncè
389	观念	guānniàn
390	官僚	guānliáo
391	关键	guānjiàn
392	关系	guānxi
393	管辖	guǎnxiá
394	管理	guǎnlǐ
395	灌	guàn
396	冠军	guànjūn
397	惯性	guànxìng
398	贯穿	guànchuān
399	光彩	guāngcǎi
400	光辉	guānghuī
401	广阔	guǎngkuò
402	广场	guǎngchǎng
403	逛	guàng
404	规矩	guīju
405	规则	guīzé
406	规模	guīmó
407	闺女	guīnü
408	硅	guī
409	归结	guījié
410	轨道	guǐdào
411	鬼子	guǐzi
412	贵族	guìzú
413	跪	guì
414	滚	gǔn
415	国	guó
416	国家	guójiā
417	国营	guóyíng
418	帼	guó
419	裹	guǒ
420	果然	guǒrán
421	过来	guò・lái
422	哈	hā
423	海洋	hǎiyáng
424	海关	hǎiguān
425	害处	hài・chù
426	害怕	hàipà
427	寒冷	hánlěng
428	含量	hánliàng
429	罕见	hǎnjiàn
430	旱	hàn
431	航海	hánghǎi
432	好转	hǎozhuǎn
433	好处	hǎo・chù
434	号召	hàozhào
435	耗费	hàofèi
436	颌	hé
437	和谐	héxié
438	河流	héliú
439	黑夜	hēiyè
440	黑暗	hēi'àn
441	痕迹	hénjì
442	恒	héng
443	衡量	héngliáng
444	轰	hōng
445	宏观	hóngguān
446	红色	hóngsè
447	后面	hòu・miàn
448	后边	hòu・biān
449	后来	hòulái
450	喉咙	hóu・lóng
451	忽视	hūshì
452	弧	hú
453	核儿	húr
454	糊涂	hútu
455	花园	huāyuán
456	滑冰	huábīng
457	话剧	huàjù
458	画家	huàjiā
459	化学	huàxué

460	淮海	huáihǎi
461	怀疑	huáiyí
462	怀念	huáiniàn
463	坏	huài
464	缓和	huǎnhé
465	缓慢	huǎnmàn
466	患	huàn
467	幻想	huànxiǎng
468	慌	huāng
469	黄色	huángsè
470	皇帝	huángdì
471	晃	huǎng
472	辉煌	huīhuáng
473	恢复	huīfù
474	回避	huíbì
475	毁坏	huǐhuài
476	混淆	hùnxiáo
477	混乱	hùnluàn
478	火柴	huǒchái
479	或者	huòzhě
480	货物	huòwù
481	几乎	jīhū
482	饥饿	jī'è
483	激烈	jīliè
484	基础	jīchǔ
485	基本	jīběn
486	畸形	jīxíng
487	级	jí
488	即使	jíshǐ
489	急	jí
490	极其	jíqí
491	极为	jíwéi
492	纪律	jìlǜ
493	记载	jìzǎi
494	加紧	jiājǐn
495	加剧	jiājù
496	家伙	jiāhuo
497	假如	jiǎrú
498	假定	jiǎdìng
499	驾驶	jiàshǐ
500	驾驭	jiàyù
501	嫁接	jiàjiē
502	尖锐	jiānruì
503	兼	jiān
504	歼	jiān
505	坚实	jiānshí
506	拣	jiǎn
507	检阅	jiǎnyuè
508	减	jiǎn
509	剪除	jiǎnchú
510	简短	jiǎnduǎn
511	碱	jiǎn
512	健康	jiànkāng
513	鉴定	jiàndìng
514	浆	jiāng
515	将来	jiānglái
516	将军	jiāngjūn
517	奖励	jiǎnglì
518	讲话	jiǎnghuà
519	降落	jiàngluò
520	交替	jiāotì
521	郊区	jiāoqū
522	浇	jiāo
523	嚼	jiáo
524	角落	jiǎoluò
525	脚步	jiǎobù
526	搅	jiǎo
527	缴纳	jiǎonà
528	教训	jiàoxùn
529	教学	jiàoxué
530	教养	jiàoyǎng
531	叫做	jiàozuò
532	阶层	jiēcéng
533	结实	jiēshi
534	揭露	jiēlù
535	街	jiē
536	节约	jiéyuē
537	节奏	jiézòu
538	截	jié
539	竭	jié
540	结束	jiéshù
541	解剖	jiěpōu
542	解决	jiějué
543	界限	jièxiàn
544	借鉴	jièjiàn
545	金额	jīn'é
546	金融	jīnróng
547	尽管	jǐnguǎn
548	尽快	jǐnkuài
549	紧张	jǐnzhāng
550	紧急	jǐnjí
551	进程	jìnchéng
552	进攻	jìngōng
553	近代	jìndài
554	经营	jīngyíng
555	精确	jīngquè

556	精神	jīngshén	588	勘	kān	620	困境	kùnjìng
557	警察	jǐngchá	589	看见	kàn・jiàn	621	困难	kùn・nán
558	境界	jìngjiè	590	扛	káng	622	阔气	kuòqi
559	纠纷	jiūfēn	591	考虑	kǎolǜ	623	扩大	kuòdà
560	究竟	jiūjìng	592	颗	kē	624	拉	lā
561	救济	jiùjì	593	科技	kējì	625	喇叭	lǎba
562	居然	jūrán	594	咳嗽	késou	626	蜡烛	làzhú
563	咀嚼	jǔjué	595	可靠	kěkào	627	栏	lán
564	举行	jǔxíng	596	可惜	kěxī	628	篮	lán
565	举止	jǔzhǐ	597	客人	kè・rén	629	朗读	lǎngdú
566	剧烈	jùliè	598	课本	kèběn	630	牢固	láogù
567	距离	jùlí	599	啃	kěn	631	老头儿	lǎotóur
568	聚集	jùjí	600	肯定	kěndìng	632	老伴儿	lǎobànr
569	具体	jùtǐ	601	坑	kēng	633	老爷	lǎoye
570	捐	juān	602	空虚	kōngxū	634	乐观	lèguān
571	隽永	juànyǒng	603	空间	kōngjiān	635	累	lèi
572	卷	juàn	604	恐慌	kǒnghuāng	636	类似	lèisì
573	绝	jué	605	恐怖	kǒngbù	637	冷	lěng
574	绝对	juéduì	606	控制	kòngzhì	638	愣	lèng
575	绝唱	juéchàng	607	口头	kǒutóu	639	梨	lí
576	觉得	jué・dé	608	扣子	kòuzi	640	离开	líkāi
577	角色	juésè	609	哭	kū	641	理解	lǐjiě
578	决心	juéxīn	610	库存	kùcún	642	厉害	lìhai
579	军阀	jūnfá	611	夸张	kuāzhāng	643	立刻	lìkè
580	军队	jūnduì	612	快速	kuàisù	644	利润	lìrùn
581	军舰	jūnjiàn	613	快乐	kuàilè	645	利害	lìhài
582	均匀	jūnyún	614	宽大	kuāndà	646	脸色	liǎnsè
583	菌	jūn	615	狂	kuáng	647	廉价	liánjià
584	咖啡	kāfēi	616	矿产	kuàngchǎn	648	恋爱	liàn'ài
585	开阔	kāikuò	617	亏损	kuīsǔn	649	粮食	liángshi
586	开拓	kāituò	618	昆虫	kūnchóng	650	凉	liáng
587	开展	kāizhǎn	619	捆	kǔn	651	两旁	liǎngpáng

652	两边	liǎngbiān	684	麻烦	máfan	716	棉花	mián • huā
653	辽阔	liáokuò	685	码	mǎ	717	勉强	miǎnqiǎng
654	了解	liǎojiě	686	码头	mǎtou	718	面积	miànjī
655	列车	lièchē	687	蚂蚁	mǎyǐ	719	面临	miànlín
656	邻居	lín • jū	688	骂	mà	720	描绘	miáohuì
657	淋	lín	689	埋	mái	721	描写	miáoxiě
658	林业	línyè	690	买卖	mǎimài	722	妙	miào
659	磷	lín	691	脉	mài	723	灭亡	mièwáng
660	临床	línchuáng	692	瞒	mán	724	民间	mínjiān
661	灵魂	línghún	693	满意	mǎnyì	725	民族	mínzú
662	另	lìng	694	忙碌	mánglù	726	民兵	mínbīng
663	流露	liúlù	695	盲目	mángmù	727	敏感	mǐngǎn
664	流利	liúlì	696	毛病	máo • bìng	728	敏捷	mǐnjié
665	流血	liúxuè	697	枚	méi	729	名称	míngchēng
666	流派	liúpài	698	酶	méi	730	模型	móxíng
667	硫酸	liúsuān	699	眉	méi	731	模糊	móhu
668	瘤	liú	700	眉毛	méimao	732	模仿	mófǎng
669	垄断	lǒngduàn	701	没事	méishì	733	默默	mòmò
670	娄	lóu	702	没有	méi • yǒu	734	陌生	mòshēng
671	漏	lòu	703	美感	měigǎn	735	谋求	móuqiú
672	驴	lǘ	704	美好	měihǎo	736	母亲	mǔ • qīn
673	旅馆	lǚguǎn	705	美妙	měimiào	737	幕	mù
674	旅行	lǚxíng	706	魅	mèi	738	拿	ná
675	履历	lǚlì	707	门口	ménkǒu	739	哪	nǎ
676	律师	lǜshī	708	闷	mèn	740	哪里	nǎ • lǐ
677	卵	luǎn	709	萌芽	méngyá	741	哪儿	nǎr
678	卵巢	luǎncháo	710	猛烈	měngliè	742	纳税	nàshuì
679	略微	lüèwēi	711	弥补	míbǔ	743	钠	nà
680	掠夺	lüèduó	712	迷信	míxìn	744	奶奶	nǎinai
681	轮廓	lúnkuò	713	蜜	mì	745	耐	nài
682	逻辑	luó • jí	714	蜜蜂	mìfēng	746	难以	nányǐ
683	落实	luòshí	715	绵	mián	747	难道	nándào

748	男人	nánrén	780	藕	ǒu	812	偏袒	piāntǎn
749	囊	náng	781	偶尔	ǒu'ěr	813	漂亮	piàoliang
750	脑袋	nǎodai	782	偶然	ǒurán	814	票	piào
751	脑子	nǎozi	783	扒	pá	815	拼命	pīnmìng
752	内部	nèibù	784	拍摄	pāishè	816	频率	pínlǜ
753	内容	nèiróng	785	排	pái	817	贫困	pínkùn
754	内心	nèixīn	786	排斥	páichì	818	品	pǐn
755	嫩	nèn	787	派遣	pàiqiǎn	819	品质	pǐnzhì
756	能源	néngyuán	788	攀	pān	820	品种	pǐnzhǒng
757	能力	nénglì	789	判断	pànduàn	821	评价	píngjià
758	你们	nǐmen	790	盼望	pànwàng	822	屏	píng
759	拟	nǐ	791	庞	páng	823	平衡	pínghéng
760	逆	nì	792	旁边	pángbiān	824	平常	píngcháng
761	年轻	niánqīng	793	胖	pàng	825	平静	píngjìng
762	年头儿	niántóur	794	抛弃	pāoqì	826	颇	pō
763	娘	niáng	795	泡	pào	827	婆婆	pópo
764	捏	niē	796	培养	péiyǎng	828	迫切	pòqiè
765	涅槃	nièpán	797	赔偿	péicháng	829	破裂	pòliè
766	拧	níng	798	配合	pèihé	830	破坏	pòhuài
767	凝固	nínggù	799	佩服	pèi•fú	831	剖面	pōumiàn
768	凝结	níngjié	800	盆地	péndì	832	铺	pū
769	牛顿	niúdùn	801	澎	péng	833	普遍	pǔbiàn
770	扭转	niǔzhuǎn	802	膨胀	péngzhàng	834	普通	pǔtōng
771	农民	nóngmín	803	朋友	péngyou	835	妻子	qī•zǐ
772	农业	nóngyè	804	碰	pèng	836	企图	qǐtú
773	弄	nòng	805	批准	pīzhǔn	837	起义	qǐyì
774	暖	nuǎn	806	批评	pīpíng	838	起来	qǐ•lái
775	努力	nǔlì	807	疲倦	píjuàn	839	气氛	qì•fēn
776	女婿	nǚxu	808	皮肤	pífū	840	汽车	qìchē
777	女性	nǚxìng	809	脾	pí	841	恰好	qiàhǎo
778	女人	nǚrén	810	譬如	pìrú	842	前面	qián•miàn
779	女工	nǚgōng	811	偏	piān	843	前途	qiántú

844	钱	qián
845	浅	qiǎn
846	腔	qiāng
847	枪	qiāng
848	强烈	qiángliè
849	强调	qiángdiào
850	抢救	qiǎngjiù
851	敲	qiāo
852	瞧	qiáo
853	壳	qiào
854	侵略	qīnlüè
855	亲戚	qīnqi
856	亲切	qīnqiè
857	秦	qín
858	氢	qīng
859	轻松	qīngsōng
860	情景	qíngjǐng
861	情况	qíngkuàng
862	请求	qǐngqiú
863	穷	qióng
864	穷人	qióngrén
865	秋季	qiūjì
866	求证	qiúzhèng
867	求	qiú
868	球	qiú
869	曲线	qūxiàn
870	屈服	qūfú
871	区别	qūbié
872	取得	qǔdé
873	取舍	qǔshě
874	趣味	qùwèi
875	圈	quān
876	拳头	quántou
877	权益	quányì
878	全体	quántǐ
879	全身	quánshēn
880	全部	quánbù
881	劝	quàn
882	缺乏	quēfá
883	缺点	quēdiǎn
884	群落	qúnluò
885	群众	qúnzhòng
886	燃	rán
887	然而	rán’ér
888	然后	ránhòu
889	燃料	ránliào
890	燃烧	ránshāo
891	嚷	rǎng
892	让位	ràngwèi
893	扰乱	rǎoluàn
894	绕	rào
895	惹	rě
896	热爱	rè’ài
897	热量	rèliàng
898	热烈	rèliè
899	热闹	rènao
900	人体	réntǐ
901	人民	rénmín
902	人生	rénshēng
903	仁	rén
904	忍	rěn
905	任	rèn
906	认识	rènshi
907	认真	rènzhēn
908	仍	réng
909	仍旧	réngjiù
910	仍然	réngrán
911	日子	rìzi
912	日益	rìyì
913	融合	rónghé
914	容易	róngyì
915	荣誉	róngyù
916	揉	róu
917	柔软	róuruǎn
918	柔和	róuhé
919	如果	rúguǒ
920	如下	rúxià
921	乳	rǔ
922	若干	ruògān
923	弱点	ruòdiǎn
924	撒娇	sājiāo
925	撒	sǎ
926	洒	sǎ
927	鳃	sāi
928	赛	sài
929	散	sàn
930	散发	sànfā
931	丧失	sàngshī
932	扫	sǎo
933	色彩	sècǎi
934	森林	sēnlín
935	纱	shā
936	沙漠	shāmò
937	傻	shǎ
938	晒	shài
939	山区	shānqū

940	闪烁	shǎnshuò	972	使得	shǐ·dé	1004	谁	shuí
941	伤心	shāngxīn	973	使劲	shǐjìn	1005	水分	shuǐfèn
942	商量	shāngliang	974	始终	shǐzhōng	1006	睡	shuì
943	赏	shǎng	975	势	shì	1007	顺序	shùnxù
944	上边	shàng·biān	976	事例	shìlì	1008	顺利	shùnlì
945	上诉	shàngsù	977	试	shì	1009	说服	shuōfú
946	上去	shàng·qù	978	释放	shìfàng	1010	说法	shuō·fǎ
947	烧	shāo	979	收购	shōugòu	1011	思想	sīxiǎng
948	烧毁	shāohuǐ	980	收缩	shōusuō	1012	思维	sīwéi
949	稍微	shāowēi	981	手枪	shǒuqiāng	1013	思考	sīkǎo
950	舌头	shétou	982	手术	shǒushù	1014	私人	sīrén
951	设想	shèxiǎng	983	瘦	shòu	1015	丝	sī
952	摄影	shèyǐng	984	受	shòu	1016	死亡	sǐwáng
953	深沉	shēnchén	985	输	shū	1017	似	sì
954	深入	shēnrù	986	舒	shū	1018	四周	sìzhōu
955	什么	shénme	987	疏	shū	1019	寺	sì
956	审美	shěnměi	988	书记	shū·jì	1020	饲料	sìliào
957	婶	shěn	989	熟悉	shú·xī	1021	送	sòng
958	渗透	shèntòu	990	属	shǔ	1022	搜集	sōují
959	慎重	shènzhòng	991	数量	shùliàng	1023	诉讼	sùsòng
960	牲畜	shēngchù	992	数目	shùmù	1024	素	sù
961	生长	shēngzhǎng	993	术语	shùyǔ	1025	塑料	sùliào
962	省	shěng	994	束缚	shùfù	1026	塑造	sùzào
963	盛	shèng	995	刷	shuā	1027	宿舍	sùshè
964	盛行	shèngxíng	996	耍	shuǎ	1028	酸	suān
965	施	shī	997	摔	shuāi	1029	算	suàn
966	湿润	shīrùn	998	衰老	shuāilǎo	1030	虽然	suīrán
967	失败	shībài	999	甩	shuǎi	1031	虽说	suīshuō
968	时髦	shímáo	1000	率领	shuàilǐng	1032	隋	suí
969	时候	shíhou	1001	栓	shuān	1033	随后	suíhòu
970	实施	shíshī	1002	霜	shuāng	1034	随便	suíbiàn
971	食堂	shítáng	1003	双方	shuāngfāng	1035	遂	suí

1036	碎	suì
1037	岁月	suìyuè
1038	孙	sūn
1039	损害	sǔnhài
1040	损失	sǔnshī
1041	损伤	sǔnshāng
1042	缩小	suōxiǎo
1043	所属	suǒshǔ
1044	所谓	suǒwèi
1045	所有	suǒyǒu
1046	索	suǒ
1047	琐碎	suǒsuì
1048	塔	tǎ
1049	抬	tái
1050	太阳	tàiyáng
1051	态度	tài · dù
1052	滩	tān
1053	碳	tàn
1054	探测	tàncè
1055	探索	tànsuǒ
1056	汤	tāng
1057	糖	táng
1058	倘若	tǎngruò
1059	躺	tǎng
1060	烫	tàng
1061	逃避	táobì
1062	陶冶	táoyě
1063	讨论	tǎolùn
1064	套	tào
1065	特	tè
1066	特点	tèdiǎn
1067	特征	tèzhēng
1068	疼痛	téngtòng
1069	藤	téng
1070	踢	tī
1071	提供	tígōng
1072	体裁	tǐcái
1073	体会	tǐhuì
1074	体积	tǐjī
1075	替	tì
1076	添	tiān
1077	填	tián
1078	挑选	tiāoxuǎn
1079	条约	tiáoyuē
1080	调节	tiáojié
1081	调整	tiáozhěng
1082	挑战	tiǎozhàn
1083	跳	tiào
1084	帖	tiē
1085	铁	tiě
1086	铁路	tiělù
1087	听见	tīng · jiàn
1088	停顿	tíngdùn
1089	挺	tǐng
1090	同意	tóngyì
1091	童话	tónghuà
1092	统计	tǒngjì
1093	痛快	tòng · kuài
1094	痛苦	tòngkǔ
1095	头发	tóufa
1096	偷	tōu
1097	透明	tòumíng
1098	凸	tū
1099	突出	tūchū
1100	涂	tú
1101	土壤	tǔrǎng
1102	吐	tù
1103	湍流	tuānliú
1104	团结	tuánjié
1105	推测	tuīcè
1106	推动	tuīdòng
1107	腿	tuǐ
1108	吞并	tūnbìng
1109	拖	tuō
1110	脱离	tuōlí
1111	妥协	tuǒxié
1112	挖	wā
1113	瓦解	wǎjiě
1114	歪曲	wāiqū
1115	外面	wài · miàn
1116	外界	wàijiè
1117	弯	wān
1118	玩	wán
1119	完整	wánzhěng
1120	完全	wánquán
1121	晚上	wǎnshang
1122	汪	wāng
1123	忘记	wàngjì
1124	威胁	wēixié
1125	危害	wēihài
1126	微	wēi
1127	违背	wéibèi
1128	伟大	wěidà
1129	慰	wèi
1130	卫生	wèishēng
1131	温暖	wēnnuǎn

1132	温度	wēndù
1133	闻	wén
1134	文献	wénxiàn
1135	稳定	wěndìng
1136	问题	wèntí
1137	窝	wō
1138	我们	wǒmen
1139	污染	wūrǎn
1140	无数	wúshù
1141	无疑	wúyí
1142	舞蹈	wǔdǎo
1143	武器	wǔqì
1144	武装	wǔzhuāng
1145	勿	wù
1146	雾	wù
1147	误解	wùjiě
1148	物理	wùlǐ
1149	恶	wù
1150	锡	xī
1151	惜	xī
1152	吸附	xīfù
1153	膝	xī
1154	稀少	xīshǎo
1155	希望	xīwàng
1156	袭	xí
1157	习惯	xíguàn
1158	媳妇	xífu
1159	喜爱	xǐ'ài
1160	细菌	xìjūn
1161	细胞	xìbāo
1162	戏剧	xìjù
1163	瞎	xiā
1164	狭隘	xiá'ài
1165	下颌	xiàhé
1166	下来	xià·lái
1167	下面	xià·miàn
1168	下班	xiàbān
1169	夏季	xiàjì
1170	纤维	xiānwéi
1171	鲜明	xiānmíng
1172	嫌	xián
1173	弦	xián
1174	险	xiǎn
1175	显著	xiǎnzhù
1176	显得	xiǎn·dé
1177	线圈	xiànquān
1178	相互	xiānghù
1179	详细	xiángxì
1180	享受	xiǎngshòu
1181	项目	xiàngmù
1182	消除	xiāochú
1183	消息	xiāoxi
1184	小儿	xiǎo'ér
1185	小说儿	xiǎoshuōr
1186	晓得	xiǎo·dé
1187	小姐	xiǎo·jiě
1188	效应	xiàoyìng
1189	歇	xiē
1190	携	xié
1191	斜	xié
1192	协调	xiétiáo
1193	械	xiè
1194	辛勤	xīnqín
1195	欣	xīn
1196	心理	xīnlǐ
1197	心得	xīndé
1198	信贷	xìndài
1199	刑	xíng
1200	形状	xíngzhuàng
1201	行政	xíngzhèng
1202	醒	xǐng
1203	悻	xìng
1204	性质	xìngzhì
1205	汹	xiōng
1206	兄弟	xiōngdì
1207	胸	xiōng
1208	胸脯	xiōngpú
1209	雄伟	xióngwěi
1210	熊	xióng
1211	修改	xiūgǎi
1212	修养	xiūyǎng
1213	嗅	xiù
1214	需要	xūyào
1215	需求	xūqiú
1216	许多	xǔduō
1217	许可	xǔkě
1218	蓄	xù
1219	叙述	xùshù
1220	宣传	xuānchuán
1221	悬挂	xuánguà
1222	选举	xuǎnjǔ
1223	选择	xuǎnzé
1224	削弱	xuēruò

1225	学院	xuéyuàn	1256	要求	yāoqiú	1287	阴谋	yīnmóu
1226	学问	xuéwen	1257	邀请	yāoqǐng	1288	吟	yín
1227	学会	xuéhuì	1258	摇	yáo	1289	瘾	yǐn
1228	雪花	xuěhuā	1259	摇晃	yáo・huàng	1290	隐蔽	yǐnbì
1229	雪白	xuěbái	1260	咬	yǎo	1291	引导	yǐndǎo
1230	循环	xúnhuán	1261	钥匙	yàoshi	1292	英雄	yīngxióng
1231	巡回	xúnhuí	1262	要素	yàosù	1293	赢	yíng
1232	询问	xúnwèn	1263	药	yào	1294	盈利	yínglì
1233	寻找	xúnzhǎo	1264	药物	yàowù	1295	应付	yìng・fù
1234	迅速	xùnsù	1265	耶稣	yēsū	1296	庸医	yōngyī
1235	训练	xùnliàn	1266	野	yě	1297	庸俗	yōngsú
1236	鸦片	yāpiàn	1267	也许	yěxǔ	1298	永恒	yǒnghéng
1237	压迫	yāpò	1268	依附	yīfù	1299	永远	yǒngyuǎn
1238	牙刷	yáshuā	1269	一会儿	yīhuìr	1300	用力	yònglì
1239	咽	yān	1270	一旦	yīdàn	1301	用处	yòng・chù
1240	烟囱	yān・cōng	1271	移	yí	1302	悠远	yōuyuǎn
1241	严格	yángé	1272	移动	yídòng	1303	优秀	yōuxiù
1242	严肃	yánsù	1273	姨	yí	1304	优良	yōuliáng
1243	炎	yán	1274	疑惑	yíhuò	1305	忧郁	yōuyù
1244	沿海	yánhǎi	1275	遗传	yíchuán	1306	犹豫	yóuyù
1245	岩	yán	1276	仪式	yíshì	1307	有效	yǒuxiào
1246	颜色	yánsè	1277	椅	yǐ	1308	诱导	yòudǎo
1247	演出	yǎnchū	1278	以便	yǐbiàn	1309	舆论	yúlùn
1248	演奏	yǎnzòu	1279	已	yǐ	1310	渔业	yúyè
1249	秧	yāng	1280	谊	yì	1311	语法	yǔfǎ
1250	阳光	yángguāng	1281	翼	yì	1312	语音	yǔyīn
1251	杨	yáng	1282	抑制	yìzhì	1313	域	yù
1252	仰	yǎng	1283	意见	yì・jiàn	1314	遇见	yù・jiàn
1253	养料	yǎngliào	1284	因	yīn	1315	浴血	yùxuè
1254	样	yàng	1285	音	yīn	1316	预测	yùcè
1255	腰	yāo	1286	阴影	yīnyǐng	1317	预算	yùsuàn

1318	愈	yù	1349	糟	zāo	1380	占	zhàn
1319	源泉	yuánquán	1350	凿	záo	1381	占领	zhànlǐng
1320	缘故	yuángù	1351	澡	zǎo	1382	站	zhàn
1321	原则	yuánzé	1352	早年	zǎonián	1383	战斗	zhàndòu
1322	原来	yuánlái	1353	早晚	zǎowǎn	1384	战胜	zhànshèng
1323	远方	yuǎnfāng	1354	早操	zǎocāo	1385	栈	zhàn
1324	约束	yuēshù	1355	躁	zào	1386	战术	zhànshù
1325	越冬	yuèdōng	1356	灶	zào	1387	章	zhāng
1326	粤	yuè	1357	造型	zàoxíng	1388	章程	zhāngchéng
1327	月亮	yuèliang	1358	则	zé	1389	彰	zhāng
1328	月球	yuèqiú	1359	择	zé	1390	涨	zhǎng
1329	云	yún	1360	怎样	zěnyàng	1391	掌	zhǎng
1330	允许	yǔnxǔ	1361	憎	zēng	1392	掌握	zhǎngwò
1331	孕	yùn	1362	增添	zēngtiān	1393	胀	zhàng
1332	韵律	yùnlǜ	1363	增加	zēngjiā	1394	账	zhàng
1333	运输	yùnshū	1364	增殖	zēngzhí	1395	丈夫	zhàngfu
1334	运用	yùnyòng	1365	扎	zhā	1396	障	zhàng
1335	蕴藏	yùncáng	1366	闸	zhá	1397	帐篷	zhàngpeng
1336	砸	zá	1367	眨	zhǎ	1398	招呼	zhāohu
1337	杂	zá	1368	炸	zhà	1399	着急	zháojí
1338	灾	zāi	1369	摘	zhāi	1400	沼	zhǎo
1339	栽培	zāipéi	1370	宅	zhái	1401	照耀	zhàoyào
1340	咱	zán	1371	债务	zhàiwù	1402	遮	zhē
1341	攒	zǎn	1372	寨	zhài	1403	辙	zhé
1342	暂时	zànshí	1373	瞻	zhān	1404	折射	zhéshè
1343	赞美	zànměi	1374	粘	zhān	1405	这里	zhè·lǐ
1344	脏	zāng	1375	沾	zhān	1406	真正	zhēnzhèng
1345	赃	zāng	1376	崭新	zhǎnxīn	1407	针灸	zhēnjiǔ
1346	葬	zàng	1377	展	zhǎn	1408	枕	zhěn
1347	遭	zāo	1378	展览	zhǎnlǎn	1409	诊断	zhěnduàn
1348	遭受	zāoshòu	1379	盏	zhǎn	1410	镇	zhèn

1411	振	zhèn	1442	中枢	zhōngshū	1473	转向	zhuǎnxiàng
1412	振奋	zhènfèn	1443	忠诚	zhōngchéng	1474	赚	zhuàn
1413	震	zhèn	1444	肿	zhǒng	1475	妆	zhuāng
1414	震惊	zhènjīng	1445	肿瘤	zhǒngliú	1476	庄稼	zhuāngjia
1415	征服	zhēngfú	1446	种族	zhǒngzú	1477	装置	zhuāngzhì
1416	争论	zhēnglùn	1447	种植	zhòngzhí	1478	撞	zhuàng
1417	蒸	zhēng	1448	重视	zhòngshì	1479	幢	zhuàng
1418	狰	zhēng	1449	仲	zhòng	1480	状	zhuàng
1419	拯	zhěng	1450	州	zhōu	1481	状况	zhuàngkuàng
1420	整体	zhěngtǐ	1451	周期	zhōuqī	1482	状态	zhuàngtài
1421	整顿	zhěngdùn	1452	轴	zhóu	1483	追	zhuī
1422	症	zhèng	1453	骤	zhòu	1484	追求	zhuīqiú
1423	正	zhèng	1454	昼夜	zhòuyè	1485	准	zhǔn
1424	正确	zhèngquè	1455	朱	zhū	1486	准确	zhǔnquè
1425	挣	zhèng	1456	诛	zhū	1487	准则	zhǔnzé
1426	脂肪	zhīfáng	1457	竹	zhú	1488	捉	zhuō
1427	支撑	zhīchēng	1458	逐	zhú	1489	咨	zī
1428	支持	zhīchí	1459	煮	zhǔ	1490	滋	zī
1429	值	zhí	1460	瞩	zhǔ	1491	资料	zīliào
1430	植物	zhíwù	1461	主角儿	zhǔjuér	1492	姿	zī
1431	职责	zhízé	1462	主编	zhǔbiān	1493	姊妹	zǐmèi
1432	止	zhǐ	1463	主观	zhǔguān	1494	紫	zǐ
1433	只好	zhǐhǎo	1464	驻	zhù	1495	渍	zì
1434	只有	zhǐyǒu	1465	祝	zhù	1496	自然	zìrán
1435	只得	zhǐdé	1466	祝贺	zhùhè	1497	自由	zìyóu
1436	治	zhì	1467	筑	zhù	1498	宗	zōng
1437	质量	zhìliàng	1468	抓紧	zhuājǐn	1499	宗教	zōngjiào
1438	秩序	zhìxù	1469	砖	zhuān	1500	综	zōng
1439	滞	zhì	1470	专门	zhuānmén	1501	综合	zōnghé
1440	钟	zhōng	1471	转	zhuǎn	1502	总之	zǒngzhī
1441	终究	zhōngjiū	1472	转变	zhuǎnbiàn	1503	总理	zǒnglǐ

1504	纵	zòng	1513	阻碍	zǔ'ài	1522	醉	zuì
1505	走私	zǒusī	1514	祖国	zǔguó	1523	最初	zuìchū
1506	走访	zǒufǎng	1515	诅	zǔ	1524	罪责	zuìzé
1507	奏	zòu	1516	诅咒	zǔzhòu	1525	尊重	zūnzhòng
1508	揍	zòu	1517	组合	zǔhé	1526	作者	zuòzhě
1509	租	zū	1518	钻研	zuānyán	1527	作废	zuòfèi
1510	族	zú	1519	钻	zuàn	1528	座位	zuò·wèi
1511	阻	zǔ	1520	嘴	zuǐ	1529	做法	zuòfǎ
1512	阻拦	zǔlán	1521	嘴唇	zuǐchún			

普通话水平测试常用词语表（二）

1530 哀愁 āichóu
1531 皑皑 ái'ái
1532 矮小 ǎixiǎo
1533 碍 ài
1534 爱戴 àidài
1535 爱抚 àifǔ
1536 碍事 àishì
1537 庵 ān
1538 安闲 ānxián
1539 安逸 ānyì
1540 暗藏 àncáng
1541 暗淡 àndàn
1542 黯然 ànrán
1543 盎然 àngrán
1544 凹陷 āoxiàn
1545 遨游 áoyóu
1546 翱翔 áoxiáng
1547 螯 áo
1548 袄 ǎo
1549 傲慢 àomàn
1550 巴掌 bāzhang
1551 拔除 báchú
1552 跋涉 báshè
1553 把柄 bǎbǐng
1554 把门儿 bǎménr
1555 靶 bǎ
1556 罢免 bàmiǎn
1557 坝 bà
1558 霸权 bàquán
1559 掰 bāi
1560 白皙 báixī
1561 柏油 bǎiyóu
1562 摆设 bǎi · shè
1563 斑驳 bānbó
1564 斑斓 bānlán
1565 板栗 bǎnlì
1566 伴侣 bànlǚ
1567 帮凶 bāngxiōng
1568 绑架 bǎngjià
1569 蚌 bàng
1570 包庇 bāobì
1571 包揽 bāolǎn
1572 雹 báo
1573 宝藏 bǎozàng
1574 堡垒 bǎolěi
1575 报废 bàofèi
1576 抱歉 bàoqiàn
1577 抱怨 bào · yuàn
1578 暴躁 bàozào
1579 卑微 bēiwēi
1580 悲观 bēiguān
1581 碑文 bēiwén
1582 备案 bèi'àn
1583 背叛 bèipàn
1584 钡 bèi
1585 倍增 bèizēng
1586 被褥 bèirù
1587 奔波 bēnbō
1588 本家 běnjiā
1589 笨拙 bènzhuō
1590 嘣 bēng
1591 绷带 bēngdài
1592 迸发 bèngfā
1593 逼迫 bīpò
1594 鼻梁 bíliáng
1595 鼻涕 bí · tì
1596 彼岸 bǐ'àn
1597 笔触 bǐchù
1598 鄙视 bǐshì
1599 鄙夷 bǐyí
1600 比率 bǐlǜ
1601 币 bì
1602 闭幕 bìmù
1603 毙 bì
1604 婢女 bìnǚ
1605 弊端 bìduān
1606 壁垒 bìlěi
1607 璧 bì
1608 臂膀 bìbǎng
1609 弊病 bìbìng
1610 边陲 biānchuí

1611	边沿	biānyán	1642	剥蚀	bōshí	1673	裁定	cáidìng
1612	编撰	biānzhuàn	1643	菠萝	bōluó	1674	裁缝	cáifeng
1613	鞭策	biāncè	1644	钵	bō	1675	采掘	cǎijué
1614	贬低	biǎndī	1645	剥离	bōlí	1676	采伐	cǎifá
1615	扁担	biǎndan	1646	伯乐	bólè	1677	彩塑	cǎisù
1616	匾	biǎn	1647	泊	bó	1678	彩陶	cǎitáo
1617	变异	biànyì	1648	箔	bó	1679	菜肴	càiyáo
1618	变换	biànhuàn	1649	脖颈儿	bógěngr	1680	参赛	cānsài
1619	便秘	biànmì	1650	搏击	bójī	1681	餐厅	cāntīng
1620	辩驳	biànbó	1651	博大	bódà	1682	残暴	cánbào
1621	辩解	biànjiě	1652	帛	bó	1683	残废	cánfèi
1622	标榜	biāobǎng	1653	跛	bǒ	1684	蚕食	cánshí
1623	标签	biāoqiān	1654	簸箕	bò · ji	1685	惨败	cǎnbài
1624	膘	biāo	1655	不懈	bùxiè	1686	惨痛	cǎntòng
1625	表露	biǎolù	1656	不屑	bùxiè	1687	苍翠	cāngcuì
1626	表率	biǎoshuài	1657	不孝	bùxiào	1688	沧桑	cāngsāng
1627	鳖	biē	1658	补助	bǔzhù	1689	苍茫	cāngmáng
1628	别墅	biéshù	1659	哺育	bǔyù	1690	苍穹	cāngqióng
1629	别致	biézhì	1660	补给	bǔjǐ	1691	藏书	cángshū
1630	濒临	bīnlín	1661	捕获	bǔhuò	1692	操持	cāochí
1631	摈弃	bìnqì	1662	哺乳	bǔrǔ	1693	嘈杂	cáozá
1632	冰雹	bīngbáo	1663	不啻	bùchì	1694	草拟	cǎonǐ
1633	兵营	bīngyíng	1664	不忍	bùrěn	1695	草率	cǎoshuài
1634	屏息	bǐngxī	1665	不朽	bùxiǔ	1696	策划	cèhuà
1635	病魔	bìngmó	1666	布匹	bùpǐ	1697	层面	céngmiàn
1636	病榻	bìngtà	1667	埠	bù	1698	蹭	cèng
1637	病态	bìngtài	1668	步履	bùlǚ	1699	叉腰	chāyāo
1638	摒弃	bìngqì	1669	部署	bùshǔ	1700	杈	chā
1639	拨款	bōkuǎn	1670	擦拭	cāshì	1701	插嘴	chāzuǐ
1640	波段	bōduàn	1671	猜疑	cāiyí	1702	查禁	chájìn
1641	波澜	bōlán	1672	财贸	cáimào	1703	刹那	chànà

1704	拆除	chāichú	1735	衬托	chèntuō	1766	抽搐	chōuchù
1705	柴油	cháiyóu	1736	趁机	chènjī	1767	抽泣	chōuqì
1706	搀扶	chānfú	1737	趁势	chènshì	1768	抽签	chōuqiān
1707	禅宗	chánzōng	1738	称颂	chēngsòng	1769	抽穗	chōusuì
1708	缠绵	chánmián	1739	撑腰	chēngyāo	1770	踌躇	chóuchú
1709	蟾蜍	chánchú	1740	陈规	chénguī	1771	惆怅	chóuchàng
1710	阐释	chǎnshì	1741	成才	chéngcái	1772	筹措	chóucuò
1711	忏悔	chànhuǐ	1742	诚挚	chéngzhì	1773	丑陋	chǒulòu
1712	猖獗	chāngjué	1743	承袭	chéngxí	1774	出没	chūmò
1713	肠胃	chángwèi	1744	乘积	chéngjī	1775	出奇	chūqí
1714	常务	chángwù	1745	乘凉	chéngliáng	1776	除尘	chúchén
1715	偿还	chánghuán	1746	惩办	chéngbàn	1777	厨师	chúshī
1716	场景	chǎngjǐng	1747	惩戒	chéngjiè	1778	锄	chú
1717	怅然	chàngrán	1748	澄清	chéngqīng	1779	雏形	chúxíng
1718	抄袭	chāoxí	1749	逞强	chěngqiáng	1780	橱窗	chúchuāng
1719	超脱	chāotuō	1750	驰骋	chíchěng	1781	处事	chǔshì
1720	巢穴	cháoxué	1751	迟缓	chíhuǎn	1782	储藏	chǔcáng
1721	嘲讽	cháofěng	1752	持重	chízhòng	1783	畜生	chùsheng
1722	潮汐	cháoxī	1753	齿轮	chǐlún	1784	触动	chùdòng
1723	扯皮	chěpí	1754	斥责	chìzé	1785	触须	chùxū
1724	撤换	chèhuàn	1755	炽烈	chìliè	1786	触摸	chùmō
1725	澈	chè	1756	冲刷	chōngshuā	1787	矗立	chùlì
1726	抻	chēn	1757	充斥	chōngchì	1788	穿刺	chuāncì
1727	尘埃	chén’āi	1758	充沛	chōngpèi	1789	穿戴	chuāndài
1728	沉寂	chénjì	1759	充塞	chōngsè	1790	穿梭	chuānsuō
1729	沉沦	chénlún	1760	充溢	chōngyì	1791	传神	chuánshén
1730	沉郁	chényù	1761	憧憬	chōngjǐng	1792	传输	chuánshū
1731	沉吟	chényín	1762	舂	chōng	1793	船舱	chuáncāng
1732	辰	chén	1763	重叠	chóngdié	1794	船舷	chuánxián
1733	陈腐	chénfǔ	1764	重围	chóngwéi	1795	船闸	chuánzhá
1734	晨曦	chénxī	1765	宠爱	chǒng’ài	1796	喘息	chuǎnxī

1797	疮疤	chuāngbā	1828	打岔	dǎchà	1859	祷告	dǎogào
1798	创举	chuàngjǔ	1829	打盹儿	dǎdǔnr	1860	倒置	dàozhì
1799	吹捧	chuīpěng	1830	打搅	dǎjiǎo	1861	盗贼	dàozéi
1800	垂钓	chuídiào	1831	打颤	dǎzhàn	1862	悼念	dàoniàn
1801	锤炼	chuíliàn	1832	大度	dàdù	1863	稻草	dàocǎo
1802	春耕	chūngēng	1833	大举	dàjǔ	1864	得逞	déchěng
1803	淳朴	chúnpǔ	1834	大肆	dàsì	1865	登载	dēngzǎi
1804	蠢事	chǔnshì	1835	呆板	dāibǎn	1866	瞪眼	dèngyǎn
1805	戳	chuō	1836	呆滞	dāizhì	1867	澄	dèng
1806	绰号	chuòhào	1837	歹徒	dǎitú	1868	低潮	dīcháo
1807	瓷器	cíqì	1838	玳瑁	dàimào	1869	低廉	dīlián
1808	祠堂	cítáng	1839	怠慢	dàimàn	1870	低劣	dīliè
1809	刺猬	cìwei	1840	怠工	dàigōng	1871	堤坝	dībà
1810	赐予	cìyǔ	1841	耽搁	dānge	1872	低洼	dīwā
1811	葱	cōng	1842	单薄	dānbó	1873	嫡	dí
1812	从属	cóngshǔ	1843	掸	dǎn	1874	抵偿	dǐcháng
1813	凑合	còuhe	1844	胆囊	dǎnnáng	1875	诋毁	dǐhuǐ
1814	粗暴	cūbào	1845	旦角儿	dànjuér	1876	抵御	dǐyù
1815	粗野	cūyě	1846	诞辰	dànchén	1877	地磁	dìcí
1816	簇拥	cùyōng	1847	淡漠	dànmò	1878	地幔	dìmàn
1817	窜逃	cuàntáo	1848	氮肥	dànféi	1879	递减	dìjiǎn
1818	篡改	cuàngǎi	1849	裆	dāng	1880	缔结	dìjié
1819	璀璨	cuǐcàn	1850	党籍	dǎngjí	1881	掂	diān
1820	淬火	cuìhuǒ	1851	当铺	dàng · pù	1882	颠覆	diānfù
1821	萃取	cuìqǔ	1852	荡漾	dàngyàng	1883	典籍	diǎnjí
1822	皴	cūn	1853	档次	dàngcì	1884	点缀	diǎnzhuì
1823	存储	cúnchǔ	1854	导师	dǎoshī	1885	垫圈	diànquān
1824	磋商	cuōshāng	1855	导航	dǎoháng	1886	奠基	diànjī
1825	挫败	cuòbài	1856	捣鬼	dǎoguǐ	1887	惦念	diànniàn
1826	耷拉	dāla	1857	捣毁	dǎohuǐ	1888	佃	diàn
1827	搭讪	dā · shàn	1858	倒塌	dǎotā	1889	雕琢	diāozhuó

1890	钓竿	diàogān	1921	独断	dúduàn	1952	堕落	duòluò
1891	调配	diàopèi	1922	笃信	dǔxìn	1953	跺脚	duòjiǎo
1892	调遣	diàoqiǎn	1923	堵截	dǔjié	1954	惰性	duòxìng
1893	叠嶂	diézhàng	1924	杜鹃	dùjuān	1955	蛾子	ézi
1894	叮咛	dīngníng	1925	妒忌	dùjì	1956	额角	éjiǎo
1895	鼎盛	dǐngshèng	1926	度量	dùliàng	1957	扼要	èyào
1896	定购	dìnggòu	1927	渡口	dùkǒu	1958	厄运	èyùn
1897	订婚	dìnghūn	1928	端午	Duānwǔ	1959	扼杀	èshā
1898	锭	dìng	1929	端详	duānxiáng	1960	恶霸	èbà
1899	懂事	dǒngshì	1930	短促	duǎncù	1961	萼片	èpiàn
1900	动荡	dòngdàng	1931	短缺	duǎnquē	1962	遏制	èzhì
1901	动辄	dòngzhé	1932	断层	duàncéng	1963	恶魔	èmó
1902	洞察	dòngchá	1933	断然	duànrán	1964	愕然	èrán
1903	洞穴	dòngxué	1934	断绝	duànjué	1965	恩赐	ēncì
1904	斗笠	dǒulì	1935	锻造	duànzào	1966	耳鸣	ěrmíng
1905	抖动	dǒudòng	1936	堆放	duīfàng	1967	发愁	fāchóu
1906	抖擞	dǒusǒu	1937	堆砌	duīqì	1968	发酵	fājiào
1907	陡坡	dǒupō	1938	对偶	duì'ǒu	1969	发愣	fālèng
1908	陡峭	dǒuqiào	1939	对峙	duìzhì	1970	发霉	fāméi
1909	豆浆	dòujiāng	1940	队列	duìliè	1971	发售	fāshòu
1910	逗留	dòuliú	1941	兑换	duìhuàn	1972	乏味	fáwèi
1911	窦	dòu	1942	敦促	dūncù	1973	罚金	fájīn
1912	督促	dūcù	1943	墩	dūn	1974	法典	fǎdiǎn
1913	督办	dūbàn	1944	炖鸡	dùnjī	1975	发型	fàxíng
1914	嘟囔	dūnang	1945	钝	dùn	1976	番茄	fānqié
1915	毒害	dúhài	1946	顿悟	dùnwù	1977	翻滚	fāngǔn
1916	毒剂	dújì	1947	多嘴	duōzuǐ	1978	烦躁	fánzào
1917	毒蛇	dúshé	1948	踱步	duóbù	1979	烦琐	fánsuǒ
1918	独霸	dúbà	1949	躲藏	duǒcáng	1980	繁育	fányù
1919	独裁	dúcái	1950	躲闪	duǒshǎn	1981	反驳	fǎnbó
1920	独创	dúchuàng	1951	舵手	duòshǒu	1982	反刍	fǎnchú

1983	反思	fǎnsī	2014	分摊	fēntān	2045	俯视	fǔshì
1984	返青	fǎnqīng	2015	分享	fēnxiǎng	2046	俯瞰	fǔkàn
1985	贩卖	fànmài	2016	芬芳	fēnfāng	2047	负载	fùzài
1986	泛滥	fànlàn	2017	纷繁	fēnfán	2048	附和	fùhè
1987	饭馆儿	fànguǎnr	2018	纷纭	fēnyún	2049	附庸	fùyōng
1988	防范	fángfàn	2019	氛围	fēnwéi	2050	赋税	fùshuì
1989	防汛	fángxùn	2020	酚	fēn	2051	富饶	fùráo
1990	防疫	fángyì	2021	坟墓	fénmù	2052	富庶	fùshù
1991	妨害	fánghài	2022	焚烧	fénshāo	2053	腹膜	fùmó
1992	仿效	fǎngxiào	2023	粉笔	fěnbǐ	2054	覆灭	fùmiè
1993	放纵	fàngzòng	2024	份额	fèn’é	2055	改嫁	gǎijià
1994	放肆	fàngsì	2025	粪便	fènbiàn	2056	概况	gàikuàng
1995	非议	fēiyì	2026	愤恨	fènhèn	2057	干瘪	gānbiě
1996	绯红	fēihóng	2027	丰硕	fēngshuò	2058	干涸	gānhé
1997	飞泻	fēixiè	2028	丰腴	fēngyú	2059	甘薯	gānshǔ
1998	飞溅	fēijiàn	2029	风韵	fēngyùn	2060	柑橘	gānjú
1999	飞涨	fēizhǎng	2030	风潮	fēngcháo	2061	感触	gǎnchù
2000	肥厚	féihòu	2031	风靡	fēngmǐ	2062	橄榄	gǎnlǎn
2001	肥沃	féiwò	2032	风趣	fēngqù	2063	赣	gàn
2002	诽谤	fěibàng	2033	蜂巢	fēngcháo	2064	刚健	gāngjiàn
2003	匪徒	fěitú	2034	峰峦	fēngluán	2065	钢盔	gāngkuī
2004	翡翠	fěicuì	2035	缝纫	féngrèn	2066	港湾	gǎngwān
2005	废料	fèiliào	2036	缝隙	fèngxì	2067	杠杆	gànggǎn
2006	废弃	fèiqì	2037	肤浅	fūqiǎn	2068	高昂	gāo’áng
2007	废渣	fèizhā	2038	芙蓉	fúróng	2069	高傲	gāo’ào
2008	吠	fèi	2039	扶桑	fúsāng	2070	高亢	gāokàng
2009	费解	fèijiě	2040	浮雕	fúdiāo	2071	高粱	gāoliang
2010	分辨	fēnbiàn	2041	辅助	fǔzhù	2072	羔羊	gāoyáng
2011	分隔	fēngé	2042	抚摩	fǔmó	2073	膏药	gāoyao
2012	分娩	fēnmiǎn	2043	抚育	fǔyù	2074	稿纸	gǎozhǐ
2013	分蘖	fēnniè	2044	甫	fǔ	2075	告诫	gàojiè

2076 告状 gàozhuàng
2077 戈壁 gēbì
2078 搁置 gēzhì
2079 割裂 gēliè
2080 歌喉 gēhóu
2081 隔阂 géhé
2082 跟踪 gēnzōng
2083 更替 gēngtì
2084 耕耘 gēngyún
2085 耕种 gēngzhòng
2086 哽咽 gěngyè
2087 工龄 gōnglíng
2088 工序 gōngxù
2089 公道 gōng·dào
2090 公墓 gōngmù
2091 公仆 gōngpú
2092 功勋 gōngxūn
2093 攻陷 gōngxiàn
2094 恭维 gōng·wéi
2095 拱桥 gǒngqiáo
2096 共振 gòngzhèn
2097 勾勒 gōulè
2098 篝火 gōuhuǒ
2099 沟渠 gōuqú
2100 苟且 gǒuqiě
2101 构筑 gòuzhù
2102 估量 gū·liáng
2103 孤寂 gūjì
2104 孤僻 gūpì
2105 辜负 gūfù
2106 古籍 gǔjí
2107 谷物 gǔwù
2108 骨髓 gǔsuǐ
2109 鼓膜 gǔmó
2110 鼓掌 gǔzhǎng
2111 固态 gùtài
2112 故障 gùzhàng
2113 顾忌 gùjì
2114 雇佣 gùyōng
2115 瓜子 guāzǐ
2116 褂子 guàzi
2117 挂帅 guàshuài
2118 拐棍 guǎigùn
2119 关税 guānshuì
2120 关卡 guānqiǎ
2121 观摩 guānmó
2122 管制 guǎnzhì
2123 惯例 guànlì
2124 灌注 guànzhù
2125 灌输 guànshū
2126 光速 guāngsù
2127 光阴 guāngyīn
2128 广袤 guǎngmào
2129 广漠 guǎngmò
2130 归宿 guīsù
2131 规程 guīchéng
2132 皈依 guīyī
2133 诡秘 guǐmì
2134 贵贱 guìjiàn
2135 贵重 guìzhòng
2136 桂冠 guìguān
2137 滚烫 gǔntàng
2138 锅炉 guōlú
2139 国籍 guójí
2140 国势 guóshì
2141 果真 guǒzhēn
2142 过错 guòcuò
2143 过滤 guòlǜ
2144 过剩 guòshèng
2145 过往 guòwǎng
2146 过瘾 guòyǐn
2147 过硬 guòyìng
2148 蛤蟆 háma
2149 孩提 háití
2150 海豹 hǎibào
2151 海滨 hǎibīn
2152 海潮 hǎicháo
2153 海盗 hǎidào
2154 海港 hǎigǎng
2155 海流 hǎiliú
2156 海参 hǎishēn
2157 海豚 hǎitún
2158 海啸 hǎixiào
2159 海蜇 hǎizhé
2160 害处 hài·chù
2161 酣睡 hānshuì
2162 憨厚 hānhòu
2163 蚶 hān
2164 鼾声 hānshēng
2165 含糊 hánhu
2166 含混 hánhùn
2167 含蓄 hánxù
2168 函授 hánshòu

2169 寒潮 háncháo
2170 寒噤 hánjìn
2171 寒暄 hánxuān
2172 寒颤 hánzhàn
2173 罕见 hǎnjiàn
2174 焊接 hànjiē
2175 憾事 hànshì
2176 航程 hángchéng
2177 航线 hángxiàn
2178 航道 hángdào
2179 毫厘 háolí
2180 豪爽 háoshuǎng
2181 豪情 háoqíng
2182 壕沟 háogōu
2183 号啕 háotáo
2184 好感 hǎogǎn
2185 好歹 hǎodǎi
2186 号称 hàochēng
2187 好恶 hàowù
2188 耗资 hàozī
2189 浩劫 hàojié
2190 呵斥 hēchì
2191 合伙 héhuǒ
2192 河流 héliú
2193 合奏 hézòu
2194 何尝 hécháng
2195 和蔼 hé'ǎi
2196 和缓 héhuǎn
2197 和气 hé·qì
2198 河床 héchuáng
2199 河谷 hégǔ
2200 河滩 hétān
2201 河豚 hétún
2202 核对 héduì
2203 核准 hézhǔn
2204 核桃 hétao
2205 盒子 hézi
2206 贺喜 hèxǐ
2207 喝彩 hècǎi
2208 赫然 hèrán
2209 褐 hè
2210 恒温 héngwēn
2211 横渡 héngdù
2212 横贯 héngguàn
2213 横亘 hénggèn
2214 轰鸣 hōngmíng
2215 轰然 hōngrán
2216 轰炸 hōngzhà
2217 烘托 hōngtuō
2218 弘扬 hóngyáng
2219 红润 hóngrùn
2220 鸿运 hóngyùn
2221 鸿沟 hónggōu
2222 宏大 hóngdà
2223 吼声 hǒushēng
2224 后继 hòujì
2225 后裔 hòuyì
2226 厚薄 hòubó
2227 候鸟 hòuniǎo
2228 候审 hòushěn
2229 呼号 hūháo
2230 呼救 hūjiù
2231 呼啸 hūxiào
2232 狐狸 húli
2233 狐疑 húyí
2234 弧光 húguāng
2235 胡闹 húnào
2236 胡乱 húluàn
2237 胡须 húxū
2238 互利 hùlì
2239 护送 hùsòng
2240 花瓣 huābàn
2241 花丛 huācóng
2242 花萼 huā'è
2243 花卉 huāhuì
2244 花圃 huāpǔ
2245 华夏 Huáxià
2246 哗然 huárán
2247 滑稽 huá·jī
2248 化脓 huànóng
2249 画册 huàcè
2250 画廊 huàláng
2251 画展 huàzhǎn
2252 坏事 huàishì
2253 欢呼 huānhū
2254 欢腾 huānténg
2255 还击 huánjī
2256 环保 huánbǎo
2257 环顾 huángù
2258 环绕 huánrào
2259 缓冲 huǎnchōng
2260 缓解 huǎnjiě
2261 幻灯 huàndēng

2262	幻想	huànxiǎng	2293	蛔虫	huíchóng	2324	祸害	huò · hài
2263	唤醒	huànxǐng	2294	悔恨	huǐhèn	2325	霍乱	huòluàn
2264	换算	huànsuàn	2295	汇编	huìbiān	2326	豁免	huòmiǎn
2265	涣散	huànsàn	2296	汇率	huìlǜ	2327	几率	jīlǜ
2266	患难	huànnàn	2297	汇聚	huìjù	2328	讥讽	jīfěng
2267	焕发	huànfā	2298	会晤	huìwù	2329	机舱	jīcāng
2268	豢养	huànyǎng	2299	喙	huì	2330	机敏	jīmǐn
2269	荒诞	huāngdàn	2300	讳言	huìyán	2331	机理	jīlǐ
2270	荒谬	huāngmiù	2301	荟萃	huìcuì	2332	肌肤	jīfū
2271	荒漠	huāngmò	2302	贿赂	huìlù	2333	基建	jījiàn
2272	荒芜	huāngwú	2303	晦气	huì · qì	2334	积聚	jījù
2273	慌神	huāngshén	2304	彗星	huìxīng	2335	基调	jīdiào
2274	黄雀	huángquè	2305	昏暗	hūn'àn	2336	基数	jīshù
2275	皇冠	huángguān	2306	昏迷	hūnmí	2337	激昂	jī'áng
2276	黄疸	huángdǎn	2307	浑厚	húnhòu	2338	激荡	jīdàng
2277	惶恐	huángkǒng	2308	魂魄	húnpò	2339	激愤	jīfèn
2278	惶惑	huánghuò	2309	混沌	hùndùn	2340	羁绊	jībàn
2279	谎言	huǎngyán	2310	混杂	hùnzá	2341	吉他	jítā
2280	幌子	huǎngzi	2311	混浊	hùnzhuó	2342	瘠	jí
2281	晃动	huàngdòng	2312	豁口	huōkǒu	2343	汲取	jíqǔ
2282	灰暗	huī'àn	2313	活塞	huósāi	2344	极限	jíxiàn
2283	诙谐	huīxié	2314	活体	huótǐ	2345	即可	jíkě
2284	灰烬	huījìn	2315	火把	huǒbǎ	2346	即兴	jíxìng
2285	挥发	huīfā	2316	火候	huǒhou	2347	急促	jícù
2286	挥舞	huīwǔ	2317	火苗	huǒmiáo	2348	急遽	jíjù
2287	辉映	huīyìng	2318	火速	huǒsù	2349	亟须	jíxū
2288	回报	huíbào	2319	火灾	huǒzāi	2350	疾速	jísù
2289	回敬	huíjìng	2320	火葬	huǒzàng	2351	疾驰	jíchí
2290	回味	huíwèi	2321	伙计	huǒji	2352	疾书	jíshū
2291	回旋	huíxuán	2322	货源	huòyuán	2353	棘手	jíshǒu
2292	洄游	huíyóu	2323	获悉	huòxī	2354	集结	jíjié

2355	嫉妒	jídù	2386	坚韧	jiānrèn	2417	将领	jiànglǐng
2356	给养	jǐyǎng	2387	坚毅	jiānyì	2418	降生	jiàngshēng
2357	脊梁	jǐliang	2388	肩胛	jiānjiǎ	2419	绛红	jiànghóng
2358	脊髓	jǐsuǐ	2389	艰巨	jiānjù	2420	酱油	jiàngyóu
2359	戟	jǐ	2390	监测	jiāncè	2421	交代	jiāodài
2360	麂	jǐ	2391	兼备	jiānbèi	2422	交汇	jiāohuì
2361	伎俩	jìliǎng	2392	兼顾	jiāngù	2423	交涉	jiāoshè
2362	寂静	jìjìng	2393	缄默	jiānmò	2424	郊外	jiāowài
2363	纪要	jìyào	2394	煎熬	jiān'áo	2425	浇灌	jiāoguàn
2364	迹象	jìxiàng	2395	茧子	jiǎnzi	2426	娇嫩	jiāonèn
2365	记述	jìshù	2396	检索	jiǎnsuǒ	2427	焦距	jiāojù
2366	祭坛	jìtán	2397	检阅	jiǎnyuè	2428	焦躁	jiāozào
2367	寄语	jìyǔ	2398	剪裁	jiǎncái	2429	焦灼	jiāozhuó
2368	忌讳	jì·huì	2399	简陋	jiǎnlòu	2430	礁石	jiāoshí
2369	加固	jiāgù	2400	简朴	jiǎnpǔ	2431	角膜	jiǎomó
2370	夹攻	jiāgōng	2401	间谍	jiàndié	2432	狡猾	jiǎohuá
2371	夹杂	jiāzá	2402	间歇	jiànxiē	2433	饺子	jiǎozi
2372	佳肴	jiāyáo	2403	间隙	jiànxì	2434	矫健	jiǎojiàn
2373	枷锁	jiāsuǒ	2404	健身	jiànshēn	2435	皎洁	jiǎojié
2374	家访	jiāfǎng	2405	舰队	jiànduì	2436	脚跟	jiǎogēn
2375	家常	jiācháng	2406	渐变	jiànbiàn	2437	脚趾	jiǎozhǐ
2376	家眷	jiājuàn	2407	践踏	jiàntà	2438	搅拌	jiǎobàn
2377	嘉奖	jiājiǎng	2408	毽子	jiànzi	2439	搅动	jiǎodòng
2378	甲壳	jiǎqiào	2409	鉴赏	jiànshǎng	2440	缴获	jiǎohuò
2379	假借	jiǎjiè	2410	箭头	jiàntóu	2441	叫嚷	jiàorǎng
2380	嫁妆	jiàzhuang	2411	将就	jiāngjiu	2442	叫嚣	jiàoxiāo
2381	驾驭	jiàyù	2412	僵化	jiānghuà	2443	接管	jiēguǎn
2382	架设	jiàshè	2413	僵死	jiāngsǐ	2444	接纳	jiēnà
2383	尖刀	jiāndāo	2414	讲解	jiǎngjiě	2445	接替	jiētì
2384	尖端	jiānduān	2415	讲授	jiǎngshòu	2446	秸秆	jiēgǎn
2385	尖锐	jiānruì	2416	奖惩	jiǎngchéng	2447	揭晓	jiēxiǎo

2448	揭露	jiēlù	2479	禁忌	jìnjì	2510	纠葛	jiūgé
2449	截至	jiézhì	2480	禁毒	jìndú	2511	揪	jiū
2450	劫持	jiéchí	2481	禁锢	jìngù	2512	韭菜	jiǔcài
2451	节余	jiéyú	2482	精度	jīngdù	2513	酒席	jiǔxí
2452	结膜	jiémó	2483	经脉	jīngmài	2514	厩	jiù
2453	结社	jiéshè	2484	经营	jīngyíng	2515	臼齿	jiùchǐ
2454	捷报	jiébào	2485	经商	jīngshāng	2516	救灾	jiùzāi
2455	截断	jiéduàn	2486	荆棘	jīngjí	2517	就餐	jiùcān
2456	截然	jiérán	2487	惊悉	jīngxī	2518	救援	jiùyuán
2457	解雇	jiěgù	2488	惊诧	jīngchà	2519	就绪	jiùxù
2458	解体	jiětǐ	2489	惊愕	jīng'è	2520	舅妈	jiùmā
2459	介入	jièrù	2490	惊骇	jīnghài	2521	拘谨	jūjǐn
2460	戒备	jièbèi	2491	惊慌	jīnghuāng	2522	拘留	jūliú
2461	戒指	jièzhi	2492	惊恐	jīngkǒng	2523	拘泥	jūnì
2462	借贷	jièdài	2493	精光	jīngguāng	2524	鞠躬	jūgōng
2463	巾帼	jīnguó	2494	精髓	jīngsuǐ	2525	沮丧	jǔsàng
2464	金星	jīnxīng	2495	精湛	jīngzhàn	2526	锯齿	jùchǐ
2465	津贴	jīntiē	2496	颈椎	jǐngzhuī	2527	聚餐	jùcān
2466	矜持	jīnchí	2497	景观	jǐngguān	2528	眷恋	juànliàn
2467	筋骨	jīngǔ	2498	警犬	jǐngquǎn	2529	卷子	juànzi
2468	紧迫	jǐnpò	2499	警觉	jǐngjué	2530	诀别	juébié
2469	紧闭	jǐnbì	2500	径直	jìngzhí	2531	角逐	juézhú
2470	紧缩	jǐnsuō	2501	竞相	jìngxiāng	2532	倔强	juéjiàng
2471	锦旗	jǐnqí	2502	敬畏	jìngwèi	2533	绝缘	juéyuán
2472	锦绣	jǐnxiù	2503	敬重	jìngzhòng	2534	攫取	juéqǔ
2473	进餐	jìncān	2504	敬礼	jìnglǐ	2535	军服	jūnfú
2474	进退	jìntuì	2505	静谧	jìngmì	2536	均等	jūnděng
2475	近郊	jìnjiāo	2506	静穆	jìngmù	2537	俊俏	jùnqiào
2476	近视	jìn·shì	2507	镜框	jìngkuàng	2538	竣工	jùngōng
2477	晋级	jìnjí	2508	窘迫	jiǒngpò	2539	开掘	kāijué
2478	浸泡	jìnpào	2509	纠缠	jiūchán	2540	开朗	kāilǎng

2541 开凿 kāizáo
2542 凯旋 kǎixuán
2543 慨叹 kǎitàn
2544 楷模 kǎimó
2545 刊载 kānzǎi
2546 勘测 kāncè
2547 坎坷 kǎnkě
2548 慷慨 kāngkǎi
2549 抗衡 kànghéng
2550 亢奋 kàngfèn
2551 考究 kǎo · jiu
2552 苛刻 kēkè
2553 瞌睡 kēshuì
2554 可耻 kěchǐ
2555 渴求 kěqiú
2556 刻薄 kèbó
2557 恪守 kèshǒu
2558 客商 kèshāng
2559 垦荒 kěnhuāng
2560 空袭 kōngxí
2561 恐吓 kǒnghè
2562 空隙 kòngxì
2563 控诉 kòngsù
2564 抠 kōu
2565 口粮 kǒuliáng
2566 口罩 kǒuzhào
2567 叩头 kòutóu
2568 扣押 kòuyā
2569 枯黄 kūhuáng
2570 枯萎 kūwěi
2571 枯燥 kūzào
2572 窟窿 kūlong
2573 苦闷 kǔmèn
2574 苦涩 kǔsè
2575 裤腿 kùtuǐ
2576 酷爱 kù'ài
2577 夸耀 kuāyào
2578 垮台 kuǎtái
2579 跨越 kuàyuè
2580 挎包 kuàbāo
2581 快感 kuàigǎn
2582 快艇 kuàitǐng
2583 宽裕 kuānyù
2584 宽慰 kuānwèi
2585 狂热 kuángrè
2586 旷野 kuàngyě
2587 框架 kuàngjià
2588 亏本 kuīběn
2589 窥探 kuītàn
2590 葵花 kuíhuā
2591 傀儡 kuǐlěi
2592 匮乏 kuìfá
2593 溃烂 kuìlàn
2594 溃疡 kuìyáng
2595 困扰 kùnrǎo
2596 扩充 kuòchōng
2597 拉力 lālì
2598 喇嘛 lǎma
2599 腊梅 làméi
2600 来宾 láibīn
2601 来势 láishì
2602 拦截 lánjié
2603 栏杆 lángān
2604 懒散 lǎnsǎn
2605 烂泥 lànní
2606 狼狈 lángbèi
2607 朗诵 lǎngsòng
2608 浪潮 làngcháo
2609 劳驾 láojià
2610 牢骚 láo · sāo
2611 老练 lǎoliàn
2612 姥姥 lǎolao
2613 烙印 làoyìn
2614 乐趣 lèqù
2615 勒令 lèlìng
2616 勒索 lèsuǒ
2617 累赘 léizhuì
2618 累积 lěijī
2619 肋骨 lèigǔ
2620 擂主 lèizhǔ
2621 类推 lèituī
2622 棱角 léngjiǎo
2623 冷藏 lěngcáng
2624 冷峻 lěngjùn
2625 冷酷 lěngkù
2626 冷遇 lěngyù
2627 离散 lísàn
2628 离奇 líqí
2629 黎明 límíng
2630 理财 lǐcái
2631 力争 lìzhēng
2632 厉声 lìshēng
2633 立案 lì'àn

2634	利弊	lìbì	2665	淋漓	línlí	2696	绿洲	lùzhōu
2635	利索	lìsuo	2666	嶙峋	línxún	2697	孪生	luánshēng
2636	沥青	lìqīng	2667	磷脂	línzhī	2698	卵子	luǎnzǐ
2637	隶属	lìshǔ	2668	鳞片	línpiàn	2699	沦陷	lúnxiàn
2638	砾石	lìshí	2669	凌厉	línglì	2700	轮番	lúnfān
2639	痢疾	lìji	2670	灵通	língtōng	2701	论著	lùnzhù
2640	连绵	liánmián	2671	玲珑	línglóng	2702	骡子	luózi
2641	怜悯	liánmǐn	2672	凌乱	língluàn	2703	罗盘	luópán
2642	涟漪	liányī	2673	领略	lǐnglüè	2704	锣鼓	luógǔ
2643	联姻	liányīn	2674	溜	liū	2705	箩筐	luókuāng
2644	镰刀	liándāo	2675	浏览	liúlǎn	2706	螺丝	luósī
2645	脸庞	liǎnpáng	2676	流畅	liúchàng	2707	裸露	luǒlù
2646	脸谱	liǎnpǔ	2677	流淌	liútǎng	2708	落差	luòchā
2647	链条	liàntiáo	2678	琉璃	liú • lí	2709	抹布	mābù
2648	良性	liángxìng	2679	硫黄	liúhuáng	2710	麻雀	máquè
2649	两栖	liǎngqī	2680	笼子	lóngzi	2711	麻疹	mázhěn
2650	两翼	liǎngyì	2681	笼络	lǒngluò	2712	马褂	mǎguà
2651	谅解	liàngjiě	2682	笼统	lǒngtǒng	2713	马匹	mǎpǐ
2652	潦倒	liáodǎo	2683	楼阁	lóugé	2714	马蹄	mǎtí
2653	缭绕	liáorào	2684	楼梯	lóutī	2715	玛瑙	mǎnǎo
2654	料理	liàolǐ	2685	漏斗	lòudǒu	2716	埋伏	mái • fú
2655	撂	liào	2686	陋习	lòuxí	2717	埋葬	máizàng
2656	瞭望	liàowàng	2687	芦笙	lúshēng	2718	麦收	màishōu
2657	劣等	lièděng	2688	芦苇	lúwěi	2719	蛮横	mánhèng
2658	烈焰	lièyàn	2689	卤水	lǔshuǐ	2720	满腹	mǎnfù
2659	猎犬	lièquǎn	2690	鲁莽	lǔmǎng	2721	谩骂	mànmà
2660	裂变	lièbiàn	2691	路途	lùtú	2722	蔓延	mànyán
2661	裂痕	lièhén	2692	露骨	lùgǔ	2723	漫游	mànyóu
2662	裂隙	lièxì	2693	露珠	lùzhū	2724	盲流	mángliú
2663	临街	línjiē	2694	屡次	lǚcì	2725	毛驴	máolǘ
2664	临摹	línmó	2695	绿肥	lǜféi	2726	毛囊	máonáng

2727	茅屋	máowū	2758	描摹	miáomó	2789	墓葬	mùzàng
2728	铆	mǎo	2759	瞄准	miáozhǔn	2790	暮色	mùsè
2729	茂密	màomì	2760	渺小	miǎoxiǎo	2791	纳粹	Nàcuì
2730	冒昧	màomèi	2761	藐视	miǎoshì	2792	奶油	nǎiyóu
2731	貌似	màosì	2762	蔑视	mièshì	2793	难堪	nánkān
2732	玫瑰	méi・guī	2763	民谣	mínyáo	2794	难为	nánwei
2733	眉宇	méiyǔ	2764	泯灭	mǐnmiè	2795	囊括	nángkuò
2734	霉烂	méilàn	2765	名额	míng'é	2796	脑髓	nǎosuǐ
2735	霉菌	méijūn	2766	名流	míngliú	2797	内阁	nèigé
2736	美味	měiwèi	2767	名著	míngzhù	2798	内幕	nèimù
2737	门槛	ménkǎn	2768	明矾	míngfán	2799	嫩绿	nènlǜ
2738	萌动	méngdòng	2769	鸣叫	míngjiào	2800	能耐	néngnai
2739	蒙蔽	méngbì	2770	冥想	míngxiǎng	2801	尼姑	nígū
2740	蒙昧	méngmèi	2771	明晰	míngxī	2802	呢绒	níróng
2741	猛然	měngrán	2772	铭文	míngwén	2803	泥浆	níjiāng
2742	猛兽	měngshòu	2773	谬论	miùlùn	2804	泥鳅	ní・qiū
2743	梦幻	mènghuàn	2774	摩登	módēng	2805	泥泞	nínìng
2744	梦呓	mèngyì	2775	摩擦	mócā	2806	拟定	nǐdìng
2745	眯缝	mīfeng	2776	蘑菇	mógu	2807	拟人	nǐrén
2746	弥散	mísàn	2777	魔爪	mózhǎo	2808	逆流	nìliú
2747	迷惑	míhuò	2778	抹杀	mǒshā	2809	溺爱	nì'ài
2748	迷茫	mímáng	2779	末梢	mòshāo	2810	年终	niánzhōng
2749	猕猴	míhóu	2780	蓦然	mòrán	2811	鸟瞰	niǎokàn
2750	糜烂	mílàn	2781	漠视	mòshì	2812	袅袅	niǎoniǎo
2751	密封	mìfēng	2782	默契	mòqì	2813	捏造	niēzào
2752	蜜月	mìyuè	2783	谋害	móuhài	2814	涅槃	nièpán
2753	棉絮	miánxù	2784	模板	múbǎn	2815	镊子	nièzi
2754	免除	miǎnchú	2785	牡蛎	mǔlì	2816	凝望	níngwàng
2755	缅怀	miǎnhuái	2786	木筏	mùfá	2817	牛犊	niúdú
2756	面条儿	miàntiáor	2787	目睹	mùdǔ	2818	扭曲	niǔqū
2757	苗圃	miáopǔ	2788	募捐	mùjuān	2819	扭送	niǔsòng

2820	纽扣	niǔkòu
2821	浓烈	nóngliè
2822	浓郁	nóngyù
2823	奴才	núcai
2824	怒吼	nùhǒu
2825	暖瓶	nuǎnpíng
2826	疟疾	nüèji
2827	虐待	nüèdài
2828	挪动	nuó·dòng
2829	懦弱	nuòruò
2830	讴歌	ōugē
2831	偶像	ǒuxiàng
2832	耙	pá
2833	拍板	pāibǎn
2834	排卵	páiluǎn
2835	排泄	páixiè
2836	牌坊	pái·fāng
2837	派系	pàixì
2838	攀援	pānyuán
2839	盘剥	pánbō
2840	盘踞	pánjù
2841	盘旋	pánxuán
2842	叛逆	pànnì
2843	叛徒	pàntú
2844	旁白	pángbái
2845	膀胱	pángguāng
2846	磅礴	pángbó
2847	咆哮	páoxiào
2848	炮制	páozhì
2849	泡菜	pàocài
2850	胚芽	pēiyá
2851	陪衬	péichèn
2852	培植	péizhí
2853	佩戴	pèidài
2854	配偶	pèi'ǒu
2855	喷发	pēnfā
2856	喷嚏	pēn·tì
2857	盆栽	pénzāi
2858	抨击	pēngjī
2859	烹饪	pēngrèn
2860	膨大	péngdà
2861	碰巧	pèngqiǎo
2862	披露	pīlù
2863	霹雳	pīlì
2864	坯	pī
2865	毗邻	pílín
2866	疲惫	píbèi
2867	琵琶	pí·pá
2868	脾脏	pízàng
2869	匹配	pǐpèi
2870	痞子	pǐzi
2871	媲美	pìměi
2872	偏颇	piānpō
2873	漂浮	piāofú
2874	漂泊	piāobó
2875	飘逸	piāoyì
2876	票据	piàojù
2877	撇开	piē·kāi
2878	瞥见	piējiàn
2879	拼搏	pīnbó
2880	贫瘠	pínjí
2881	聘请	pìnqǐng
2882	平缓	pínghuǎn
2883	平庸	píngyōng
2884	评判	píngpàn
2885	凭证	píngzhèng
2886	屏障	píngzhàng
2887	凭吊	píngdiào
2888	泼辣	pō·là
2889	破获	pòhuò
2890	破绽	pò·zhàn
2891	魄力	pò·lì
2892	剖析	pōuxī
2893	匍匐	púfú
2894	蒲扇	púshàn
2895	谱写	pǔxiě
2896	瀑布	pùbù
2897	栖息	qīxī
2898	凄楚	qīchǔ
2899	凄然	qīrán
2900	欺侮	qīwǔ
2901	漆器	qīqì
2902	祈祷	qídǎo
2903	崎岖	qíqū
2904	旗袍	qípáo
2905	乞丐	qǐgài
2906	启迪	qǐdí
2907	启蒙	qǐméng
2908	起哄	qǐhòng
2909	绮丽	qǐlì
2910	气喘	qìchuǎn
2911	气概	qìgài
2912	气魄	qìpò

2913 迄今 qìjīn
2914 汽艇 qìtǐng
2915 契机 qìjī
2916 器械 qìxiè
2917 恰似 qiàsì
2918 迁就 qiānjiù
2919 谦虚 qiānxū
2920 牵制 qiānzhì
2921 谦逊 qiānxùn
2922 签署 qiānshǔ
2923 前列 qiánliè
2924 前辈 qiánbèi
2925 虔诚 qiánchéng
2926 乾坤 qiánkūn
2927 浅薄 qiǎnbó
2928 谴责 qiǎnzé
2929 浅滩 qiǎntān
2930 歉收 qiànshōu
2931 歉意 qiànyì
2932 枪毙 qiāngbì
2933 墙壁 qiángbì
2934 墙根 qiánggēn
2935 强奸 qiángjiān
2936 抢劫 qiǎngjié
2937 抢购 qiǎnggòu
2938 强求 qiǎngqiú
2939 敲打 qiāo · dǎ
2940 侨眷 qiáojuàn
2941 瞧见 qiáo · jiàn
2942 悄然 qiǎorán
2943 峭壁 qiàobì
2944 窍门 qiàomén
2945 切磋 qiēcuō
2946 切割 qiēgē
2947 茄子 qiézi
2948 怯懦 qiènuò
2949 窃取 qièqǔ
2950 惬意 qièyì
2951 钦差 qīnchāi
2952 亲昵 qīnnì
2953 亲缘 qīnyuán
2954 禽兽 qínshòu
2955 勤俭 qínjiǎn
2956 青稞 qīngkē
2957 青苔 qīngtái
2958 青铜 qīngtóng
2959 轻浮 qīngfú
2960 轻蔑 qīngmiè
2961 倾倒 qīngdào
2962 倾诉 qīngsù
2963 倾泻 qīngxiè
2964 清澈 qīngchè
2965 清静 qīngjìng
2966 蜻蜓 qīngtíng
2967 请缨 qǐngyīng
2968 顷刻 qǐngkè
2969 庆幸 qìngxìng
2970 丘陵 qiūlíng
2971 囚犯 qiúfàn
2972 求援 qiúyuán
2973 裘皮 qiúpí
2974 曲解 qūjiě
2975 曲轴 qūzhóu
2976 躯壳 qūqiào
2977 取缔 qǔdì
2978 取舍 qǔshě
2979 趣味 qùwèi
2980 泉源 quányuán
2981 痊愈 quányù
2982 蜷缩 quánsuō
2983 缺德 quēdé
2984 确信 quèxìn
2985 确凿 quèzáo
2986 冉冉 rǎnrǎn
2987 染料 rǎnliào
2988 饶恕 ráoshù
2989 绕道 ràodào
2990 热忱 rèchén
2991 热望 rèwàng
2992 人际 rénjì
2993 人参 rénshēn
2994 仁慈 réncí
2995 认购 rèngòu
2996 认罪 rènzuì
2997 韧带 rèndài
2998 妊娠 rènshēn
2999 日渐 rìjiàn
3000 荣幸 róngxìng
3001 荣耀 róngyào
3002 容貌 róngmào
3003 容忍 róngrěn
3004 溶洞 róngdòng
3005 融化 rónghuà

3006	融资	róngzī	3037	纱锭	shādìng	3068	舌苔	shétāi
3007	冗长	rǒngcháng	3038	刹车	shāchē	3069	舍弃	shěqì
3008	柔美	róuměi	3039	傻瓜	shǎguā	3070	设防	shèfáng
3009	蹂躏	róulìn	3040	霎时	shàshí	3071	射程	shèchéng
3010	肉质	ròuzhì	3041	筛选	shāixuǎn	3072	射箭	shèjiàn
3011	如实	rúshí	3042	山坳	shān'ào	3073	赦免	shèmiǎn
3012	儒学	rúxué	3043	山麓	shānlù	3074	摄取	shèqǔ
3013	褥子	rùzi	3044	山峦	shānluán	3075	申诉	shēnsù
3014	软禁	ruǎnjìn	3045	山岳	shānyuè	3076	伸张	shēnzhāng
3015	锐角	ruìjiǎo	3046	珊瑚	shānhú	3077	身段	shēnduàn
3016	锐利	ruìlì	3047	煽动	shāndòng	3078	呻吟	shēnyín
3017	闰年	rùnnián	3048	闪耀	shǎnyào	3079	绅士	shēnshì
3018	润滑	rùnhuá	3049	扇贝	shànbèi	3080	深奥	shēn'ào
3019	撒谎	sāhuǎng	3050	膳食	shànshí	3081	深浅	shēnqiǎn
3020	撒娇	sājiāo	3051	赡养	shànyǎng	3082	深邃	shēnsuì
3021	洒脱	sǎ · tuō	3052	伤痕	shānghén	3083	深渊	shēnyuān
3022	卅	sà	3053	伤势	shāngshì	3084	神采	shéncǎi
3023	散失	sànshī	3054	商检	shāngjiǎn	3085	神龛	shénkān
3024	丧葬	sāngzàng	3055	商榷	shāngquè	3086	神韵	shényùn
3025	嗓音	sǎngyīn	3056	商讨	shāngtǎo	3087	审理	shěnlǐ
3026	骚动	sāodòng	3057	晌午	shǎngwu	3088	审慎	shěnshèn
3027	扫盲	sǎománg	3058	赏赐	shǎngcì	3089	婶子	shěnzi
3028	扫描	sǎomiáo	3059	赏识	shǎngshí	3090	肾脏	shènzàng
3029	扫帚	sàozhou	3060	上臂	shàngbì	3091	渗透	shèntòu
3030	色调	sèdiào	3061	上缴	shàngjiǎo	3092	升腾	shēngténg
3031	色泽	sèzé	3062	上司	shàngsi	3093	生疏	shēngshū
3032	森严	sēnyán	3063	尚且	shàngqiě	3094	生效	shēngxiào
3033	僧尼	sēngní	3064	烧毁	shāohuǐ	3095	生涯	shēngyá
3034	杀戮	shālù	3065	勺子	sháozi	3096	声望	shēngwàng
3035	沙丘	shāqiū	3066	哨所	shàosuǒ	3097	声誉	shēngyù
3036	沙哑	shāyǎ	3067	奢侈	shēchǐ	3098	声援	shēngyuán

3099	绳索	shéngsuǒ	3130	收缴	shōujiǎo	3161	税额	shuì'é
3100	省略	shěnglüè	3131	手绢儿	shǒujuànr	3162	睡梦	shuìmèng
3101	尸体	shītǐ	3132	守候	shǒuhòu	3163	吮	shǔn
3102	失控	shīkòng	3133	受挫	shòucuò	3164	瞬间	shùnjiān
3103	失神	shīshén	3134	受难	shòunàn	3165	硕大	shuòdà
3104	失陷	shīxiàn	3135	授粉	shòufěn	3166	丝绸	sīchóu
3105	诗集	shījí	3136	授权	shòuquán	3167	私塾	sīshú
3106	虱子	shīzi	3137	瘦弱	shòuruò	3168	思忖	sīcǔn
3107	施舍	shīshě	3138	抒发	shūfā	3169	厮杀	sīshā
3108	石膏	shígāo	3139	书房	shūfáng	3170	撕毁	sīhuǐ
3109	石雕	shídiāo	3140	枢纽	shūniǔ	3171	死寂	sǐjì
3110	时尚	shíshàng	3141	舒畅	shūchàng	3172	寺庙	sìmiào
3111	实效	shíxiào	3142	抒情	shūqíng	3173	伺机	sìjī
3112	时装	shízhuāng	3143	梳理	shūlǐ	3174	肆意	sìyì
3113	实测	shícè	3144	疏忽	shūhu	3175	松懈	sōngxiè
3114	实情	shíqíng	3145	疏远	shūyuǎn	3176	耸立	sǒnglì
3115	拾掇	shíduo	3146	赎罪	shúzuì	3177	怂恿	sǒngyǒng
3116	食道	shídào	3147	熟睡	shúshuì	3178	诵读	sòngdú
3117	史籍	shǐjí	3148	熟知	shúzhī	3179	搜捕	sōubǔ
3118	事理	shìlǐ	3149	蜀	shǔ	3180	俗语	súyǔ
3119	事态	shìtài	3150	暑假	shǔjià	3181	肃穆	sùmù
3120	侍奉	shìfèng	3151	曙光	shǔguāng	3182	隧道	suìdào
3121	试探	shìtàn	3152	树冠	shùguān	3183	损坏	sǔnhuài
3122	视察	shìchá	3153	树脂	shùzhī	3184	蓑衣	suōyī
3123	柿子	shìzi	3154	数额	shù'é	3185	缩影	suōyǐng
3124	噬	shì	3155	衰败	shuāibài	3186	锁链	suǒliàn
3125	适度	shìdù	3156	摔跤	shuāijiāo	3187	坍塌	tāntā
3126	嗜好	shìhào	3157	拴	shuān	3188	瘫痪	tānhuàn
3127	试验	shìyàn	3158	水泵	shuǐbèng	3189	贪婪	tānlán
3128	收藏	shōucáng	3159	水渠	shuǐqú	3190	弹劾	tánhé
3129	收敛	shōuliǎn	3160	水獭	shuǐtǎ	3191	坦率	tǎnshuài

3192 探究 tànjiū
3193 探询 tànxún
3194 搪瓷 tángcí
3195 搪塞 tángsè
3196 螳螂 tángláng
3197 倘使 tǎngshǐ
3198 绦虫 tāochóng
3199 逃窜 táocuàn
3200 陶醉 táozuì
3201 讨伐 tǎofá
3202 腾飞 téngfēi
3203 藤萝 téngluó
3204 剔除 tīchú
3205 提携 tíxié
3206 啼哭 tíkū
3207 蹄子 tízi
3208 体察 tǐchá
3209 剃头 tìtóu
3210 替换 tì • huàn
3211 天幕 tiānmù
3212 天赋 tiānfù
3213 田埂 tiángěng
3214 恬静 tiánjìng
3215 填充 tiánchōng
3216 调控 tiáokòng
3217 挑衅 tiǎoxìn
3218 贴切 tiēqiè
3219 铁锨 tiěxiān
3220 停泊 tíngbó
3221 停歇 tíngxiē
3222 挺进 tǐngjìn
3223 通航 tōngháng
3224 通融 tōng • róng
3225 同盟 tóngméng
3226 佟 tóng
3227 瞳孔 tóngkǒng
3228 统筹 tǒngchóu
3229 统购 tǒnggòu
3230 痛斥 tòngchì
3231 痛恨 tònghèn
3232 偷懒 tōulǎn
3233 偷袭 tōuxí
3234 头颅 tóulú
3235 投案 tóu’àn
3236 投掷 tóuzhì
3237 透彻 tòuchè
3238 突袭 tūxí
3239 图腾 túténg
3240 涂料 túliào
3241 屠刀 túdāo
3242 土著 tǔzhù
3243 湍急 tuānjí
3244 团聚 tuánjù
3245 推举 tuījǔ
3246 推敲 tuīqiāo
3247 退缩 tuìsuō
3248 蜕皮 tuìpí
3249 吞噬 tūnshì
3250 囤积 túnjī
3251 臀 tún
3252 脱胎 tuōtāi
3253 妥善 tuǒshàn
3254 椭圆 tuǒyuán
3255 唾沫 tuòmo
3256 挖潜 wāqián
3257 瓦解 wǎjiě
3258 外貌 wàimào
3259 外省 wàishěng
3260 弯路 wānlù
3261 剜 wān
3262 玩耍 wánshuǎ
3263 玩意儿 wányìr
3264 惋惜 wǎnxī
3265 婉转 wǎnzhuǎn
3266 汪洋 wāngyáng
3267 网络 wǎngluò
3268 往常 wǎngcháng
3269 妄图 wàngtú
3270 旺季 wàngjì
3271 危机 wēijī
3272 威吓 wēihè
3273 微妙 wēimiào
3274 巍峨 wēi’é
3275 违抗 wéikàng
3276 围裙 wéi • qún
3277 桅杆 wéigān
3278 唯恐 wéikǒng
3279 帷幕 wéimù
3280 尾随 wěisuí
3281 萎缩 wěisuō
3282 畏惧 wèijù
3283 慰藉 wèijiè
3284 温馨 wēnxīn

3285 瘟疫 wēnyì
3286 文雅 wényǎ
3287 纹饰 wénshì
3288 蚊帐 wénzhàng
3289 稳妥 wěntuǒ
3290 瓮 wèng
3291 蜗牛 wōniú
3292 污秽 wūhuì
3293 诬蔑 wūmiè
3294 污浊 wūzhuó
3295 呜咽 wūyè
3296 屋脊 wūjǐ
3297 无耻 wúchǐ
3298 无辜 wúgū
3299 梧桐 wútóng
3300 武断 wǔduàn
3301 舞弊 wǔbì
3302 雾气 wùqì
3303 吸吮 xīshǔn
3304 希冀 xījì
3305 唏嘘 xīxū
3306 奚落 xīluò
3307 稀薄 xībó
3308 蜥蜴 xīyì
3309 洗涤 xǐdí
3310 戏弄 xìnòng
3311 戏谑 xìxuè
3312 匣子 xiázi
3313 遐想 xiáxiǎng
3314 辖区 xiáqū
3315 吓唬 xiàhu
3316 仙鹤 xiānhè
3317 纤细 xiānxì
3318 鲜嫩 xiānnèn
3319 闲置 xiánzhì
3320 娴熟 xiánshú
3321 嫌弃 xiánqì
3322 显赫 xiǎnhè
3323 险峻 xiǎnjùn
3324 限额 xiàn'é
3325 相称 xiāngchèn
3326 镶嵌 xiāngqiàn
3327 饷 xiǎng
3328 橡胶 xiàngjiāo
3329 项链 xiàngliàn
3330 消遣 xiāoqiǎn
3331 逍遥 xiāoyáo
3332 萧条 xiāotiáo
3333 嚣张 xiāozhāng
3334 哮喘 xiàochuǎn
3335 笑容 xiàoróng
3336 歇脚 xiējiǎo
3337 邪教 xiéjiào
3338 胁迫 xiépò
3339 携手 xiéshǒu
3340 泄漏 xièlòu
3341 亵渎 xièdú
3342 心悸 xīnjì
3343 辛酸 xīnsuān
3344 新潮 xīncháo
3345 薪金 xīnjīn
3346 信誉 xìnyù
3347 猩猩 xīngxing
3348 醒悟 xǐngwù
3349 兴致 xìngzhì
3350 杏仁 xìngrén
3351 凶残 xiōngcán
3352 汹涌 xiōngyǒng
3353 胸襟 xiōngjīn
3354 雄蕊 xióngruǐ
3355 熊猫 xióngmāo
3356 修缮 xiūshàn
3357 羞耻 xiūchǐ
3358 羞涩 xiūsè
3359 嗅觉 xiùjué
3360 须臾 xūyú
3361 序幕 xùmù
3362 喧嚣 xuānxiāo
3363 悬殊 xuánshū
3364 炫耀 xuànyào
3365 削减 xuējiǎn
3366 雪茄 xuějiā
3367 熏陶 xūntáo
3368 训斥 xùnchì
3369 殉职 xùnzhí
3370 驯服 xùnfú
3371 压榨 yāzhà
3372 押韵 yāyùn
3373 牙龈 yáyín
3374 亚麻 yàmá
3375 岩层 yáncéng
3376 沿途 yántú
3377 颜面 yánmiàn

3378	筵席	yánxí	3409	荫蔽	yīnbì	3440	缘由	yuányóu
3379	俨然	yǎnrán	3410	淫秽	yínhuì	3441	猿猴	yuánhóu
3380	掩蔽	yǎnbì	3411	隐瞒	yǐnmán	3442	怨恨	yuànhèn
3381	眼窝	yǎnwō	3412	鹦鹉	yīngwǔ	3443	乐谱	yuèpǔ
3382	厌倦	yànjuàn	3413	迎合	yínghé	3444	悦耳	yuè'ěr
3383	谚语	yànyǔ	3414	盈亏	yíngkuī	3445	越轨	yuèguǐ
3384	扬弃	yángqì	3415	营造	yíngzào	3446	匀称	yún · chèn
3385	夭折	yāozhé	3416	萦绕	yíngrào	3447	陨石	yǔnshí
3386	邀请	yāoqǐng	3417	应酬	yìngchou	3448	孕育	yùnyù
3387	要挟	yāoxié	3418	映照	yìngzhào	3449	孕妇	yùnfù
3388	徭役	yáoyì	3419	拥戴	yōngdài	3450	运筹	yùnchóu
3389	窈窕	yǎotiǎo	3420	痈	yōng	3451	酝酿	yùnniàng
3390	耀眼	yàoyǎn	3421	臃肿	yōngzhǒng	3452	韵味	yùnwèi
3391	业绩	yèjì	3422	踊跃	yǒngyuè	3453	蕴含	yùnhán
3392	液晶	yèjīng	3423	优雅	yōuyǎ	3454	栽种	zāizhòng
3393	一瞥	yīpiē	3424	悠然	yōurán	3455	宰相	zǎixiàng
3394	衣襟	yījīn	3425	由衷	yóuzhōng	3456	赞成	zànchéng
3395	依稀	yīxī	3426	游弋	yóuyì	3457	脏腑	zàngfǔ
3396	仪表	yíbiǎo	3427	有偿	yǒucháng	3458	遭殃	zāoyāng
3397	胰腺	yíxiàn	3428	黝黑	yǒuhēi	3459	糟蹋	zāo · tà
3398	遗漏	yílòu	3429	右翼	yòuyì	3460	造谣	zàoyáo
3399	疑惑	yíhuò	3430	诱惑	yòuhuò	3461	造诣	zàoyì
3400	倚靠	yǐkào	3431	淤积	yūjī	3462	择优	zéyōu
3401	抑郁	yìyù	3432	郁闷	yùmèn	3463	啧啧	zézé
3402	驿站	yìzhàn	3433	预感	yùgǎn	3464	增援	zēngyuán
3403	疫苗	yìmiáo	3434	寓意	yùyì	3465	憎恶	zēngwù
3404	熠熠	yìyì	3435	鸳鸯	yuān · yāng	3466	赠送	zèngsòng
3405	臆造	yìzào	3436	渊博	yuānbó	3467	渣滓	zhā · zǐ
3406	阴霾	yīnmái	3437	原籍	yuánjí	3468	闸门	zhámén
3407	姻缘	yīnyuán	3438	圆润	yuánrùn	3469	栅栏	zhà · lan
3408	殷勤	yīnqín	3439	圆锥	yuánzhuī	3470	榨取	zhàqǔ

3471	蚱蜢	zhàměng
3472	摘除	zhāichú
3473	债券	zhàiquàn
3474	占卜	zhānbǔ
3475	沾染	zhānrǎn
3476	瞻仰	zhānyǎng
3477	辗转	zhǎnzhuǎn
3478	湛蓝	zhànlán
3479	战壕	zhànháo
3480	颤栗	zhànlì
3481	绽放	zhànfàng
3482	蘸	zhàn
3483	战鹰	zhànyīng
3484	张望	zhāngwàng
3485	张力	zhānglì
3486	张罗	zhāng・luo
3487	章节	zhāngjié
3488	樟脑	zhāngnǎo
3489	獐子	zhāng・zi
3490	涨潮	zhǎngcháo
3491	掌厨	zhǎngchú
3492	掌舵	zhǎngduò
3493	丈量	zhàngliáng
3494	仗势	zhàngshì
3495	账目	zhàngmù
3496	帐篷	zhàng・peng
3497	丈人	zhàng・ren
3498	招募	zhāomù
3499	招徕	zhāolái
3500	招惹	zhāorě
3501	昭然	zhāorán
3502	昭雪	zhāoxuě
3503	着数	zhāoshù
3504	着迷	zháomí
3505	爪牙	zhǎoyá
3506	照搬	zhàobān
3507	照料	zhàoliào
3508	肇事	zhàoshì
3509	折腾	zhē・teng
3510	遮蔽	zhēbì
3511	蜇	zhē
3512	折叠	zhédié
3513	褶皱	zhězhòu
3514	赭石	zhěshí
3515	蔗糖	zhètáng
3516	贞操	zhēncāo
3517	斟酌	zhēnzhuó
3518	侦查	zhēnchá
3519	珍藏	zhēncáng
3520	珍馐	zhēnxiū
3521	珍惜	zhēnxī
3522	真谛	zhēndì
3523	砧木	zhēnmù
3524	甄别	zhēnbié
3525	箴言	zhēnyán
3526	震撼	zhènhàn
3527	震荡	zhèndàng
3528	振幅	zhènfú
3529	镇静	zhènjìng
3530	征购	zhēnggòu
3531	症结	zhēngjié
3532	蒸腾	zhēngténg
3533	狰狞	zhēngníng
3534	峥嵘	zhēngróng
3535	蒸馏	zhēngliú
3536	拯救	zhěngjiù
3537	正视	zhèngshì
3538	证券	zhèngquàn
3539	支架	zhījià
3540	芝麻	zhīma
3541	知晓	zhīxiǎo
3542	枝杈	zhīchà
3543	只身	zhīshēn
3544	知交	zhījiāo
3545	肢解	zhījiě
3546	织造	zhīzào
3547	执拗	zhíniù
3548	执着	zhízhuó
3549	直爽	zhíshuǎng
3550	纸浆	zhǐjiāng
3551	指摘	zhǐzhāi
3552	桎梏	zhìgù
3553	窒息	zhìxī
3554	置换	zhìhuàn
3555	盅	zhōng
3556	中庸	zhōngyōng
3557	钟表	zhōngbiǎo
3558	终端	zhōngduān
3559	种姓	zhǒngxìng
3560	种畜	zhǒngchù
3561	冢	zhǒng
3562	中肯	zhòngkěn
3563	仲裁	zhòngcái

3564	重担	zhòngdàn
3565	重用	zhòngyòng
3566	众多	zhòngduō
3567	仲夏	zhòngxià
3568	重犯	zhòngfàn
3569	重托	zhòngtuō
3570	周身	zhōushēn
3571	周旋	zhōuxuán
3572	周折	zhōuzhé
3573	轴线	zhóuxiàn
3574	妯娌	zhóu • lǐ
3575	肘窝	zhǒuwō
3576	皱纹	zhòuwén
3577	骤然	zhòurán
3578	咒骂	zhòumà
3579	籀文	zhòuwén
3580	株连	zhūlián
3581	猪鬃	zhūzōng
3582	诸侯	zhūhóu
3583	蛛网	zhūwǎng
3584	竹竿	zhúgān
3585	竹笋	zhúsǔn
3586	竺	zhú
3587	烛台	zhútái
3588	瞩望	zhǔwàng
3589	主宰	zhǔzǎi
3590	主旨	zhǔzhǐ
3591	嘱托	zhǔtuō
3592	注释	zhùshì
3593	著述	zhùshù
3594	铸造	zhùzào
3595	祝愿	zhùyuàn
3596	贮备	zhùbèi
3597	贮藏	zhùcáng
3598	注册	zhùcè
3599	助长	zhùzhǎng
3600	住址	zhùzhǐ
3601	注销	zhùxiāo
3602	驻防	zhùfáng
3603	助手	zhùshǒu
3604	祝词	zhùcí
3605	祝捷	zhùjié
3606	著称	zhùchēng
3607	蛀虫	zhùchóng
3608	铸错	zhùcuò
3609	抓挠	zhuā • nao
3610	爪子	zhuǎzi
3611	专横	zhuānhèng
3612	砖头	zhuāntóu
3613	颛顼	zhuānxū
3614	转嫁	zhuǎnjià
3615	转瞬	zhuǎnshùn
3616	转轴	zhuànzhóu
3617	传记	zhuànjì
3618	转悠	zhuànyou
3619	篆刻	zhuànkè
3620	装配	zhuāngpèi
3621	装卸	zhuāngxiè
3622	壮举	zhuàngjǔ
3623	撞击	zhuàngjī
3624	赘述	zhuìshù
3625	捉拿	zhuōná
3626	灼烧	zhuóshāo
3627	滋润	zīrùn
3628	棕榈	zōnglǘ
3629	总称	zǒngchēng
3630	纵横	zònghéng
3631	奏章	zòuzhāng
3632	租赁	zūlìn
3633	诅咒	zǔzhòu
3634	阻隔	zǔgé
3635	阻挠	zǔnáo
3636	钻探	zuāntàn
3637	钻石	zuànshí
3638	罪孽	zuìniè
3639	醉人	zuìrén
3640	尊称	zūnchēng
3641	遵从	zūncóng
3642	作坊	zuōfang
3643	左翼	zuǒyì
3644	作恶	zuò'è
3645	作祟	zuòsuì
3646	座舱	zuòcāng

附录二

普通话水平测试用必读轻声词语表

1 爱人 àiren
2 案子 ànzi
3 巴掌 bāzhang
4 把子 bǎzi
5 把子 bàzi
6 爸爸 bàba
7 白净 báijing
8 班子 bānzi
9 板子 bǎnzi
10 帮手 bāngshou
11 梆子 bāngzi
12 膀子 bǎngzi
13 棒槌 bàngchui
14 棒子 bàngzi
15 包袱 bāofu
16 包涵 bāohan
17 包子 bāozi
18 豹子 bàozi
19 杯子 bēizi
20 被子 bèizi
21 本事 běnshi
22 本子 běnzi
23 鼻子 bízi
24 比方 bǐfang
25 鞭子 biānzi
26 扁担 biǎndan
27 辫子 biànzi
28 别扭 bièniu
29 饼子 bǐngzi
30 拨弄 bōnong
31 脖子 bózi
32 簸箕 bòji
33 补丁 bǔding
34 不由得 bùyóude
35 不在乎 bùzàihu
36 步子 bùzi
37 部分 bùfen
38 财主 cáizhu
39 裁缝 cáifeng
40 苍蝇 cāngying
41 差事 chāishi
42 柴火 cháihuo
43 肠子 chángzi
44 厂子 chǎngzi
45 场子 chǎngzi
46 车子 chēzi
47 称呼 chēnghu
48 池子 chízi
49 尺子 chǐzi
50 虫子 chóngzi
51 绸子 chóuzi
52 除了 chúle
53 锄头 chútou
54 畜生 chùsheng
55 窗户 chuānghu
56 窗子 chuāngzi
57 锤子 chuízi
58 刺猬 cìwei
59 凑合 còuhe
60 村子 cūnzi
61 耷拉 dāla
62 答应 dāying
63 打扮 dǎban
64 打点 dǎdian
65 打发 dǎfa
66 打量 dǎliang
67 打算 dǎsuan
68 打听 dǎting
69 大方 dàfang
70 大爷 dàye
71 大夫 dàifu
72 带子 dàizi
73 袋子 dàizi
74 单子 dānzi
75 耽搁 dānge

76 耽误 dānwu
77 胆子 dǎnzi
78 担子 dànzi
79 刀子 dāozi
80 道士 dàoshi
81 稻子 dàozi
82 灯笼 dēnglong
83 凳子 dèngzi
84 提防 dīfang
85 笛子 dízi
86 底子 dǐzi
87 地道 dìdao
88 地方 dìfang
89 弟弟 dìdi
90 弟兄 dìxiong
91 点心 diǎnxin
92 调子 diàozi
93 钉子 dīngzi
94 东家 dōngjia
95 东西 dōngxi
96 动静 dòngjing
97 动弹 dòngtan
98 豆腐 dòufu
99 豆子 dòuzi
100 嘟囔 dūnang
101 肚子 dǔzi
102 肚子 dùzi
103 缎子 duànzi
104 队伍 duìwu
105 对付 duìfu
106 对头 duìtou
107 多么 duōme
108 蛾子 ézi
109 儿子 érzi
110 耳朵 ěrduo
111 贩子 fànzi
112 房子 fángzi
113 废物 fèiwu
114 份子 fènzi
115 风筝 fēngzheng
116 疯子 fēngzi
117 福气 fúqi
118 斧子 fǔzi
119 盖子 gàizi
120 甘蔗 gānzhe
121 杆子 gānzi
122 杆子 gǎnzi
123 干事 gànshi
124 杠子 gàngzi
125 高粱 gāoliang
126 膏药 gāoyao
127 稿子 gǎozi
128 告诉 gàosu
129 疙瘩 gēda
130 哥哥 gēge
131 胳膊 gēbo
132 鸽子 gēzi
133 格子 gézi
134 个子 gèzi
135 根子 gēnzi
136 跟头 gēntou
137 工夫 gōngfu
138 弓子 gōngzi
139 公公 gōnggong
140 功夫 gōngfu
141 钩子 gōuzi
142 姑姑 gūgu
143 姑娘 gūniang
144 谷子 gǔzi
145 骨头 gǔtou
146 故事 gùshi
147 寡妇 guǎfu
148 褂子 guàzi
149 怪物 guàiwu
150 关系 guānxi
151 官司 guānsi
152 罐头 guàntou
153 罐子 guànzi
154 规矩 guīju
155 闺女 guīnü
156 鬼子 guǐzi
157 柜子 guìzi
158 棍子 gùnzi
159 锅子 guōzi
160 果子 guǒzi
161 蛤蟆 háma
162 孩子 háizi
163 含糊 hánhu
164 汉子 hànzi
165 行当 hángdang
166 合同 hétong
167 和尚 héshang
168 核桃 hétao
169 盒子 hézi
170 红火 hónghuo
171 猴子 hóuzi

172 后头 hòutou
173 厚道 hòudao
174 狐狸 húli
175 胡萝卜 húluóbo
176 胡琴 húqin
177 糊涂 hútu
178 护士 hùshi
179 皇上 huángshang
180 幌子 huǎngzi
181 活泼 huópo
182 火候 huǒhou
183 伙计 huǒji
184 机灵 jīling
185 脊梁 jǐliang
186 记号 jìhao
187 记性 jìxing
188 夹子 jiāzi
189 家伙 jiāhuo
190 架势 jiàshi
191 架子 jiàzi
192 嫁妆 jiàzhuang
193 尖子 jiānzi
194 茧子 jiǎnzi
195 剪子 jiǎnzi
196 见识 jiànshi
197 毽子 jiànzi
198 将就 jiāngjiu
199 交情 jiāoqing
200 饺子 jiǎozi
201 叫唤 jiàohuan
202 轿子 jiàozi
203 结实 jiēshi
204 街坊 jiēfang
205 姐夫 jiěfu
206 姐姐 jiějie
207 戒指 jièzhi
208 金子 jīnzi
209 精神 jīngshen
210 镜子 jìngzi
211 舅舅 jiùjiu
212 橘子 júzi
213 句子 jùzi
214 卷子 juànzi
215 咳嗽 késou
216 客气 kèqi
217 空子 kòngzi
218 口袋 kǒudai
219 口子 kǒuzi
220 扣子 kòuzi
221 窟窿 kūlong
222 裤子 kùzi
223 快活 kuàihuo
224 筷子 kuàizi
225 框子 kuàngzi
226 阔气 kuòqi
227 喇叭 lǎba
228 喇嘛 lǎma
229 篮子 lánzi
230 懒得 lǎnde
231 浪头 làngtou
232 老婆 lǎopo
233 老实 lǎoshi
234 老太太 lǎotàitai
235 老头子 lǎotóuzi
236 老爷 lǎoye
237 老子 lǎozi
238 姥姥 lǎolao
239 累赘 léizhui
240 篱笆 líba
241 里头 lǐtou
242 力气 lìqi
243 厉害 lìhai
244 利落 lìluo
245 利索 lìsuo
246 例子 lìzi
247 栗子 lìzi
248 痢疾 lìji
249 连累 liánlei
250 帘子 liánzi
251 凉快 liángkuai
252 粮食 liángshi
253 两口子 liǎngkǒuzi
254 料子 liàozi
255 林子 línzi
256 翎子 língzi
257 领子 lǐngzi
258 溜达 liūda
259 聋子 lóngzi
260 笼子 lóngzi
261 炉子 lúzi
262 路子 lùzi
263 轮子 lúnzi
264 萝卜 luóbo
265 骡子 luózi
266 骆驼 luòtuo
267 妈妈 māma

268 麻烦 máfan
269 麻利 máli
270 麻子 mázi
271 马虎 mǎhu
272 码头 mǎtou
273 买卖 mǎimai
274 麦子 màizi
275 馒头 mántou
276 忙活 mánghuo
277 冒失 màoshi
278 帽子 màozi
279 眉毛 méimao
280 媒人 méiren
281 妹妹 mèimei
282 门道 méndao
283 眯缝 mīfeng
284 迷糊 míhu
285 面子 miànzi
286 苗条 miáotiao
287 苗头 miáotou
288 名堂 míngtang
289 名字 míngzi
290 明白 míngbai
291 模糊 móhu
292 蘑菇 mógu
293 木匠 mùjiang
294 木头 mùtou
295 那么 nàme
296 奶奶 nǎinai
297 难为 nánwei
298 脑袋 nǎodai
299 脑子 nǎozi
300 能耐 néngnai
301 你们 nǐmen
302 念叨 niàndao
303 念头 niàntou
304 娘家 niánjia
305 镊子 nièzi
306 奴才 núcai
307 女婿 nǚxu
308 暖和 nuǎnhuo
309 疟疾 nüèji
310 拍子 pāizi
311 牌楼 páilou
312 牌子 páizi
313 盘算 pánsuan
314 盘子 pánzi
315 胖子 pàngzi
316 狍子 páozi
317 盆子 pénzi
318 朋友 péngyou
319 棚子 péngzi
320 脾气 píqi
321 皮子 pízi
322 痞子 pǐzi
323 屁股 pìgu
324 片子 piānzi
325 便宜 piányi
326 骗子 piànzi
327 票子 piàozi
328 漂亮 piàoliang
329 瓶子 píngzi
330 婆家 pójia
331 婆婆 pópo
332 铺盖 pūgai
333 欺负 qīfu
334 旗子 qízi
335 前头 qiántou
336 钳子 qiánzi
337 茄子 qiézi
338 亲戚 qīnqi
339 勤快 qínkuai
340 清楚 qīngchu
341 亲家 qìngjia
342 曲子 qǔzi
343 圈子 quānzi
344 拳头 quántou
345 裙子 qúnzi
346 热闹 rènao
347 人家 rénjia
348 人们 rénmen
349 认识 rènshi
350 日子 rìzi
351 褥子 rùzi
352 塞子 sāizi
353 嗓子 sǎngzi
354 嫂子 sǎozi
355 扫帚 sàozhou
356 沙子 shāzi
357 傻子 shǎzi
358 扇子 shànzi
359 商量 shāngliang
360 晌午 shǎngwu
361 上司 shàngsi
362 上头 shàngtou
363 烧饼 shāobing

364 勺子 sháozi
365 少爷 shàoye
366 哨子 shàozi
367 舌头 shétou
368 身子 shēnzi
369 什么 shénme
370 婶子 shěnzi
371 生意 shēngyi
372 牲口 shēngkou
373 绳子 shéngzi
374 师父 shīfu
375 师傅 shīfu
376 虱子 shīzi
377 狮子 shīzi
378 石匠 shíjiang
379 石榴 shíliu
380 石头 shítou
381 时候 shíhou
382 实在 shízai
383 拾掇 shíduo
384 使唤 shǐhuan
385 世故 shìgu
386 似的 shìde
387 事情 shìqing
388 柿子 shìzi
389 收成 shōucheng
390 收拾 shōushi
391 首饰 shǒushi
392 叔叔 shūshu
393 梳子 shūzi
394 舒服 shūfu
395 舒坦 shūtan
396 疏忽 shūhu
397 爽快 shuǎngkuai
398 思量 sīliang
399 算计 suànji
400 岁数 suìshu
401 孙子 sūnzi
402 他们 tāmen
403 它们 tāmen
404 她们 tāmen
405 台子 táizi
406 太太 tàitai
407 摊子 tānzi
408 坛子 tánzi
409 毯子 tǎnzi
410 桃子 táozi
411 特务 tèwu
412 梯子 tīzi
413 蹄子 tízi
414 挑剔 tiāoti
415 挑子 tiāozi
416 条子 tiáozi
417 跳蚤 tiàozao
418 铁匠 tiějiang
419 亭子 tíngzi
420 头发 tóufa
421 头子 tóuzi
422 兔子 tùzi
423 妥当 tuǒdang
424 唾沫 tuòmo
425 挖苦 wāku
426 娃娃 wáwa
427 袜子 wàzi
428 晚上 wǎnshang
429 尾巴 wěiba
430 委屈 wěiqu
431 为了 wèile
432 位置 wèizhi
433 位子 wèizi
434 蚊子 wénzi
435 稳当 wěndang
436 我们 wǒmen
437 屋子 wūzi
438 稀罕 xīhan
439 席子 xízi
440 媳妇 xífu
441 喜欢 xǐhuan
442 瞎子 xiāzi
443 匣子 xiázi
444 下巴 xiàba
445 吓唬 xiàhu
446 先生 xiānsheng
447 乡下 xiāngxia
448 箱子 xiāngzi
449 相声 xiàngsheng
450 消息 xiāoxi
451 小伙子 xiǎohuǒzi
452 小气 xiǎoqi
453 小子 xiǎozi
454 笑话 xiàohua
455 谢谢 xièxie
456 心思 xīnsi
457 星星 xīngxing
458 猩猩 xīngxing
459 行李 xíngli

460 性子 xìngzi
461 兄弟 xiōngdi
462 休息 xiūxi
463 秀才 xiùcai
464 秀气 xiùqi
465 袖子 xiùzi
466 靴子 xuēzi
467 学生 xuésheng
468 学问 xuéwen
469 丫头 yātou
470 鸭子 yāzi
471 衙门 yámen
472 哑巴 yǎba
473 胭脂 yānzhi
474 烟筒 yāntong
475 眼睛 yǎnjing
476 燕子 yànzi
477 秧歌 yāngge
478 养活 yǎnghuo
479 样子 yàngzi
480 吆喝 yāohe
481 妖精 yāojing
482 钥匙 yàoshi
483 椰子 yēzi
484 爷爷 yéye
485 叶子 yèzi
486 一辈子 yībèizi
487 衣服 yīfu
488 衣裳 yīshang
489 椅子 yǐzi
490 意思 yìsi
491 银子 yínzi
492 影子 yǐngzi
493 应酬 yìngchou
494 柚子 yòuzi
495 冤枉 yuānwang
496 院子 yuànzi
497 月饼 yuèbing
498 月亮 yuèliang
499 云彩 yúncai
500 运气 yùnqi
501 在乎 zàihu
502 咱们 zánmen
503 早上 zǎoshang
504 怎么 zěnme
505 扎实 zhāshi
506 眨巴 zhǎba
507 栅栏 zhàlan
508 宅子 zháizi
509 寨子 zhàizi
510 张罗 zhāngluo
511 丈夫 zhàngfu
512 帐篷 zhàngpeng
513 丈人 zhàngren
514 帐子 zhàngzi
515 招呼 zhāohu
516 招牌 zhāopai
517 折腾 zhēteng
518 这个 zhège
519 这么 zhème
520 枕头 zhěntou
521 芝麻 zhīma
522 知识 zhīshi
523 侄子 zhízi
524 指甲 zhǐjia(zhījia)
525 指头 zhǐtou(zhítou)
526 种子 zhǒngzi
527 珠子 zhūzi
528 竹子 zhúzi
529 主意 zhǔyi(zhúyi)
530 主子 zhǔzi
531 柱子 zhùzi
532 爪子 zhuǎzi
533 转悠 zhuànyou
534 庄稼 zhuāngjia
535 庄子 zhuāngzi
536 壮实 zhuàngshi
537 状元 zhuàngyuan
538 锥子 zhuīzi
539 桌子 zhuōzi
540 字号 zìhao
541 自在 zìzai
542 粽子 zòngzi
543 祖宗 zǔzong
544 嘴巴 zuǐba
545 作坊 zuōfang
546 琢磨 zuómo

附录三

普通话异读词审音表

说明：

一、本表所审主要是普通话有异读的词和有异读的作为“语素”的字。不列出多音多义字的全部读音和全部义项，与字典、词典形式不同。例如：“和”字有多种义项和读音，而本表仅列出原有异读的八条词语，分列于 hè 和 huo 两种读音之下（有多种读音，较常见的在前，下同。），其余无异读的音、义均不涉及。

二、在字后注明“统读”的，表示此字不论用于任何词语中只读一音（轻声变读不受此限），本表不再举出词例。例如：“阀”字注明“fá（统读）”，原表“军阀”、“学阀”、“财阀”条和原表所无的“阀门”等词均不再举。

三、在字后不注“统读”的，表示此字有几种读音，本表只审订其中有异读的词语的读音。例如“艾”字本有 ài 和 yì 两音，本表只举“自怨自艾”一词，注明此处读 yì 音，至于 ài 音及其义项，并无异读，不再赘列。

四、有些字有文白二读，本表以“文”和“语”作注。前者一般用于书面语言，用于复音词和文言成语中，后者多用于口语中的单音词及少数日常生活事物的复音词中。这种情况在必要时各举词语为例，例如：“杉”字下注“（一）shān（文）：紫～、红～、水～；（二）shā（语）：～篙、～木”。

五、有些字除附举词例之外，酌加简单说明，以便读者分辨。说明或按具体字义，或按“动作义”、“名物义”等区分，例如：“畜”字下注“（一）chù（名物义）：～力、家～、牲～、幼～；（二）xù（动作义）：～产、～牧、～养”。

六、有些字的几种读音中某音用处较窄，另音用处甚宽，则注“除××（较少的词）念乙音外，其他都念甲音”，以避免列举词条繁而未尽、挂一漏万的缺点。例如：“结”字下注“除‘～了个果子’、‘开花～果’、‘～巴’、‘～实’念 jiē 之外，其他都念 jié”。

A

阿(一) ā ～訇 ～罗汉 ～木林 ～姨

(二) ē ～谀 ～附 ～胶 ～弥陀佛

挨(一) āi ～个 ～近

(二) ái ～打 ～说

癌 ái(统读)

霭 ǎi(统读)

蔼 ǎi(统读)

隘 ài(统读)

谙 ān(统读)

埯 ǎn(统读)

昂 áng(统读)

凹 āo(统读)

拗(一) ào ～口

(二) niù 执～ 脾气很～

坳 ào(统读)

B

拔 bá(统读)

把 bà 印～子

白 bái(统读)

膀 bǎng 翅～

蚌(一) bàng 蛤～

(二) bèng ～埠

傍 bàng(统读)

磅 bàng 过～

龅 bāo(统读)

胞 bāo(统读)

薄(一) báo(语)常单用,如"纸很～"。

(二) bó(文)多用于复音词。～弱 稀～ 淡～ 尖嘴～舌 单～ 厚～

堡(一) bǎo 碉～ ～垒

(二) bǔ ～子 吴～ 瓦窑～ 柴沟～

(三) pù 十里～

暴(一) bào ～露
(二) pù 一～(曝)十寒
爆 bào(统读)
焙 bèi(统读)
惫 bèi(统读)
背 bèi ～脊 ～静
鄙 bǐ(统读)
俾 bǐ(统读)
笔 bǐ(统读)
比 bǐ(统读)
臂(一) bì 手～ ～膀
(二) bei 胳～
庇 bì(统读)
髀 bì(统读)
避 bì(统读)
辟 bì 复～
裨 bì ～补 ～益
婢 bì(统读)
痹 bì(统读)
壁 bì(统读)
蝙 biān(统读)
遍 biàn(统读)
骠(一) biāo 黄～马
(二) piào ～骑 ～勇
傧 bīn(统读)
缤 bīn(统读)
濒 bīn(统读)
髌 bìn(统读)
屏(一) bǐng ～除 ～弃 ～气 ～息
(二) píng ～藩 ～风
柄 bǐng(统读)
波 bō(统读)

播 bō(统读)
菠 bō(统读)
剥(一) bō(文)　~削
　(二) bāo(语)
泊(一) bó　淡~　飘~　停~
　(二) pō　湖~　血~
帛 bó(统读)
勃 bó(统读)
钹 bó(统读)
伯(一) bó　~~　(bo)老~
　(二) bǎi　大~子(丈夫的哥哥)
箔 bó(统读)
簸(一) bǒ　颠~
　(二) bò　~箕
膊 bo　胳~
卜 bo　萝~
醭 bú(统读)
哺 bǔ(统读)
捕 bǔ(统读)
鵏 bǔ(统读)
埠 bù(统读)
C
残 cán(统读)
惭 cán(统读)
灿 càn(统读)
藏(一) cáng　矿~
　(二) zàng　宝~
糙 cāo(统读)
嘈 cáo(统读)
螬 cáo(统读)
厕 cè(统读)
岑 cén(统读)

差(一) chā(文) 不～累黍 不～什么 偏～ 色～ ～别 视～ 误～ 电势～ 一念之～ ～池 ～错 言～语错 一～二错 阴错阳～ ～等 ～额 ～价 ～强人意 ～数 ～异
(二) chà(语) ～不多 ～不离 ～点儿
(三) cī 参～
猹 chá(统读)
搽 chá(统读)
阐 chǎn(统读)
羼 chàn(统读)
颤(一) chàn ～动 发～
(二) zhàn ～栗(战栗) 打～(打战)
韂 chàn(统读)
伥 chāng(统读)
场(一) chǎng ～合 ～所 冷～ 捧～
(二) cháng 外～ 圩～ ～院 一～雨
(三) chang 排～
钞 chāo(统读)
巢 cháo(统读)
嘲 cháo ～讽 ～骂 ～笑
耖 chào(统读)
车(一) chē 安步当～ 杯水～薪 闭门造～ 螳臂当～
(二) jū(象棋棋子名称)
晨 chén(统读)
称 chèn ～心 ～意 ～职 对～ 相～
撑 chēng(统读)
乘(动作义,念 chéng) 包～制 ～便 ～风破浪 ～客 ～势 ～兴
橙 chéng(统读)
惩 chéng(统读)
澄(一) chéng(文) ～清(如"～清混乱"、"～清问题")
(二) dèng(语) 单用,如"把水～清了"。
痴 chī(统读)
吃 chī(统读)

弛 chí(统读)
褫 chǐ(统读)
尺 chǐ　~寸　~头
豉 chǐ(统读)
侈 chǐ(统读)
炽 chì(统读)
舂 chōng(统读)
冲 chòng　~床　~模
臭(一) chòu　遗~万年
　(二) xiù　乳~　铜~
储 chǔ(统读)
处 chǔ(动作义)　~罚　~分　~决　~理　~女　~置
畜(一) chù(名物义)　~力　家~　牲~　幼~
　(二) xù(动作义)　~产　~牧　~养
触 chù(统读)
搐 chù(统读)
绌 chù(统读)
黜 chù(统读)
闯 chuǎng(统读)
创(一) chuàng　草~　~举　首~　~造　~作
　(二) chuāng　~伤　重~
绰(一) chuò　~~有余
　(二) chuo　宽~
疵 cī(统读)
雌 cí(统读)
赐 cì(统读)
伺 cì　~候
枞(一) cōng　~树
　(二) zōng　~阳〔地名〕
从 cóng(统读)
丛 cóng(统读)
攒 cuán　万头~动　万箭~心

脆 cuì(统读)

撮(一) cuō　~儿　一~儿盐　一~儿匪帮

(二) zuǒ　一~儿毛

措 cuò(统读)

D

搭 dā(统读)

答(一) dá　报~　~复

(二) dā　~理　~应

打 dá　苏~　一~(十二个)

大(一) dà　~夫(古官名)　~王(如爆破~王、钢铁~王)

(二) dài　~夫(医生)　~黄　~王(如山~王)　~城〔地名〕

呆 dāi(统读)

傣 dǎi(统读)

逮(一) dài(文)　如"~捕"。

(二) dǎi(语)　单用,如"~蚊子"、"~特务"。

当(一) dāng　~地　~间儿　~年(指过去)　~日(指过去)　~天(指过去)　~时(指过去)　螳臂~车

(二) dàng　一个~俩　安步~车　适~　~年(同一年)　~日(同一时候)　~天(同一天)

档 dàng(统读)

蹈 dǎo(统读)

导 dǎo(统读)

倒(一) dǎo　颠~　颠~是非　颠~黑白　颠三~四　倾箱~箧　排山~海　~板　~嚼　~仓　~嗓　~戈　潦~

(二) dào　~粪(把粪弄碎)

悼 dào(统读)

纛 dào(统读)

凳 dèng(统读)

羝 dī(统读)

氐 dī〔古民族名〕

堤 dī(统读)

提 dī　~防

的 dí　～当　～确
抵 dǐ(统读)
蒂 dì(统读)
缔 dì(统读)
谛 dì(统读)
点 dian　打～(收拾、贿赂)
跌 diē(统读)
蝶 dié(统读)
订 dìng(统读)
都(一) dōu　～来了
　(二) dū　～市　首～　大～(大多)
堆 duī(统读)
吨 dūn(统读)
盾 dùn(统读)
多 duō(统读)
咄 duō(统读)
掇(一) duō(“拾取、采取”义)
　(二) duo　撺～　掂～
裰 duō(统读)
踱 duó(统读)
度 duó(统读)　忖～　～德量力
E
婀 ē(统读)
F
伐 fá(统读)
阀 fá(统读)
砝 fǎ(统读)
法 fǎ(统读)
发 fà　理～　脱～　结～
帆 fān(统读)
藩 fān(统读)
梵 fàn(统读)

坊(一) fāng　牌～　～巷
　(二) fáng　粉～　磨～　碾～　染～　油～　谷～
妨 fáng(统读)
防 fáng(统读)
肪 fáng(统读)
沸 fèi(统读)
汾 fén(统读)
讽 fěng(统读)
肤 fū(统读)
敷 fū(统读)
俘 fú(统读)
浮 fú(统读)
服 fú　～毒　～药
拂 fú(统读)
辐 fú(统读)
幅 fú(统读)
甫 fǔ(统读)
复 fù(统读)
缚 fù(统读)

G

噶 gá(统读)
冈 gāng(统读)
刚 gāng(统读)
岗 gǎng　～楼　～哨　～子　门～　站～　山～子
港 gǎng(统读)
葛(一) gé　～藤　～布　瓜～
　(二) gě〔姓〕(包括单、复姓)
隔 gé(统读)
革 gé　～命　～新　改～
合 gě　(一升的十分之一)
给(一) gěi(语)　单用。
　(二) jǐ(文)　补～　供～　供～制　～予　配～　自～自足

亘 gèn(统读)
更 gēng　五～　～生
颈 gěng　脖～子
供(一) gōng　～给　提～　～销
　(二) gòng　口～　翻～　上～
佝 gōu(统读)
枸 gǒu　～杞
勾 gòu　～当
估(除"～衣"读 gù 外,都读 gū)
骨(除"～碌"、"～朵"读 gū 外,都读 gǔ)
谷 gǔ　～雨
锢 gù(统读)
冠(一) guān(名物义)　～心病
　(二) guàn(动作义)　沐猴而～　～军
犷 guǎng(统读)
庋 guǐ(统读)
桧(一) guì〔树名〕
　(二) huì〔人名〕"秦～"。
刽 guì(统读)
聒 guō(统读)
蝈 guō(统读)
过(除姓氏读 guō 外,都读 guò)
H
虾 há　～蟆
哈(一) hǎ　～达
　(二) hà　～什蚂
汗 hán　可～
巷 hàng　～道
号 háo　寒～虫
和(一) hè　唱～　附～　曲高～寡
　(二) huo　搀～　搅～　暖～　热～　软～
貉(一) hé(文)　一丘之～

（二）háo（语） ～绒 ～子
壑 hè（统读）
褐 hè（统读）
喝 hè ～采 ～道 ～令 ～止 呼幺～六
鹤 hè（统读）
黑 hēi（统读）
亨 hēng（统读）
横（一）héng ～肉 ～行霸道
（二）hèng 蛮～ ～财
訇 hōng（统读）
虹（一）hóng（文） ～彩 ～吸
（二）jiàng（语） 单说。
讧 hòng（统读）
囫 hú（统读）
瑚 hú（统读）
蝴 hú（统读）
桦 huà（统读）
徊 huái（统读）
踝 huái（统读）
浣 huàn（统读）
黄 huáng（统读）
荒 huang 饥～（指经济困难）
诲 huì（统读）
贿 huì（统读）
会 huì 一～儿 多～儿 ～厌（生理名词）
混 hùn ～合 ～乱 ～凝土 ～淆 ～血儿 ～杂
蠖 huò（统读）
霍 huò（统读）
豁 huò ～亮
获 huò（统读）
J
羁 jī（统读）

击 jī(统读)
奇 jī　~数
芨 jī(统读)
缉(一) jī　通~　侦~
　(二) qī　~鞋口
几 jī　茶~　条~
圾 jī(统读)
戢 jí(统读)
疾 jí(统读)
汲 jí(统续)
棘 jí(统读)
藉 jí　狼~(籍)
嫉 jí(统读)
脊 jǐ(统读)
纪(一) jǐ〔姓〕
　(二) jì　~念　~律　纲~　~元
偈 jì　~语
绩 jì(统读)
迹 jì(统读)
寂 jì(统读)
箕 ji　簸~
辑 ji　逻~
茄 jiā　雪~
夹 jiā　~带藏掖　~道儿　~攻　~棍　~生　~杂　~竹桃　~注
浃 jiā(统读)
甲 jiǎ(统读)
歼 jiān(统读)
鞯 jiān(统读)
间(一) jiān　~不容发　中~
　(二) jiàn　中~儿　~道　~谍　~断　~或　~接　~距　~隙　~续　~阻　~作　挑拨离~
趼 jiǎn(统读)

俭 jiǎn(统读)

缰 jiāng(统读)

膙 jiǎng(统读)

嚼(一) jiáo(语) 味同～蜡 咬文～字

(二) jué(文) 咀～ 过屠门而大～

(三) jiào 倒～(倒嚼)

侥 jiǎo ～幸

角(一) jiǎo 八～(大茴香) ～落 独～戏 ～膜 ～度 ～儿(犄～) ～楼 勾心斗～ 号～ 口～(嘴～) 鹿～菜 头～

(二) jué ～斗 ～儿(角色) 口～(吵嘴) 主～儿 配～儿 ～力 捧～儿

脚(一) jiǎo 根～

(二) jué ～儿(也作"角儿",角色)

剿(一) jiǎo 围～

(二) chāo ～说 ～袭

校 jiào ～勘 ～样 ～正

较 jiào(统读)

酵 jiào(统读)

嗟 jiē(统读)

疖 jiē(统读)

结(除"～了个果子"、"开花～果"、"～巴"、"～实"念 jiē 之外,其他都念 jié)

睫 jié(统读)

芥(一) jiè ～菜(一般的芥菜) ～末

(二) gài ～菜(也作"盖菜") ～蓝菜

矜 jīn ～持 自～ ～怜

仅 jǐn ～～ 绝无～有

馑 jǐn(统读)

觐 jìn(统读)

浸 jìn(统读)

斤 jin 千～(起重的工具)

茎 jīng(统读)

粳 jīng(统读)
鲸 jīng(统读)
境 jìng(统读)
痉 jìng(统读)
劲 jìng　刚～
窘 jiǒng(统读)
究 jiū(统读)
纠 jiū(统读)
鞠 jū(统读)
鞫 jū(统读)
掬 jū(统读)
苴 jū(统读)
咀 jǔ　～嚼
矩(一) jǔ　～形
　(二) ju　规～
俱 jù(统读)
龟 jūn　～裂(也作“皲裂”)
菌(一) jūn　细～　病～　杆～　霉～
　(二) jùn　香～　～子
俊 jùn(统读)
K
卡(一) kǎ　～宾枪　～车　～介苗　～片　～通
　(二) qiǎ　～子　关～
揩 kāi(统读)
慨 kǎi(统读)
忾 kài(统读)
勘 kān(统读)
看 kān　～管　～护　～守
慷 kāng(统读)
拷 kǎo(统读)
坷 kē　～拉(垃)
疴 kē(统读)

壳(一) ké(语) ～儿 贝～儿 脑～ 驳～枪
(二) qiào(文) 地～ 甲～ 躯～
可(一) kě ～～儿的
(二) kè ～汗
恪 kè(统读)
刻 kè(统读)
克 kè ～扣
空(一) kōng ～心砖 ～城计
(二) kòng ～心吃药
眍 kōu(统读)
矻 kū(统读)
酷 kù(统读)
框 kuàng(统读)
矿 kuàng(统读)
傀 kuǐ(统读)
溃(一) kuì ～烂
(二) huì ～脓
篑 kuì(统读)
括 kuò(统读)

L

垃 lā(统读)
邋 lā(统读)
罱 lǎn(统读)
缆 lǎn(统读)
蓝 lan 苤～
琅 láng(统读)
捞 lāo(统读)
劳 láo(统读)
醪 láo(统读)
烙(一) lào ～印 ～铁 ～饼
(二) luò 炮～(古酷刑)
勒(一) lè(文) ～逼 ～令 ～派 ～索 悬崖～马

（二）lēi（语） 多单用。
擂（除“～台”、“打～”读 lèi 外，都读 léi）
礌 léi（统读）
羸 léi（统读）
蕾 lěi（统读）
累（一）lèi（辛劳义，如“受～”〔受劳～〕）
（二）léi（如“～赘”）
（三）lěi（牵连义，如“带～”、“～及”、“连～”、“赔～”、“牵～”、“受～”〔受牵～〕）
蠡（一）lí 管窥～测
（二）lǐ ～县 范～
喱 lí（统读）
连 lián（统读）
敛 liǎn（统读）
恋 liàn（统读）
量（一）liàng ～入为出 忖～
（二）liang 打～ 掂～
踉 liàng ～跄
潦 liáo ～草 ～倒
劣 liè（统读）
捩 liè（统读）
趔 liè（统读）
拎 līn（统读）
遴 lín（统读）
淋（一）lín ～浴 ～漓 ～巴
（二）lìn ～硝 ～盐 ～病
蛉 líng（统读）
榴 liú（统读）
馏（一）liú（文）如“干～”、“蒸～”。
（二）liù（语）如“～馒头”。
镏 liú ～金
碌 liù ～碡

笼(一) lóng(名物义)　～子　牢～

　(二) lǒng(动作义)　～络　～括　～统　～罩

偻(一) lóu　佝～

　(二) lǚ　伛～

瞜 lou　眍～

虏 lǔ(统读)

掳 lǔ(统读)

露(一) lù(文)　赤身～体　～天　～骨　～头角　藏头～尾　抛头～面　～头(矿)

　(二) lòu(语)　～富　～苗　～光　～相　～马脚　～头

榈 lǘ(统读)

捋(一) lǚ　～胡子

　(二) luō　～袖子

绿(一) lǜ(语)

　(二) lù(文)　～林　鸭～江

孪 luán(统读)

挛 luán(统读)

掠 lüè(统读)

囵 lún(统读)

络 luò　～腮胡子

落(一) luò(文)　～膘　～花生　～魄　涨～　～槽　着～

　(二) lào(语)　～架　～色　～炕　～枕　～儿　～子(一种曲艺)

　(三) là(语),遗落义。丢三～四　～在后面

M

脉(除"～～"念 mòmò 外,一律念 mài)

漫 màn(统读)

蔓(一) màn(文)　～延　不～不支

　(二) wàn(语)　瓜～　压～

牤 māng(统读)

氓 máng　流～

芒 máng(统读)

铆 mǎo(统读)

瑁 mào(统读)
虻 méng(统读)
盟 méng(统读)
祢 mí(统读)
眯(一) mí　~了眼(灰尘等入目,也作“迷”)
　(二) mī　~了一会儿(小睡)　~缝着眼(微微合目)
靡(一) mí　~费
　(二) mǐ　风~　委~　披~　秘(除“~鲁”读 bì 外,都读 mì)
泌(一) mì(语)　分~
　(二) bì(文)　~阳〔地名〕
娩 miǎn(统读)
缈 miǎo(统读)
皿 mǐn(统读)
闽 mǐn(统读)
茗 míng(统读)
酩 mǐng(统读)
谬 miù(统读)
摸 mō(统读)
模(一) mó　~范　~式　~型　~糊　~特儿　~棱两可
　(二) mú　~子　~具　~样
膜 mó(统读)
摩 mó　按~　抚~
嬷 mó(统读)
墨 mò(统读)
耱 mò(统读)
沫 mò(统读)
缪 móu　绸~

N

难(一) nán　困~(或变轻声)　~兄~弟(难得的兄弟,现多用作贬义)
　(二) nàn　排~解纷　发~　刁~　责~　~兄~弟(共患难或同受苦难的人)
蝻 nǎn(统读)

蛲 náo(统读)
讷 nè(统读)
馁 něi(统读)
嫩 nèn(统读)
恁 nèn(统读)
妮 nī(统读)
拈 niān(统读)
鲇 nián(统读)
酿 niàng(统读)
尿(一) niào 糖～症
(二) suī(只用于口语名词) 尿(niào)～ ～脬
嗫 niè(统读)
宁(一) níng 安～
(二) nìng ～可 无～〔姓〕
忸 niǔ(统读)
脓 nóng(统读)
弄(一) nòng 玩～
(二) lòng ～堂
暖 nuǎn(统读)
衄 nù(统读)
疟(一) nüè(文) ～疾
(二) yào(语) 发～子
娜(一) nuó 婀～ 袅～
(二) nà(人名)
O
殴 ōu(统读)
呕 ǒu(统读)
P
杷 pá(统读)
琶 pá(统读)
牌 pái(统读)
排 pǎi ～子车

迫 pǎi　～击炮
湃 pài(统读)
爿 pán(统读)
胖 pán　心广体～(～为安舒貌)
蹒 pán(统读)
畔 pàn(统读)
乓 pāng(统读)
滂 pāng(统读)
脬 pāo(统读)
胚 pēi(统读)
喷(一) pēn　～嚏
　(二) pèn　～香
　(三) pen　嚏～
澎 péng(统读)
坯 pī(统读)
披 pī(统读)
匹 pǐ(统读)
僻 pì(统读)
譬 pì(统读)
片(一) piàn　～子　唱～　画～　相～　影～　～儿会
　(二) piān(口语一部分词)　～子　～儿　唱～儿　画～儿　相～儿
　　影～儿
剽 piāo(统读)
缥 piāo　～缈(缥缈)
撇 piē　～弃
聘 pìn(统读)
乒 pīng(统读)
颇 pō(统读)
剖 pōu(统读)
仆(一) pū　前～后继
　(二) pú　～从
扑 pū(统读)

朴(一) pǔ　俭～　～素　～质

　(二) pō　～刀

　(三) pò　～硝　厚～

蹼 pǔ(统读)

瀑 pù　～布

曝(一) pù　一～十寒

　(二) bào　～光(摄影术语)

Q

栖 qī　两～

戚 qī(统读)

漆 qī(统读)

期 qī(统读)

蹊 qī　～跷

蛴 qí(统读)

畦 qí(统读)

萁 qí(统读)

骑 qí(统读)

企 qǐ(统读)

绮 qǐ(统读)

杞 qǐ(统读)

槭 qì(统读)

洽 qià(统读)

签 qiān(统读)

潜 qián(统读)

荨(一) qián(文)　～麻

　(二) xún(语)　～麻疹

嵌 qiàn(统读)

欠 qian　打哈～

戕 qiāng(统读)

镪 qiāng　～水

强(一) qiáng　～渡　～取豪夺　～制　博闻～识

　(二) qiǎng　勉～　牵～　～词夺理　～迫　～颜为笑

（三）jiàng　倔～
襁 qiǎng(统读)
跄 qiàng(统读)
悄(一) qiāo　～～儿的
（二）qiǎo　～默声儿的
橇 qiāo(统读)
翘(一) qiào(语)　～尾巴
（二）qiáo(文)　～首　～楚　连～
怯 qiè(统读)
挈 qiè(统读)
趄 qie　趔～
侵 qīn(统读)
衾 qīn(统读)
噙 qín(统读)
倾 qīng(统读)
亲 qìng　～家
穹 qióng(统读)
黢 qū(统读)
曲(麯)qū　大～　红～　神～
渠 qú(统读)
瞿 qú(统读)
蠼 qú(统读)
苣 qǔ　～荬菜
龋 qǔ(统读)
趣 qù(统读)
雀 què　～斑　～盲症
R
髯 rán(统读)
攘 rǎng(统读)
桡 ráo(统读)
绕 rào(统读)
任 rén〔姓，地名〕

妊 rèn(统读)

扔 rēng(统读)

容 róng(统读)

糅 róu(统读)

茹 rú(统读)

孺 rú(统读)

蠕 rú(统读)

辱 rǔ(统读)

挼 ruó(统读)

S

靸 sǎ(统读)

噻 sāi(统读)

散(一) sǎn　懒～　零零～～　～漫

　(二) san　零～

丧 sang　哭～着脸

扫(一) sǎo　～兴

　(二) sào　～帚

埽 sào(统读)

色(一) sè(文)

　(二) shǎi(语)

塞(一) sè(文)动作义。

　(二) sāi(语)名物义,如:“活～”、“瓶～”;动作义,如:“把洞～住”。

森 sēn(统读)

煞(一) shā　～尾　收～

　(二) shà　～白

啥 shá(统读)

厦(一) shà(语)

　(二) xià(文)　～门　噶～

杉(一) shān(文)　紫～　红～　水～

　(二) shā(语)　～篙　～木

衫 shān(统读)

姗 shān(统读)

苫(一) shàn(动作义,如"～布")
(二) shān(名物义,如"草～子")
埫 shāng(统读)
猞 shē(统读)
舍 shè 宿～
慑 shè(统读)
摄 shè(统读)
射 shè(统读)
谁 shéi,又音 shuí
娠 shēn(统读)
什(甚)shén ～么
蜃 shèn(统读)
葚(一) shèn(文) 桑～
(二) rèn(语) 桑～儿
胜 shèng(统读)
识 shí 常～ ～货 ～字
似 shì ～的
室 shì(统读)
螫(一) shì(文)
(二) zhē(语)
匙 shi 钥～
殊 shū(统读)
蔬 shū(统读)
疏 shū(统读)
叔 shū(统读)
淑 shū(统读)
菽 shū(统读)
熟(一) shú(文)
(二) shóu(语)
署 shǔ(统读)
曙 shǔ(统读)
漱 shù(统读)

戍 shù(统读)
蟀 shuài(统读)
孀 shuāng(统读)
说 shuì　游～
数 shuò　～见不鲜
硕 shuò(统读)
蒴 shuò(统读)
艘 sōu(统读)
嗾 sǒu(统读)
速 sù(统读)
塑 sù(统读)
虽 suī(统读)
绥 suí(统读)
髓 suǐ(统读)
遂(一) suì　不～　毛～自荐
　(二) suí　半身不～
隧 suì(统读)
隼 sǔn(统读)
莎 suō　～草
缩(一) suō　收～
　(二) sù　～砂密(一种植物)
嗍 suō(统读)
索 suǒ(统读)
T
趿 tā(统读)
鳎 tǎ(统读)
獭 tǎ(统读)
沓(一) tà　重～
　(二) ta　疲～
　(三) dá　一～纸
苔(一) tái(文)　～藓
　(二) tāi(语)　舌～

探 tàn(统读)
涛 tāo(统读)
悌 tì(统读)
佻 tiāo(统读)
调 tiáo ～皮
帖(一) tiē 妥～ 伏伏～～ 俯首～耳
(二) tiě 请～ 字～儿
(三) tiè 字～ 碑～
听 tīng(统读)
庭 tíng(统读)
骰 tóu(统读)
凸 tū(统读)
突 tū(统读)
颓 tuí(统读)
蜕 tuì(统读)
臀 tún(统读)
唾 tuò(统读)
W
娲 wā(统读)
挖 wā(统读)
瓦 wà ～刀
喎 wāi(统读)
蜿 wān(统读)
玩 wán(统读)
惋 wǎn(统读)
脘 wǎn(统读)
往 wǎng(统读)
忘 wàng(统读)
微 wēi(统读)
巍 wēi(统读)
薇 wēi(统读)
危 wēi(统读)

韦 wéi(统读)
违 wéi(统读)
唯 wéi(统读)
圩(一) wéi　～子
　(二) xū　～(墟)场
纬 wěi(统读)
委 wěi　～靡
伪 wěi(统读)
萎 wěi(统读)
尾(一) wěi　～巴
　(二) yǐ　马～儿
尉 wèi　～官
文 wén(统读)
闻 wén(统读)
紊 wěn(统读)
喔 wō(统读)
蜗 wō(统读)
硪 wò(统读)
诬 wū(统读)
梧 wú(统读)
牾 wǔ(统读)
乌 wù　～拉(也作"靰鞡")　～拉草
杌 wù(统读)
鹜 wù(统读)

X

夕 xī(统读)
汐 xī(统读)
晰 xī(统读)
析 xī(统读)
皙 xī(统读)
昔 xī(统读)
溪 xī(统读)

悉 xī(统读)
熄 xī(统读)
蜥 xī(统读)
螅 xī(统读)
惜 xī(统读)
锡 xī(统读)
樨 xī(统读)
袭 xí(统读)
檄 xí(统读)
峡 xiá(统读)
暇 xiá(统读)
吓 xià 杀鸡～猴
鲜 xiān 屡见不～ 数见不～
锨 xiān(统读)
纤 xiān ～维
涎 xián(统读)
弦 xián(统读)
陷 xiàn(统读)
霰 xiàn(统读)
向 xiàng(统读)
相 xiàng ～机行事
淆 xiáo(统读)
哮 xiào(统读)
些 xiē(统读)
颉 xié ～颃
携 xié(统读)
偕 xié(统读)
挟 xié(统读)
械 xiè(统读)
馨 xīn(统读)
囟 xìn(统读)
行 xíng 操～ 德～ 发～ 品～

省 xǐng　内～　反～　～亲　不～人事

芎 xiōng(统读)

朽 xiǔ(统读)

宿 xiù　星～　二十八～

煦 xù(统读)

蓿 xu　苜～

癣 xuǎn(统读)

削(一) xuē(文)　剥～　～减　瘦～

(二) xiāo(语)　切～　～铅笔　～球

穴 xué(统读)

学 xué(统读)

雪 xuě(统读)

血(一) xuè(文)用于复音词及成语,如“贫～”、“心～”、“呕心沥～”、“～泪史”、“狗～喷头”等。

(二) xiě(语)口语多单用,如“流了点儿～”及几个口语常用词,如:“鸡～”、“～晕”、“～块子”等。

谑 xuè(统读)

寻 xún(统读)

驯 xùn(统读)

逊 xùn(统读)

熏 xùn　煤气～着了

徇 xùn(统读)

殉 xùn(统读)

蕈 xùn(统读)

Y

押 yā(统读)

崖 yá(统读)

哑 yǎ　～然失笑

亚 yà(统读)

殷 yān　～红

芫 yán　～荽

筵 yán(统读)

沿 yán(统读)
焰 yàn(统读)
夭 yāo(统读)
肴 yáo(统读)
杳 yǎo(统读)
舀 yǎo(统读)
钥(一) yào(语)　～匙
　(二) yuè(文)　锁～
曜 yào(统读)
耀 yào(统读)
椰 yē(统读)
噎 yē(统读)
叶 yè　～公好龙
曳 yè　弃甲～兵　摇～　～光弹
屹 yì(统读)
轶 yì(统读)
谊 yì(统读)
懿 yì(统读)
诣 yì(统读)
艾 yì　自怨自～
荫 yìn(统读)(“树～”、“林～道”应作“树阴”、“林阴道”)
应(一) yīng　～届　～名儿　～许　提出的条件他都～了　是我～下来的任务
　(二) yìng　～承　～付　～声　～时　～验　～邀　～用　～运　～征　里～外合
萦 yíng(统读)
映 yìng(统读)
佣 yōng　～工
庸 yōng(统读)
臃 yōng(统读)
壅 yōng(统读)
拥 yōng(统读)

踊 yǒng(统读)
咏 yǒng(统读)
泳 yǒng(统读)
莠 yǒu(统读)
愚 yú(统读)
娱 yú(统读)
愉 yú(统读)
伛 yǔ(统读)
屿 yǔ(统读)
吁 yù 呼～
跃 yuè(统读)
晕(一) yūn ～倒 头～
(二) yùn 月～ 血～ ～车
酝 yùn(统读)
Z
匝 zā(统读)
杂 zá(统读)
载(一) zǎi 登～ 记～
(二) zài 搭～ 怨声～道 重～ 装～ ～歌～舞
簪 zān(统读)
咱 zán(统读)
暂 zàn(统读)
凿 záo(统读)
择(一) zé 选～
(二) zhái ～不开 ～菜 ～席
贼 zéi(统读)
憎 zēng(统读)
甑 zèng(统读)
喳 zhā 唧唧～～
轧(除"～钢"、"～辊"念 zhá 外,其他都念 yà)(gá 为方言,不审)
摘 zhāi(统读)
粘 zhān ～贴

涨 zhǎng　～落　高～
着(一) zháo　～慌　～急　～家　～凉　～忙　～迷　～水　～雨
　(二) zhuó　～落　～手　～眼　～意　～重　不～边际
　(三) zhāo　失～
沼 zhǎo(统读)
召 zhào(统读)
遮 zhē(统读)
蛰 zhé(统读)
辙 zhé(统读)
贞 zhēn(统读)
侦 zhēn(统读)
帧 zhēn(统读)
胗 zhēn(统读)
枕 zhěn(统读)
诊 zhěn(统读)
振 zhèn(统读)
知 zhī(统读)
织 zhī(统读)
脂 zhī(统读)
植 zhí(统读)
殖(一) zhí　繁～　生～　～民
　(二) zhi　骨～
指 zhǐ(统读)
掷 zhì(统读)
质 zhì(统读)
蛭 zhì(统读)
秩 zhì(统读)
栉 zhì(统读)
炙 zhì(统读)
中 zhōng　人～(人口上唇当中处)
种 zhòng　点～(义同“点播”。动宾结构念 diǎnzhǒng,义为点播种子)
诌 zhōu(统读)

骤 zhòu(统读)
轴 zhòu　大～子戏　压～子
碡 zhou　碌～
烛 zhú(统读)
逐 zhú(统读)
属 zhǔ　～望
筑 zhù(统读)
著 zhù　土～
转 zhuǎn　运～
撞 zhuàng(统读)
幢(一) zhuàng　一～楼房
(二) chuáng　经～(佛教所设刻有经咒的石柱)
拙 zhuō(统读)
茁 zhuó(统读)
灼 zhuó(统读)
卓 zhuó(统读)
综 zōng　～合
纵 zòng(统读)
粽 zòng(统读)
镞 zú(统读)
组 zǔ(统读)
钻(一) zuān　～探　～孔
(二) zuàn　～床　～杆　～具
佐 zuǒ(统读)
唑 zuò(统读)
柞(一) zuò　～蚕　～绸
(二) zhà　～水(在陕西)
做 zuò(统读)
作(除"～坊"读 zuō 外,其余都读 zuò)

附录四

试卷构成、测试时间和评分

试卷包括 4 个组成部分,满分为 100 分。

(一) 读单音节字词(100 个音节,不含轻声、儿化音节),限时 3.5 分钟,共 10 分。

1. 目的:测查应试人声母、韵母、声调读音的标准程度。

2. 评分:

(1) 语音错误,每个音节扣 0.1 分。

(2) 语音缺陷,每个音节扣 0.05 分。

(3) 超时 1 分钟以内,扣 0.5 分;超时 1 分钟以上(含 1 分钟),扣 1 分。

(二) 读多音节词语(100 个音节),限时 2.5 分钟,共 20 分。

1. 目的:测查应试人声母、韵母、声调和变调、轻声、儿化读音的标准程度。

2. 评分:

(1) 语音错误,每个音节扣 0.2 分。

(2) 语音缺陷,每个音节扣 0.1 分。

(3) 超时 1 分钟以内,扣 0.5 分;超时 1 分钟以上(含 1 分钟),扣 1 分。

(三) 朗读短文(1 篇,400 个音节),限时 4 分钟,共 30 分。

1. 目的:测查应试人使用普通话朗读书面作品的水平。在测查声母、韵母、声调读音标准程度的同时,重点测查连读音变、停连、语调以及流畅程度。

2. 要求:

(1) 短文从《普通话水平测试用朗读作品》中选取。

(2) 评分以朗读作品的前 400 个音节(不含标点符号和括注的音节)为限。

3. 评分:

(1) 每错一个音节,扣 0.1 分;漏读或增读 1 个音节,扣 0.1 分。

(2) 声母或韵母的系统性语音缺陷,视程度扣 0.5 分、1 分。

(3) 语调偏误,视程度扣 0.5 分、1 分、2 分。

(4) 停连不当,视程度扣 0.5 分、1 分、2 分。

(5) 朗读不流畅(包括回读),视程度扣0.5分、1分、2分。

(6) 超时扣1分。

(四) 命题说话,限时3分钟,共40分。

1. 目的:测查应试人在无文字凭借的情况下说普通话的水平,重点测查语音标准程度、词汇语法规范程度和自然流畅程度。

2. 要求:

(1) 说话话题从《普通话水平测试用话题》中选取,由应试人从给定的两个话题中选定1个话题,连续说一段话。

(2) 应试人单向说话。如发现应试人有明显背稿、离题、说话难以继续等表现时,主试人应及时提示或引导。

3. 评分:

(1) 语音标准程度,共25分,分六档:

一档:语音标准,或极少有失误。扣0分、1分、2分。

二档:语音错误在10次以下,有方音但不明显。扣3分、4分。

三档:语音错误在10次以下,但方音比较明显;或语音错误在10～15次之间,有方音但不明显。扣5分、6分。

四档:语音错误在10～15次之间,方音比较明显。扣7分、8分。

五档:语音错误超过15次,方音明显。扣9分、10分、11分。

六档:语音错误多,方音重。扣12分、13分、14分。

(2) 词汇语法规范程度,共10分,分三档:

一档:词汇、语法规范。扣0分。

二档:词汇、语法偶有不规范的情况。扣1分、2分。

三档:词汇、语法屡有不规范的情况。扣3分、4分。

(3) 自然流畅程度,共5分。分三档:

一档:语言自然流畅。扣0分。

二档:语言基本自然流畅,口语化较差,有背稿子的表现。扣0.5分、1分。

三档:语言不连贯,语调生硬。扣2分、3分。

说话不足3分钟,酌情扣分:缺时1分钟以内(含1分钟)扣1分、2分、3分;缺时1分钟以上,扣4分、5分、6分;说话不满30秒钟(含30秒),本测试项成绩计为0分。

附录五

国家普通话水平测试试卷

编号：I-20049556

一、读单音节字词(100 个音节，共 10 分，限时 3.5 分钟)

蹦	耍	德	扰	直	返	凝	秋	淡	丝
炯	粗	袄	瓮	癣	儿	履	告	筒	猫
囊	驯	辱	碟	栓	来	顶	墩	忙	哀
霎	果	憋	捺	装	群	精	唇	亮	馆
符	肉	梯	船	溺	北	剖	民	邀	旷
暖	快	酒	除	缺	杂	搜	税	脾	锋
日	贼	孔	哲	许	尘	谓	忍	填	颇
残	涧	穷	歪	雅	捉	凑	怎	虾	冷
躬	莫	虽	绢	挖	伙	聘	英	条	笨
敛	墙	岳	黑	巨	访	自	毁	郑	浑

二、读多音节词语(100 个音节，共 20 分，限时 2.5 分钟)

损坏	昆虫	兴奋	恶劣	挂帅	针鼻儿	排斥
采取	利索	荒谬	少女	电磁波	愿望	恰当
若干	加塞儿	浪费	苦衷	降低	夜晚	小熊儿
存留	上午	按钮	佛教	新娘	逗乐儿	全面
包括	不用	培养	编纂	扎实	推测	吵嘴
均匀	收成	然而	满口	怪异	听话	大学生
发作	侵略	钢铁	孩子	光荣	前仆后继	

三、朗读短文(400 个音节,共 30 分,限时 4 分钟)

作品 37 号

一位访美中国女作家,在纽约遇到一位卖花的老太太。老太太穿着破旧,身体虚弱,但脸上的神情却是那样祥和兴奋。女作家挑了一朵花说:“看起来,你很高兴。”老太太面带微笑地说:“是的,一切都这么美好,我为什么不高兴呢?”“对烦恼,你倒真能看得开。”女作家又说了一句。没料到,老太太的回答更令女作家大吃一惊:“耶稣在星期五被钉上十字架时,是全世界最糟糕的一天,可三天后就是复活节。所以,当我遇到不幸时,就会等待三天,这样一切就恢复正常了。”

“等待三天”,多么富于哲理的话语,多么乐观的生活方式。它把烦恼和痛苦抛下,全力去收获快乐。

沈从文在“文革”期间,陷入了非人的境地。可他毫不在意,他在咸宁时给他的表侄、画家黄永玉写信说:“这里的荷花真好,你若来……”身陷苦难却仍为荷花的盛开欣喜赞叹不已,这是一种趋于澄明的境界,一种旷达洒脱的胸襟,一种面临磨难坦荡从容的气度,一种对生活童子般的热爱和对美好事物无限向往的生命情感。

由此可见,影响一个人快乐的,有时并不是困境及磨难,而是一个人的心态。如果把自己浸泡在积极、乐观、向上的心态中,快乐必然会//占据你的每一天。

四、命题说话(请在下列话题中任选一个,共 40 分,限时 3 分钟)

1. 难忘的旅行
2. 谈谈卫生与健康

附录六

计算机辅助普通话水平测试相关知识

普通话测试有关政策制度规定

●《中华人民共和国宪法》第十九条：国家推广全国通用的普通话。

●《中华人民共和国国家通用语言文字法》第十三条：高等学校和中级职业学校的学生应当参加普通话水平测试，达到国家规定的二级乙等以上标准。

●《山东省实施中华人民共和国国家通用语言文字法办法》：高等学校、职业学校的学生，要全部参加普通话水平测试，达到二级乙等以上标准。

●《山东省教育厅、山东省语委关于进一步加强学校普及普通话和用字规范化工作的意见》：高等学校和职业学校要进一步加强普通话口语课教学，并在课时安排和考试、考查等环节上给予保证。可将普通话水平测试与普通话口语课考试合并进行，经普通话水平测试不合格的学生缓发毕业证书。

● 山东省教育厅“鲁教语字〔2009〕1 号”文件：对于不参加测试或达不到二级乙等者，依照“经普通话水平测试不合格的学生缓发毕业证书”的要求缓发毕业证书。

●《人事部、教育部和国家语言文字工作委员会关于开展国家公务员普通话培训的通知》：新录用公务员和学校管理人员的普通话水平应不低于三级甲等。

●《山东省教育厅、山东省语委关于进一步加强学校普及普通话和用字规范化工作的意见》：说好普通话、用好规范字是学生应具备的基本能力。经过义务教育阶段教育的学生应能说比较标准的普通话；非义务教育阶段的学生应该在已有基础上继续巩固提高。

●《山东省教育厅、山东省语委关于进一步加强学校普及普通话和用字规范化工作的意见》：说好普通话、用好规范字、提高语言文字应用能力，是素质教育的重要内容。做好学校普及普通话和用字规范化工作，对于掌握科学文化知识、培养创新精神和实践能力、全面提高素质，对于继承和弘扬中华民族优秀的文化传统，培养爱国主义情操，增强民族凝聚力都具有重要意义。

●《山东省教育厅、山东省语委关于进一步加强学校普及普通话和用字规范化工作的意见》：学校普及普通话和用字规范化工作的目标是，到 2012 年，教师和学生的普通话水平基本达到规定的要求；普通话基本成为各级各类学校及幼儿园的教学语言，即师生在教学中使用普通话。

●《山东省语委关于统一启用国家普通话水平测试信息管理系统，全面推广计算机辅助普通话水平测试工作的通知》：为促进普通话水平测试工作信息化、规范化，经研究决定，自 2010 年 7 月 1 日起在全省统一启用国家测试管理系统，并全面推广计算机辅助普通话水平测试工作。

普通话水平测试项目和等级划分

1. 普通话水平测试项目

普通话水平测试是在国家普通话测试委员会的领导下，根据统一的标准和要求，在全国范围内开展的一项测试，是对应试人员运用普通话所达到的标准程度的检测和评定，也是一种资格证书的考试。

普通话水平测试完全采用口试方式进行，测试项目有四项：读单音节字词、读双音节词语、朗读和说话。前三项都有文字凭借，提供了书面材料，说话项只提供说话题目。

2. 普通话水平测试的等级划分

普通话水平等级划分为一级、二级、三级，每一级中又分为甲和乙两个等次。

一级甲等：97 分及其以上。

朗读和自由交谈时，语音标准，词汇、语法正确无误，语调自然、表达流畅。测试总失分率在 3%以内。

一级乙等：92 分及其以上但不足 97 分。

朗读和自由交谈时，语音标准，词汇、语法正确无误，语调自然，表达流畅。偶然有字音、字调失误。测试总失分率在 8%以内。

二级甲等：87 分及其以上但不足 92 分。

朗读和自由交谈时，声韵调发音基本标准，语调自然，表达流畅。少数难点音（平翘舌音、前后鼻尾音、边鼻音等）有时出现失误。词语、语法极少有误。

二级乙等:80 分及其以上但不足 87 分。

朗读和自由交谈时,个别调值不准,声韵调发音有不到位现象。难点音(平翘舌音、前后鼻尾音、边鼻音、送不送气音,fu—hu、j—z、ī—ü 不分,保留浊塞擦音,丢介音,复韵母单音化等)失误较多。方言语调不明显。有使用方言词、方言语法的情况。

三级甲等:70 分及其以上但不足 80 分。

朗读和自由交谈时,声韵母发音失误较多,难点音超出常见范围,声调调值多不准。方言语调较明显。词语、语法有失误。

三级乙等:60 分及其以上但不足 70 分。

朗读和自由交谈时,声韵调发音失误多,方音特征突出。方言语调明显。词语、语法失误较多。

3. 不进入等级水平的评定:基本上属于方言腔调,不能进入普通话等级。

计算机辅助普通话水平测试评分办法

根据《普通话水平测试大纲》(教语用〔2003〕2 号)和教育部语用司《计算机辅助普通话水平测试评分试行办法》(教语用司函〔2009〕5 号),我省制定了计算机辅助普通话水平测试评分办法。

读单音节字词、读多音节字词、朗读短文三项,由国家语言文字工作部门认定的机辅测试系统评定分数。命题说话项由测试员听音评定分数。

命题说话项测试员评分要求

应试人语音错误次数是语音标准程度归档的依据,故测试员要听出、记出应试人语音错误的次数。语音标准程度档次不能与普通话水平等级机械对应,要根据应试人语音面貌扣出具体分数。

命题说话项评分细则:

1. 语音标准程度,共 25 分。分六档:

一档,语音标准,或极少有失误。扣 0 分、1 分、2 分。极少有失误,指偶有不成系统的零星语音失误,既包括语音错误,也包括语音缺陷。失误 1～2 次扣 0.5 分;失误 3～4 次扣 1 分;5 次以上扣 2 分。

二档,语音错误在 10 次以下,有方音但不明显。扣 3 分、4 分。“方音不明显”,指语音错误 10 次以下,有 1 类不明显语音缺陷,扣 3 分、4 分。

三档,语音错误在 10 次以下,但方音较明显;或语音错误在 10～15 次之间，有方音但不明显。扣5分、6分。“方音较明显”，指存在1～2类系统性语音缺陷或1类系统性错误。

四档，语音错误在10～15次之间，方音比较明显。扣7分、8分。“方音比较明显”，指存在2～3类系统性语音缺陷或2类系统性错误。

五档，语音错误超过15次，方音明显。扣9分、10分、11分。“方音明显”，指存在3～4类以上系统性缺陷或3类系统性错误。

六档，语音错误多，方音重。扣12分、13分、14分。“语音错误多”，指超过20次；“方音重”，指存在5类以上系统性缺陷或4类系统性错误。

2. 词汇、语法规范程度，共10分。不规范指存在方言词汇（含语气词）、语法和错误词汇、语法两种情况。分三档：

一档，词汇、语法规范。扣0分。

二档，词汇、语法偶有不规范的情况。扣1分、2分。

三档，词汇、语法屡有不规范的情况。扣3分、4分。

本题量化计算，每出现一次扣0.5分。

3. 自然流畅程度，共5分。分三档：

一档，语言自然流畅。扣0分。

二档，语言基本流畅，口语化较差，有书面语或背诵腔。略有表现，扣0.5分；一般，扣1分；明显，扣1.5分。

三档，语言不连贯，语调生硬。指停连、节律、重音、轻声有差距，相对音高不一致。程度一般，扣2分；程度严重，扣3分。

4. 说话缺时扣分。

缺时有两种情况：一是说话最终时间不够3分钟；二是说话过程中时断时续，每次中断5秒以上即可累计。均按缺时扣分。

缺时1～4秒不扣分。缺时5～20秒，扣1分；缺时21～40秒，扣2分；缺时41～60秒，扣3分；缺时61～80秒，扣4分；缺时81～100秒，扣5分；缺时101～120秒，扣6分；缺时121～140秒，扣8分；缺时141～149秒，扣15分；说话时间不足30秒（含30秒），计为0分。

5. 离题、内容雷同，视程度扣1～6分。

“离题”是指应试人所说内容不符合规定的话题。（1）基本离题或离题，扣5分、6分；（2）部分离题，扣3分、4分；（3）少量离题，扣1分、2分。

“内容雷同”包括：（1）变相使用《普通话水平测试纲要》中的60篇朗读短文；（2）使用报刊、书籍、网络等现成文章；（3）多人使用同一篇文章。视程度扣

1～6 分。

离题和内容雷同可以重复扣分，但两项合计最高扣 6 分。

6. 无效语料累计占时酌情扣分。

“无效语料”即没有功效、不起作用的话语。指语言冗余，有多余的重复或啰嗦话。

无效语料累计占时 1 分钟以内(含 1 分钟)，扣 1 分、2 分、3 分；累计占时 1 分钟以上，扣 4 分、5 分、6 分；即 20 秒扣 1 分。有效话语不满 30 秒(含 30 秒)，本测试项成绩计为 0 分。

7. “说话”项直接读朗读作品或稿件者，按考试作弊处理，成绩记为零分。

山东省普通话水平测试评分细则

根据国家《普通话水平测试大纲》(教育部、国家语委发教语用[2003]2 号文件)规定的普通话水平测试评判准则和评分要求，制定本细则，旨在针对山东方言特点，统一评分标准和操作规则，增强测试信度，保证测试质量。

本细则的“语音错误”不包括读错别字和完全用方言读音的那种明显错误的情况。

除特别说明外，本细则所列举的“语音错误”、“语音缺陷”等项按《普通话水平测试大纲》规定的“错误”、“缺陷”等项的扣分要求扣分，如：第一题中每个错误音节扣 0.1 分，每个缺陷音节扣 0.05 分；第二题每个错误音节扣 0.2 分，每个缺陷音节扣 0.1 分。

本细则以涵盖山东人学说普通话过程中常见的、有代表性的方音现象为原则，每种现象列举方言点一至二处。

1. 语音错误

把本应该属于甲音类(音位，下同)的音素或音节读成了乙音类并且因而容易造成误解的读音，叫做语音错误，其中也应该包括发音严重偏离普通话语音规范、造成明显的听感差异的方言读音。

(1) 声母语音错误：声母方面的语音错误是指发出发音部位或发音方法不符合普通话语音规范的读音。

(2) 韵母语音错误：韵母方面的语音错误有两类，一类是把甲韵母字读成了乙韵母字(即音类错误，注意，不一定是该类字的全部)，另一类是韵母结构与普通话有明显的差别(即音值错误)。

(3) 声调常见错误：如应读轻声而未读轻声的等。

2. 语言缺陷

读音虽然与普通话语音规范存在某种差异，但是并没有造成音类的混淆因而也不至于造成表义方面的问题，这样的语音失误称为语音缺陷。语音缺陷虽然不至于严重影响语言交际，但是却不同程度地显示着方言色彩、影响说话人的普通话语音面貌。或者说，音节读音中一个或一个以上的音节成分处在方言向普通话的过渡状态。

3. 朗读项评分要求解析

(1)"声母或韵母"的系统性语言缺陷：存在个别无规律的缺陷，本项不扣分；存在较明显或用字频率较高的一类系统性缺陷，扣0.5分；存在两类及两类以上系统性缺陷，扣1分。

(2)"语调偏误"，包括：声调调值高低与普通话有听感可辨的差异；轻重音格式处理有较明显错误；逻辑重音错误等。上述问题出现2次以下，扣0.5分；3次以上(含3次)6次以下，扣1分；6次以上(含6次)扣2分。

(3)"停连不当"，包括停顿、断句不当。如停顿不当造成对双音节或多音节词句的肢解、或造成对话语语意的歧义，每次扣0.5分。

(4)"朗读不流畅"，包括回读、语速快慢不均、停顿过长(超过3秒)等情况，每3次扣1分。

4. 说话项评分要求解析。

(1)"方音不明显"，指数量少，不成系统。扣3～4分。

(2)"方音较明显"，指存在1～2类系统性语音缺陷或1类系统性错误。扣5～6分。

(3)"方音明显"，指存在3类以上系统性缺陷或2类系统性错误。扣9分。

(4) 说话缺时扣分

缺时20秒，扣1分；缺时40秒，扣2分；缺时1分钟，扣3分；缺时80秒，扣4分；缺时100秒，扣5分；缺时120秒，扣6分；缺时140秒，扣8分；说话时间不足30秒(含30秒)，计为零分。

计算机辅助普通话水平测试考试流程

国家普通话水平智能测试系统是参加普通话测试考生的考试应用软件，在考试过程中，考生可以按照测试程序的提示，逐步完成考试内容及相关操作。

完整的操作流程为：考生登陆—核对考生信息—试音—考试—提交试卷

第一步　佩戴耳麦

考生入座后，考试机屏幕上会提示佩戴耳麦；考生戴上耳麦，将麦克风调节到离嘴2～3厘米的距离，避免与面部接触，测试时不要触摸麦克，注意麦克风在左侧；戴好耳麦后，即可点击“下一步”按钮。

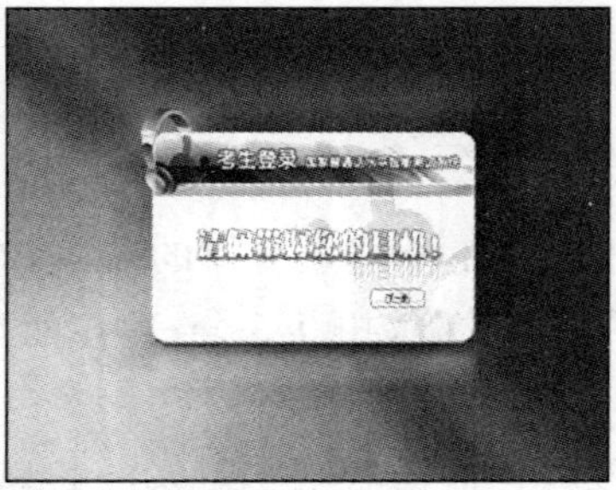

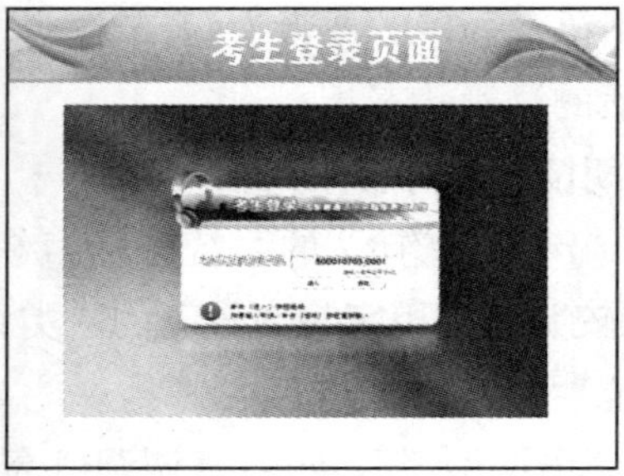

第二步　登录

屏幕出现登录界面后，考生填入自己的准考证号；准考证号的前几位系统会自动显示，考生只需填写最后四位；信息确认无误后，点击“进入”按钮登录。

第三步　考生核对信息

考生登录成功后，考试机屏幕上会显示考生个人信息；考生认真核对所显示信息是否与自己相符，核对无误后，单击“确认”按钮继续。

核对时若发现错误，可以点击“返回”按钮重新登录。

第四步　试音

进入试音页面后，考生会听到系统的提示语，提示语结束后，请以适中的音量和语速朗读文本框中的文字信息，进行试音；考试试音时，正式测试的时候，朗读音量要与试音时音量保持一致。

若试音失败，请提高朗读音量重新进行试音。

第五步　测试

测试开始时，每一题都会有语音提示，请在语音提示结束并听到“嘟”的一声后再开始朗读试题内容；测试时第一题、第二题试题要横向朗读；朗读试题时注意不要漏行、错行；完成每项试题后请立即点击右下角“下一题”按钮，防止录入太多空白音影响成绩；朗读过程中不要说与试题内容无关的话，有问题请举手示意。

第四题说话部分满三分钟后，不需要点击“提交试卷”按钮，系统会自动提交试卷。结束考试，注意摘下耳麦，但不准马上离开考场，静等考务人员指令。

计算机辅助普通话水平测试测试注意事项

1. 考生考试前必须记住：准考证后四位、备测室号、测试室号。

2. 普通话水平测试分为四个部分：

第一部分读单音节字词，100 个音节，限时 3.5 分钟，共 10 分；

第二部分读多音节词语，100 个音节，限时 2.5 分钟，共 20 分；

第三部分朗读短文，400 个音节，限时 4 分钟，共 30 分；

第四部分命题说话，不得少于 3 分钟，共 40 分。

3. 参加普通话水平测试的考生应在规定测试时间之前二十分钟到所在单位候测室报到、参加考试培训指导。

4. 测试时间前十分钟，考务人员通知考生到备测室测试，考生交验身份证（或学生证）后，领取测试试卷。考生在备测室准备试题内容，不得在备测室内大声喧哗。得到考务人员上机测试的通知后，进入测试室进行测试。

5. 考生进入测试室后即可按照考试机页面提示开始测试。

测试过程中除必要的操作外，考生不得随意设置和操作计算机；测试过程中出现死机等异常现象，考生应报告管理人员进行处理，不要擅自处理；测试结束后考生应摘下耳机，安静等待监考老师的指令方可离开测试室。

计算机辅助普通话水平测试考试要求

1. 各考点应整洁安静，挂有“国家普通话水平测试××考点”字样，并有考场分布示意图；候测室、备测室、测试室应有醒目标志。

2. 监考人员应加大对测试的监考力度和严密度，以保证测试的公正公平。

3. 监考人员、考场工作人员、视导员均应佩戴有照片的标志。

4. 应试人进入候考室后，由监考人员宣读考试要求和考试纪律。

5. 应试人进入备考室前，应有 2 名监考人员核对其准考证、身份证与本人是否相符，核验好后方能准其抽题准备。

6. 应视人进入考试室前应有 2 名监考人员再次核对，并由监考人员叫号，应试人自报姓名，审验无误后方可进场。

7. 监考人员应熟悉计算机操作与考试流程，严密监视考场，发现举手示意应试人应立即前去解答问题并指导操作。

计算机辅助普通话水平测试考试应试人考试纪律

1. 应试人必须在规定时间参加测试，缺考或迟到 15 分钟视为自动放弃考试。

2. 应试人须凭身份证或准考证在规定时间进入考点。

3. 酒后人员不得进入考点。

4. 应试人进入考试区域不得大声喧哗，按要求进入候测室等候。

5. 应试人在考试人员指引下进入备测室抽题，准备考试。试题不准带走。

6. 应试人进入测试室不准携带任何文字材料，手机等设备必须关闭。

7. 应试人在考场内不得讲话，必须认真听取主监考指令，并按指令操作。有问题举手示意副监考。不得损坏设备。

8. 说话项考试的目的，是测查应试人在无文字凭借的情况下说普通话的水平，因此，应试人如照着文字读，或看文字提示说话，均视为作弊，本次成绩为 0 分，并在三年内不准参加普通话水平考试。